21世纪中等职业教育系列实验教材·素质拓展系列

重庆市中等职业教育教材审定委员会审定通过(试用)

普通话与口语表达

高廉平 任崇芬 主编

西南师范大学出版社
国家一级出版社 全国百佳图书出版单位

普通话与口语表达

"21世纪中等职业教育系列实验教材"
编 委 会

顾　问：宋乃庆

主　任：窦瑞华

副主任：李光旭　周安平

编　委：（按姓氏笔划排列）

　　　　万明春　　毛　勇　　邓盛泉　　刘春卉
　　　　向才毅　　朱德全　　何光海　　吴安鸣
　　　　李　平　　邱孝述　　姜伯成　　赵仕民
　　　　龚德才　　程　朴　　谢　红　　雷道学
　　　　廖　建　　谭绍华

普通话与口语表达

编写说明

为深入贯彻落实党的"十七大"提出的"优先发展教育、建设人力资源强国"要求，以及《国家中长期教育改革和发展规划纲要(2010—2020年)》明确提出的"大力发展职业教育""职业教育要面向人人、面向社会，着力培养学生的职业道德、职业技能和就业创业能力"等重要文件精神，深化职业教育教学改革，全面推进素质教育，在重庆市教育委员会的领导下，我们成立了"21世纪中等职业教育系列实验教材"编委会，以期积极推动中等职业教育课程地方教材建设，提高职业教育教学质量和办学效益。编委会由高等院校教育研究的专家学者、重庆市教育研究机构和重庆市职业教育学会的有关专家、中等职业学校的教师等组成。在编委会的统一组织规划下，重庆市职业教育学会与西南师范大学出版社根据教育部最新的教学计划，并结合当今社会发展对人的综合素质的要求，共同组织编写出版"21世纪中等职业教育系列实验教材"。

"21世纪中等职业教育系列实验教材"力求立足于我国职业教育的教学实际，按照注重基础、强化能力、突出重点、学以致用的编写原则和充分体现现代性、科学性、基础性、技能性特点的编写思想，改变了以往以传授知识为中心的观念，注意激发学生学习中的非智力因素，以培养学生的文化素质和审美素质、创新意识与创造能力、职业道德与职业操守。在编写内容上，教材强调实用性、实践性和时效性。根据社会经济发展对中等职业教育发展的要求，各系列教材大胆创新，力求建立科学合理的教学体系，并根据现代科技发展动态，补充最新的科技文化知识。各系列教材深入浅出地讲解必需的基础知识，淡化纯理论的灌输，重视实际运用，师生可根据教学实际灵活掌握课时。同时，教材充分考虑到中等职业学校学生实际，注重理论联系实际，尤其是地区的生产生活实际，让学生能学以致用，为将来就业及终身学习夯实基础。在编写体例上，力求新颖活泼，以增强学生学习兴趣，拓宽学生知识面。在编排形式上，该系列教材图文并茂，突出人性化设计，双色印刷，美观实用。

编写适合中等职业学校学生实际需要的系列优秀教材，为我国蓬勃发展的职业教育作出积极贡献，是我们出版该系列教材的初衷。感谢为该系列教材的面世辛勤劳作的人们，更希望广大师生对"21世纪中等职业教育系列实验教材"的使用提出宝贵的意见，以便不断修订完善！

编委会
2010年8月

普通话与口语表达

前　言

　　普通话与口语表达能力是各类学校、各种专业的中等职业学校学生都应该掌握具备的能力,这种能力的高低对一个人的公众形象、甚至对一个人在人生道路上的成功与否都有着十分重要的作用,因而这种能力在当今社会被提高到一个十分重要的地位。为了有效培养和提高中等职业学校学生普通话与口语表达的能力,我们开发编写了这本《普通话与口语表达》教材。

　　本教材力求体现以下四个特点:

　　＊ 实用性:实用方便是编写这本教材的首要宗旨。教材在内容的选择、知识的讲解和训练的安排几方面都力求从学生的实际情况和学习的方便实用着眼。比如在内容选择上,删减了普通话声音乐调教学中常有的"发音部位"、"发音方法"、"发音条件"、"舌位"、"……辨正"等等语音学的术语,改为直接从声韵调区分入手安排内容;在知识的讲解上,力求直接简明、通俗易懂。

　　＊ 实践性:普通话与口语都是口耳之学,即经常需要耳朵口头的听说训练。训练就是实践,以训练实践来增强和提高技能是口耳之学的突出特点。因此,突出技能的训练实践是本教材的又一个特点。无论是普通话还是口语表达,各单元各部分的训练内容(含思考与练习)在比例上都大于知识讲解的内容。目的是通过足够量的训练实践培养提高学生的普通话与口语表达能力。

　　＊ 趣味性:长时间的语言训练可能导致疲劳、乏味,因而本教材在训练材料的选择安排上,力求训练形式丰富多彩、训练内容活泼有趣,并且尽可能做到专业照应、图文并茂,以激发学生的学习热情。

　　＊ 应用性:为帮助学生顺利通过普通话等级测试,教材最后一个单元按照最新的《普通话水平测试大纲》要求设计了针对性训练。同时,教材选编了由国家语言文字工作委员会普通话培训测试中心编制的《普通话水平测试实施纲要》中的朗读作品若干,按训练要求分布于教材各部分。这些作品的编排说明如下:作品采用拼音在上、汉字在下、音节对齐的方式编排,方便阅读和练习;注音一般只标本调,不标变调;作品中的必读轻声音节,标音不标调号,一般轻读、间或重读的音节,拼音加注调号,并在拼音前加圆点提示,如:"因为",拼音写作"yīn·wèi";作品中的儿化音节分两种情况,一是书面上加"儿",拼音时在基本形式后加r,如:"小孩儿",拼音写作"xiǎoháir",第二是书面上没有加"儿",但口语里一般儿化的音节,拼音时也在基本形式后加r,如:"胡同",拼音写作"hútòngr"。

普通话与口语表达

本教材知识点的布置和教学建议：

1.本教材由普通话训练与口语表达训练两部分构成。普通话训练是前提，贯穿本课程始终；口语表达训练是普通话训练的继续和深化、提高和扩展。两部分的教学可以视学生实际情况统筹安排，即：如果学生普遍具有较好的普通话能力，两部分的教学则可以采取"齐头并进"的方式进行，重点可放在口语表达训练方面；反之则可采取全部普通话训练在先，全部口语表达训练在后的方式分头进行，重点可放在普通话训练方面。

2.本课程列入学校的教学计划，要有一定的学时保证。

3.教学要把训练放在突出位置。教师要注意知识指导，注重示范，辅导学生反复练习。思考与练习是本课程的重要组成部分，可放在课后配合课堂训练多渠道练习。

4.应积极利用现代化手段进行教学，配备必要的音像设备。

5.任课教师普通话水平应达到一级，并了解本地方言与普通话对应规律；具有必要的口语理论基础知识或从教能力。

本教材各单元的执笔者是：

绪论	西南大学文学院	任崇芬
第一单元	西南大学文学院	任崇芬
第二单元	西南大学文学院	孙　琳
第三单元	重庆经贸职业中专	吴熙彦
第四单元	四川绵阳师范学校	刘菊华
第五单元	四川外语学院	潘　杰
第六单元	西南大学文学院	高廉平

由于时间仓促，又是忙里抽空写作，我们的编写难免会有考虑不周、阐述欠妥的地方，敬请专家和师生们批评指正。

目 录

PUTONGHUA YU KOUYU BIAODA

绪　论

一、现代汉民族共同语——普通话 ……………………………………… 1

二、人生的战略武器之一——口语表达 …………………………………… 3

思考与练习 …………………………………………………………………… 4

第一单元

第一部分　汉语拼音复习 ……………………………………………………… 5

　　一、字母表 …………………………………………………………………… 6

　　二、声母 ……………………………………………………………………… 6

　　三、韵母 ……………………………………………………………………… 6

　　四、声调 ……………………………………………………………………… 6

　　五、隔音符号 ………………………………………………………………… 7

　　思考与练习 …………………………………………………………………… 7

第二部分　口语表达基本素质训练 …………………………………………… 7

　　一、思维能力、心理素质训练 ……………………………………………… 7

　　二、发声技能训练 ………………………………………………………… 11

　　三、态势语训练 …………………………………………………………… 17

　　思考与练习 ………………………………………………………………… 21

第二单元

第一部分　普通话声母及训练 ……………………………………………… 23

　　一、方言区人说普通话声母容易出现的问题 …………………………… 23

　　二、声母训练 ……………………………………………………………… 27

　　思考与练习 ………………………………………………………………… 39

第二部分　朗读基础知识及训练 …………………………………………… 41

　　一、朗读基础知识 ………………………………………………………… 41

1

二、朗读训练 ··· 45
　　　思考与练习 ··· 50

第三单元

　第一部分　普通话韵母及训练 ··· 56
　　一、方言区人说普通话韵母容易出现的问题 ··························· 56
　　二、韵母训练 ··· 63
　　　思考与练习 ··· 81
　第二部分　演讲常识及技能训练 ··· 82
　　一、演讲常识 ··· 82
　　二、演讲技能训练 ··· 83
　　　思考与练习 ··· 93

第四单元

　第一部分　普通话声调及训练 ··· 94
　　一、方言区人说普通话声调容易出现的问题 ··························· 94
　　二、声调训练 ··· 97
　　　思考与练习 ··· 110
　第二部分　日常交际用语及训练 ··· 111
　　一、交谈 ·· 111
　　二、商量 ·· 112
　　三、劝说 ·· 113
　　四、介绍 ·· 114
　　五、礼貌用语 ··· 114
　　　思考与练习 ··· 118

第五单元

第一部分　普通话音变知识及训练 ················· 121
　一、音变知识 ··· 121
　二、音变训练 ··· 126
　　思考与练习 ··· 143

第二部分　主持人语言及训练 ···························· 145
　一、主持人语言的特点 ···································· 145
　二、主持人语言训练 ······································· 148
　　思考与练习 ··· 152

第六单元

第一部分　普通话水平测试及训练 ················· 155
　一、什么是普通话水平测试 ····························· 155
　二、普通话水平测试的等级标准和测试的量化评分 ····· 155
　三、参加普通话水平测试要注意的问题 ············ 158
　四、普通话水平测试训练 ································ 158
　　思考与练习 ··· 167

第二部分　论辩语言基础及训练 ······················ 171
　一、论辩的基础知识 ······································· 171
　二、论辩技巧及训练 ······································· 173
　　思考与练习 ··· 182

中国有56个民族,汉族占全国人口的大多数,因此汉族是国家的主体民族,汉语是全国通用的语言。但是,汉语方言复杂,不便彼此直接通话,需要推广汉语的现代共同语"普通话",做到汉族学校都以普通话为校园语言,公共活动都以普通话为交际媒介。这是提高民族意识、推行义务教育、使国家向现代化前进的历史任务。

——周有光

绪　论

> **内容提要**
>
> 一、现代汉民族共同语——普通话；
> 二、人生的战略武器之———口语表达。

一、现代汉民族共同语——普通话

（一）普通话的重要地位

共同语是一个民族全体成员通用的语言。我国的共同语就是普通话。普通话不仅是现代汉民族的共同语,也是我国各民族之间相互交际的共同语。在国际上,普通话又是代表中华人民共和国的"中国话"。一个民族,共同语使用人数的多少、通行范围的宽窄,标志着这个民族文化、文明程度的高低。我国著名的语言学家周有光先生说:"共同语是现代教育的血液。从共同语是否普及,可以测知现代教育是否发达。从现代教育是否发达,可以测知文化和经济是落后还是先进。"(《中国语文的现代化》)所以,发达国家都很重视共同语的教育和普及。"在发达国家里,儿童上学的第一件事就是接受共同语的正音教育。共同语学不好就难于从小学毕业。"(《中国语文的现代化》)作为中华人民共和国这样一个泱泱大国的共同语,自然也特别受到党和政府的重视。早在1955年的全国第一次现代汉语规范问题学术会议上,就讨论确定把现代汉民族共同语称为"普通话",即普遍通行之话。并且规定了普通话的科学含义,即:普通话是以北京语音为标准音,以北方话为基础方言,以典范的现代白话文著作为语法规范的汉民族共同语。

从1956年国务院向全国首次发出推广普通话的指示起,普通话的推广普及工作在我国经历了五十余年。这期间普通话不断发展完善,成为表意丰富精密又优美动听、我国男女老

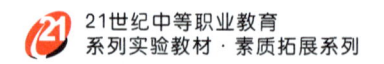

少都能听懂的最发达的语言,成为对汉语各地方言有着巨大影响的核心语言。但是,由于我国幅员广阔、人口众多、方言复杂,要使普通话按照国家既定目标在我国尽快成为四种工作语言(各级各类学校的教学语言,各级各类机关的工作语言,广播、电视、电影、话剧的宣传语言,不同方言区的人在公共场合的交际语言),任务还相当艰巨。因此,1982年"国家推广全国通用的普通话"载入了《中华人民共和国宪法》,从那一天起,普通话在我国具有了明确的法律地位。推广和使用普通话成为每个公民的权利和义务,每个公民应当像热爱国旗、国徽、首都那样热爱普通话,学习、掌握普通话。

(二)普通话的科学含义

普通话以北京语音为标准音。这是一个整体语音标准,指的是北京的语音音系,也就是北京语音的声韵调系统。它并不包括北京话里的异读或土音成分。例如北京方言把"暂时"zànshí读作zǎnshí,把"教室"jiàoshì读作jiàoshǐ,把"我和他"的"和"hé读作hàn。把"言语"yányǔ读作yuányì等。这些异读和土音成分都不能作为普通话的标准音。又如北京话里的轻声儿化词比较多,像"老鼠"、"太阳"等轻声词和"使绊儿"、"老爷儿"(口语里指"太阳")等儿化词,在表意上都没有什么积极作用,也不被普通话采用。所以,普通话以北京语音为标准者,但不能把普通话等同于北京话。

普通话以北方话为基础方言。这是一个词汇标准。这里的"北方话"指的就是"北方方言"。汉语方言大致分为七个区。即北方方言区(北京话是代表话)、吴方言区(上海话是代表话)、湘方言区(长沙话是代表话)、赣方言区(南昌话是代表话)、客家方言区(梅州话是代表话)、闽方言区(福州、厦门话是代表话)和粤方言区(广州话是代表话)。我们知道,词汇代表客观事物,与社会生活密切相关。一种语言所具有的词汇比起它所具有的音素来说,数量上的差异是上千倍。普通话的音素只有32个,可是普通话的词就有6万之多(以《现代汉语词典》为准)。所以,一种语言的词汇动辄成千上万,具有量大多变的特点。只有这样,语言才能适应急剧变化的社会需求,才能永葆其生命力。对民族共同语来讲,尤其需要分布范围广、影响力大的方言作它的词汇仓库。普通话之所以要以北方方言为词汇基础,正是因为北方方言在汉语七大方言中分布范围最广,影响力也最大,适应普通话的需要。不过,普通话以北方话为词汇基础,并不排除从其他方言区、外族语中吸收富有表现力的词汇。比如已经被普通话吸收的词"尴尬、瘪三、煞有介事"等就来自吴方言,而"夫人、诞辰、巾帼、须眉"等词语则来自古代汉语,"拜拜、迪斯科"等又来自外国语。改革开放以来,广州、上海等地随着自身经济的飞速发展,语言的影响力不断加大。其词汇也不断被普通话吸收。像"中巴、热身、抢手、炒鱿鱼、跳槽、大款、跌眼镜、爆棚、生猛海鲜、白相、吧女、阿拉、吃小灶"等词语就收进了1996年修订的新版《现代汉语词典》。

普通话以现代典范的白话文著作为语法规范。这是在语法方面的标准。"现代典范的白话文著作"一是指有代表性的优秀著作,如国家的法律条文、报刊社论和现代著名作家(如鲁迅、巴金、叶圣陶等)的作品;二是指这些作品中的一般用例。所谓"一般用例",是对"特殊用例"而言。在典范的著作中,不同的作者或同一作者的用例并不是处处一致、处处规范的。作为语法规范的用例不包括那些特殊用例或不纯洁、不健康的用例。例如郭沫若先生曾在他的《一只手》中说:"他的脚步没有停止着过。"这句中动态助词"着、过"同时并用,就应当看作特殊用例,因为依照今天的汉语语法规则,"着"与"过"是不同的时态助词,不能同时并用。

综上所述,普通话是一个完整的概念,其语音、词汇、语法三方面是一个统一的整体。学习普通话虽然主要困难在语音,重点要放在语音上,但是,词汇、语法的学习决不能忽视。如果光学语音,不学词汇或语法。就可能学不像,轻则闹笑话,重则发生交际障碍,从而影响工作生活。比如我们常常听到重庆一些百货商场服装部的服务员小姐用普通话与顾客交谈时说:"你去告一下嘛!"或者"请你等一哈哈儿。"这种普通话外地人听不懂,本地人又听着发笑,原因就在于使用了方言词"告"和"哈哈儿",应当分别把它们换为"试"和"一会儿"才对。

(三)怎样学习普通话

首先必须排除思维障碍。方言区的人学习普通话,常常产生这样那样的思想障碍:或者不好意思,或者觉得麻烦,或者害怕困难……有了这些思想障碍,是很难学好普通话的。因此,要想学好普通话,必须排除思想障碍,要不怕麻烦,不怕困难,一开始说错了也没有关系,不怕别人取笑。

其次是要找准难点,注意方法。学习普通话,语音、词汇、语法三方面都要学。但是拿方言与普通话相比,差异最大的是语音。因此学习普通话的困难主要在语音方面,语音上的困难又主要表现在两个方面:一是发音上的困难,即普通话里有方言里没有的音,不会发或发不好。要克服这个困难,就要学习一些普通话语音知识。例如普通话里的 zh、ch、sh、r 几个翘舌音,许多方言区里都没有,发准它们比较困难,就可以通过学习普通话语音知识,逐一找准它们的发音部位和发音方法,从而学会它们的发音。以语音知识、发音原理指导发音,既准确又省力,可以取得事半功倍的效果。二是正音困难,即记不住或分不清某些字词的普通话语音。要克服这个困难,需要记忆、分辨一些字词的读音。例如学会了普通话"zh"这个音后,在遇上"知"这个字时也能记得住分得清它是"zh"而不是"z"声母,就能正音。如果记不住"知"是"zh"声母,仍按方言音念作"z"声母,就不能正音。记忆分辨字词的读音是一件艰苦细致的事情,需要逐渐积累,需要讲究方法。通常,方言与普通话的对应规律、声旁类推、记少不记多、列辨音字表、编辨音字歌诀等都是记忆分辨字词读音的好方法。因为它既减少了死记硬背的痛苦,又事半功倍。一般地说,能够准确记住并读出三千常用字的普通话音,才算得上基本掌握了普通话语音。

第三是要多听多说、刻苦训练。普通话是口耳之学,最终目的是要能听说标准的普通话。要改变多年养成的方言听说习惯,重新学习一种新的听说技能,不是一件容易的事,除了系统的语音知识学习以外,还必须多听多说,刻苦训练。多听,也就是要多听发音吐字皆佳的人说普通话,多听广播影视中的标准普通话,这样可以培养我们良好的语感,以增强我们说普通话的自信心和能力;多说,指的是在公共场合尽可能地开口说普通话。只有开口说了,才能在说的过程中纠正错音,消灭"口不从心"的现象,才能不断提高说普通话的水平。

二、人生的战略武器之一——口语表达

(一)口语表达及其重要地位

顾名思义,口语表达就是口头说话,是人们在社会交际中凭借语音(应该是标准的普通话语音)传递信息、交流思想感情的一种言语形式。同凭借文字来交流思想感情的书面语相比较,口语具有多变性、即时性、复合性的特点。所谓"多变性",指的是口语交际的内容和表达方式变化多而且快。比如聊天、座谈、讨论、辩论等言语交际模式,是由双方共同参与调节的,并且常常以对方的回答、补充或质疑、反驳为连接点,因而要求听说双方都要随机应变,

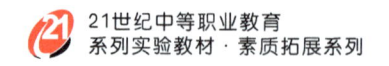

随时根据对方的反应,调整自己的表达方式和内容。所谓"即时性",指的是说话必须一句接一句,中间不允许有较长时间的停顿。因而时间仓促,要求讲话人有较好的记忆,能够尽快把思想转换成语言。另一方面,也要求听话人要相当敏捷准确地理解对方说的话。所谓"复合性",指的是口语是使用语言和非语言因素的复合行为。口语用于直接的交际场合,有特定的语境,可以借助语言环境、手势和表情等辅助手段,简化、省略的情况比较多。反过来说,听人讲话就要眼耳并行、察言观色,同时接受各种语言交际信息。一个人口语表达能力很高,很会说话(也包括很会听话),就称之为"有口才"。

口才在日常生活、工作和斗争中占有相当重要的地位。古今中外的人都注意到了口才的重要性。古人说:"口能言之,身能引之,国宝也(能说会做的人,是国家的瑰宝)。"(《荀子·大略》)"一言可以兴邦,一言可以丧邦(一句话可以兴盛国家,一句话也可以丧失国家)。"(《论语·子路》)拿破仑说:"一条舌胜过三千条毛瑟枪。""西方社会甚至把口才、金钱和电脑视为人类生存的三大战略武器。"(《演讲与口才》1990年第12期 陈明芝《语文教学要重视"说"》)为什么口语表达、口才如此重要?原因就在于它能够增添我们的人格魅力,使我们拥有一种不可思议的力量,成为我们生活美好、事业成功的一个重要因素。

(二)怎样获得良好的口语表达

良好的口语表达是由多种因素构成的,它不单纯是个语言技巧问题,它需要思路开阔、知识广博、认识深刻……总之,它是一个人智慧的综合反映。不过,良好的口语表达并非高不可攀,它完全可以通过培养训练获得。那么,怎样才能获得良好的口语表达呢?对于青年学生来说,除了努力学好各门功课,不断深化自己的内涵以外,关键是一个字:练!俗话说:三年胳膊五年腿,十年练出一张嘴。良好的口语表达是练出来的。只有勤学苦练,才能获得实效。那么,练什么呢?训练口语表达可以从内容、方法两方面着手进行。在内容上,首先要训练我们的思维能力,使我们的思维开阔、敏捷、灵活、新颖而有条理;其次要训练我们的心理素质,使我们自信自尊而不自卑自傲;第三要训练我们的发声技能,使我们说起话来吐字清晰、声调抑扬、语音优美;第四要训练我们交谈、演讲、论辩以及主持等等各种状态的说话技巧……在方法上,可以采取单项练习、综合练习、个人练习、当众练习等方式。不管采取什么方式练习,贵在坚持,只要持之以恒,用不了多久,你会发现自己已经有了一口漂亮的普通话和一副令人赞叹的好口才。

我们正处在一个追求高速度、高效益的社会主义经济建设大潮中,竞争日益激烈。只有不断学习,博采众长,才能永立不败之地。

思考与练习

(一)你认为学习和掌握普通话重要吗?为什么?
(二)普通话的科学含义是什么?
(三)"普通话并不等于北京话。"这种说法对吗?为什么?
(四)怎样才能学好普通话?请谈谈你学习普通话的经验和体会。
(五)口语表达有什么特点?
(六)你在日常生活中的口语表达怎么样?有说得很精彩或说不出来的情形吗?为什么?请谈谈你的体会。
(七)你认为怎样才能提高口语表达能力?

传声技术已经开辟了一条新的口语工作时代。在口语工作时代,不是文字不重要了,而是口语更重要了。口语和拼音文字的结合应用,使工作效率提高到前所未有的程度。在办公室里写信、写文件,在书房里写书、写小说、写回忆录,都用口语起稿。资料用口语储存、传递和处理,大量地节约了时间和空间。文体口语化成为自然的趋势。我们应当利用普通话和汉语拼音,加快进入口语工作时代。

——周有光

第一单元

> **内容提要**
>
> 一、汉语拼音复习;
> 二、口语表达基本素质训练。

第一部分　汉语拼音复习

　　说复习,是因为汉语拼音作为识字教育的工具,一般学生在小学已经系统学习过。但是,当逐渐认识了汉字以后,许多学生就逐渐把这个工具闲置起来,久而久之,对它的认识变得模糊了、生疏了。这是一种学习时间和学习精力的浪费,很可惜!汉语拼音是我国唯一的一套法定拼音。它的用处可以归纳为两个方面:一是拼写语言(给汉字注音、拼写普通话、设计特殊语文、制定少数民族文字);二是技术应用(序列索引技术、图书检索技术、人名地名拼写法的标准化、术语和代号的拼音化、电报拼音化、中文信息处理等)。作为辅助性的语文工具,它与正式文字的汉字各有所长,应当相辅为用。

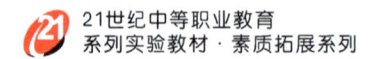

一、字母表（注意字母的形式、名称和读音）

字母：	Aa	Bb	Cc	Dd	Ee	Ff	Gg
读音：	a	bê	cê	dê	e	êf	gê
字母：	Hh	Ii	Jj	Kk	Ll	Mm	Nn
读音：	ha	yi	jiê	kê	êl	êm	nê
字母：	Oo	Pp	Qq	Rr	Ss	Tt	
读音：	o	pê	qiu	a儿	ês	tê	
字母：	Uu	Vv	Ww	Xx	Yy	Zz	
读音：	wu	Vê	wa	xi	ya	zê	

二、声母（注意声母的字母形式和读音）

b	p	m	f
d	t	n	l
g	k	h	
j	q	x	
zh	ch	sh	r
z	c	s	

三、韵母（注意韵母的字母形式和读音）

（一）单元音韵母：a、o、e、ê、i、u、ü；-i(前)、-i(后)；er

（二）复元音韵母：ai、ei、ao、ou
　　　　　　　　 ia、ie、ua、uo、üe
　　　　　　　　 iao、iou(iu)、uai、uei(ui)

（三）带鼻音韵母：an、ian、uan、üan、en、in、un、ün
　　　　　　　　 ang、iang、uang、ong、eng、ing、ueng、iong

四、声调（注意调号形式、标调方法和调号读音）

阴平	阳平	上声	去声	轻声（不标调）
miāo	miáo	miǎo	miào	miao
guō	guó	guǒ	guò	guo
jiē	jié	jiě	jiè	jie
niū	niú	niǔ	niù	niu
tuī	tuí	tuǐ	tuì	tui
dū	dú	dǔ	dù	du

五、隔音符号(在拼写多音节的词语时,注意使用隔音符号和隔音字母——y、w、yu)

a、o、e 开头的音节连接在其他音节的后面的时候,如果音节的界限发生混淆,用隔音符号(')隔开。例如:pi'ao(皮袄)。

本书后边的汉语拼音没有严格按照《汉语拼音正词法基本规则》标注,而采取拼音跟着汉字走的注音方式,目的是为了方便普通话教学时字音的查寻诵读。

思考与练习

(一)辨别下列说法的正误。

1. 汉语拼音字母是借用拉丁字母而成的。
2. 汉语拼音字母的读音同拉丁字母的读音一样。
3. "伟大"、"文化"中的"伟"、"文",也可以念做"věi"、"vén"。
4. 字母表好像没有什么作用。
5. 声母中的 zh、ch、sh 都是两个字母表示一个音。
6. 韵母中的单元音韵母"er"和后鼻音韵母中的后鼻韵尾"ng"也是两个字母表示一个音。
7. "ê"和"ü"这两个字母,拉丁字母里并没有,是我国自己设置的。

(二)问答。

1. 汉语拼音包括哪些内容?
2. 你认为轻声是不是一个调类,为什么?
3. 请试着默写出全部声母和韵母。

第二部分 口语表达基本素质训练

一、思维能力、心理素质训练

(一)思维能力训练

思维指的是人脑对于客观事物的反映,它是一种复杂的内部心智操作过程,包括分析、综合、比较、抽象、概括等。思维的工具是语言。有了语言,思维才成为可以感知的物质形态;没有语言,也就没有思维。反过来说,思维影响着语言。思路清晰,语言表达就使人明白;思路不清,语言表达就很难让人明白。所谓"慧于心而秀于口"也是说的这个道理。可见,思维与口语表达有着十分紧密的关系。要想使口语表达能力有所提高,必须首先训练提高思维能力。思维能力的高低主要体现在思维品质的优劣上。优秀的思维品质一般包括思维的条理性、广阔性、敏捷性、灵活新颖性几个方面,思维能力的训练也就从这些方面展开。

1. 思维的条理性训练

思维的条理性又叫思维的逻辑性,指的是思维过程中或考虑问题时遵守严格的逻辑规则或逻辑顺序,把自己的思想表达得层次分明、有条有理、有根有据。要使思维有条理,应当

注意在适当的时候留下"思路标记"(语词标记)。常用的语词标记有:

①表次序的。如:"第一……第二……"、"首先……其次……"、"……再说……"、"……可见……"、"总之……"、"总而言之……"等。

②表关联的。如:"既然……那么……"、"不但……而且……"、"虽然……但是……"等。

③表称代的。如:"……送给他一件礼物,这件礼物……"等。

④词语重复的。如:"今天来参观我们操作表演的贵宾很多,有来自……有来自……有来自……"等。

⑤词语尾头相接的。如:"村子靠着山,山脚下有个大龙潭,龙潭的水流到村前成了小溪,溪水碧清碧清的。"

训练方法:

请几位同学当众各谈几分钟的话,其他同学听的时候注意讲话人的"思路标记",然后说说讲话人是用哪类思路标记串联其表达内容的,或者评议一下其讲话有无条理,清楚不清楚,原因是什么。反复轮换训练。

2. 思维的广阔性训练

思维的广阔性指的是善于全面考虑问题,思路比较宽,不但考虑到当前各方面的情况,而且还能瞻前顾后,照顾全局整体。要使思路广阔,必须善于想象。所以,思维广阔性的训练在一定程度上也可以说是想象力的训练。

训练方法:

①谐音联想。如:"益、易、翼、译、抑、异……"、"东边日出西边雨,道是无晴却有晴(情)"、"冬天穿裙子——美丽动(冻)人"等。

②语意相关联想。如:"土→木→花→草→美→丑……"、"江河→山川→大地→树木→房屋……"、"江河→船舶→船夫→男→年龄→家庭……"等。

③形体相似联想。以"S"为例,尽可能多地说出与其形状相像的东西,如:"水的波纹"、"高低起伏的山丘"、"骑车上坡时为省力所走的路线"等。

④结构扩展联想。如:"老师来→小明的语文老师从操场上匆匆走来"、"太阳升起来→一轮鲜红的太阳从东方慢慢升起来"等。

⑤限时补充联想。一个同学先讲一个故事的一部分,就停下来不讲了,让别的同学接着讲下去(看谁编得又快又吸引人)。如:"我从商场出来时,看见对面人行道上一个熟悉的身影,那不是我初中的同学李阳吗?他不是早随父母工作调动转学去北京了吗?怎么会在这儿走呢?……"下一个同学迅速接着讲下去。

3. 思维的敏捷性训练

思维的敏捷性指的是善于迅速地思考和解决问题。遇事能当机立断,但也不轻率从事。在口语表达中思维敏捷主要指从思维向言语转化的速度快,交际中有敏捷的应变能力去适应已经变换了的话题和情景。

训练方法:

①成语连接法。如:"可歌可泣→泣不成声→声嘶力竭→竭尽全力→力争上游→游山玩水→水……"尾头连接形式,也可以含相同字音的形式,如:"山回路转→放虎归山→他山之石→气壮山河→坐吃山空→山高遮不住太阳……"总之一人一词接下去。谁要不能立即说上来,就让谁出个小节目(唱歌、讲故事、说笑话、朗诵诗歌等)。

②快速举例法。如："家具——桌、椅、板凳、床、沙发、衣柜……"，主持人说总称，要求练习人一口气快速说出所属名称。又如："动物——狮子、老虎、大象、斑马、熊猫、猴子、狐狸……"等。

③限时推理法。如：

A. 从前，在极端混乱的雅典，有一个年轻人要离家外出干一番事业。他的母亲却不放他走，对他说："你要是忠诚正直，世人会疯狂地打击你；你要不忠诚正直，上帝会处罚你。不论怎样，你都只有受害，所以你还是打消外出的想法吧！"儿子一时间没有开口说话，但他干事业的决心已定，说什么也不能留在家里。终于，他巧妙地抓住母亲所讲理论的破绽，进行反驳，说服了母亲，启程上路了。那么他的驳论是什么呢？（限时2分钟立即回答）

B. 一天，一位女士去到某律师事务所，对律师说："我和我丈夫在所有问题上，没有一件事意见统一，整年整月都在吵架，实在受不了了。我想和他离婚，可以办吗？"律师想了一会儿说："看来不能办了。"律师这样说的根据是什么？（限时2分钟回答）

4. 思维的灵活新颖性训练

思维的灵活新颖指的是思维善于变通，善于随机应变，具有创造性。俗话说："吃别人嚼过的馍没味道。"一味地重蹈覆辙、定势思维，其结果也只能加重思维的惰性和保守性，最终会阻碍个人成功。要扫除成功路上的障碍，就得培养和训练思维的灵活与开创品质。

训练方法：

①命题表述法。出一些题目，让同学做灵活多样的表述。如：

新学期又开始了

我在职高

咱班的××同学

这次专业实习

……

②分析辨别法。如：某大学教授在演讲时，仓促之间将"中国人民的生活一年比一年好"误说成"中国人民的生活一年比一年差"，话一出口，台下愕然；这时只见他不慌不忙地接着设问："难道真是这样吗？不，大量事实驳倒了这种谬论！……""好"与"差"一正一反，意思截然不同，但这位教授先生利用"负负得正"（否定加否定为肯定）法化腐朽为神奇，不愧为随机应变的典范。

A. 有个人住在某高楼的第十层。他经常一个人到外边去。奇怪的是他下楼时总是乘自动电梯，而上楼时却几乎都是走上去。每次上楼时，他总是在一楼电梯间周围看看有没有人，一看没人，便步行上去。这个人的行动为什么这么奇怪呢？（限时2分钟回答）

B. 一天，阿拉伯一个大财主把两个儿子叫到跟前说："你们赛赛马吧，终点是沙漠中心的绿洲。谁赢了，我的全部财产就给谁。只是这次赛马不是比谁快，而是比谁慢。我在绿洲等着，要亲眼看看哪匹马后到。"两个儿子听完后，各自跨上自己心爱的马，按照父亲的吩咐，开始了缓慢的行走。太阳当头照射，沙漠灼灼烤人，没多久，两人便半死不活的了。这时恰逢一个"智多星"路过这里，听两人说完情况后，给他们出了一条妙计。两人便重新上马，你追我赶地拼命向绿洲驰去。那么，"智多星"出的是什么样的妙计呢？（限时2分钟回答）

提示：思维的灵活与思维的广阔有着紧密联系。当遇到问题用常规思维不能解决时，可以根据自己说话的目的多角度地考虑。如：有没有更好的言语对策？正面谈不行，反面谈会

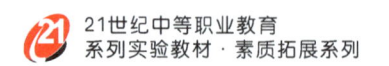

怎么样？消极说法不好，积极说法怎么样？多说好还是少说好？两方面相提并论好还是隐去一面好？先说这句好还是先说那句好？……总而言之，经常这样多角度、多方面地考虑，或者多作反定向的思维，既能增强我们思维的广阔性与灵活性，又能使我们的思维显得缜密周到。

（二）心理素质训练

时下，我们常常听说"某人心理素质好"、"某人心理素质不好"，那么，心理素质是指的什么呢？根据人们经常使用这一词语的语言环境看，心理素质主要指一个人对社会环境的适应能力、对生活工作中遭遇挫折失败的承受能力以及行为的动机、态度、兴趣、情感、意志和性格等等非智力因素。这些非智力因素同智力因素、思维能力一样，在一个人成功的道路上起着十分重要的作用。

心理素质同口语表达密切相关。从正面看有自信与自尊；从负面看有自卑与自傲，自卑又会生出胆怯。人们习惯把负面的心理素质称为"心理障碍"。如果一个人具备自信与自尊，交际中就会勇于发表自己的看法，敢于承担责任；相反，则可能虽有强烈的交际愿望，却又不敢大大方方地与人平等交往，或者在稍微多一点人的场合就脸红心跳、不敢看人、手足无措、声音小而发颤……这里的心理素质训练，目的是通过训练克服消除交际中的各种心理障碍，增强交际的信心和勇气，最终提高我们的口语表达能力。

训练方法：

①问候寒暄法。与左邻右舍、楼上楼下的叔叔阿姨、大妈大伯或小弟小妹等熟人见面时一定要问候寒暄。如："李叔叔，下班啦？""张阿姨，您好早哇！""小明，上学吗？"……性格内向、平时不善言辞、不爱开口的同学，可以采用这一方法，培养锻炼自己与人交往的勇气和习惯。

②自我鼓励法。讲话以前修饰一下容貌，整理一下仪表，以增强成功的信心；自己鼓励自己说："我今天一定能成功！""我并不比别人差。"……

③深呼吸法。闭上眼睛，慢慢作几次深呼吸，以缓解紧张情绪。

④提前准备法。为了消除当众讲话时的胆怯、心慌，可提前进入教室或会场，熟悉环境、听众，与听众交谈，消除陌生紧张感。

⑤循序渐进法。可以从小组到班级再到年级、学校逐步扩大讲话的范围；可以先对好朋友再对熟悉的同学、老师以至陌生人、名人等；可以从讲几句到讲一大段再到讲一大篇；可以从有备而讲到即兴演讲等等，以逐步增强自信，克服胆怯、害怕的心理。

⑥一问一答法。可通过举行知识竞赛、论辩会、答记者问等形式，请同学回答问题、表述观点、谈论时事等，以训练应付突发性提问的稳定心理。

⑦现场评议法。确定题目，指定几人上台演讲；其余同学对他的心理素质表现进行现场讨论评议，谁的心理最稳定、谈吐最得体、表达最清楚。可以设置奖励。

思维敏捷性训练答案：A.年轻人说："我如果忠诚正直，上帝便不会伤害我；我如果不忠诚正直，世人也不会伤害我。我不论怎样，都不会受到伤害的。" B.这位女士和她的丈夫在所有的问题上没有一件事意见统一。这样的话，离婚手续不能办，因为办离婚手续要双方都同意才能办。

思维灵活新颖性训练答案：A.这个人是个小孩。电梯1楼按钮他可以够到，10楼的按钮他够不到。上楼前往四周看是为了寻找能够按钮的大人。B.智多星让两人换马。因为父亲说要亲眼看着哪匹马后到,两个人一换马,比慢的赛马就变成了普通比快的赛马。

二、发声技能训练

我们常常听到对某某人声音"浑厚有力"、"清亮圆润"或者"银铃一般"、"具有磁性"等的赞叹,不错,这种"浑厚有力"、"清亮圆润"、"银铃一般"、"具有磁性"的声音不仅持久,而且极具魅力,使人乐意静听,久而不疲。大概没有人不希望自己的语音具有这样的特性和魅力,也没有人希望自己的声音"沙哑无力"、"干燥枯涩"、"中气不足"、"轻飘不稳"。要使自己的愿望得以实现,就要对自己的声音进行"美化包装"。那么,学习和掌握一些发声技能就很有必要了。

发声技能包括"呼吸方法"、"共鸣控制"、"吐字归音"三项基本内容。

(一) 呼吸

1. 呼吸的种类

呼吸产生气流,气流是声音的原料。没有气流就不能发出声音来,气流的强弱也直接影响到声音的高低、明暗以及音色的好坏。俗话说"气动则声发"、"气乃音之帅",可见呼吸和气流在声音中具有多么重要的作用。呼吸方法一般分为三种,即胸式、腹式、胸腹式。

(1) 胸式呼吸

又叫"浅呼吸"、"自然呼吸"。这种呼吸只有胸部前后扩张,没有上下扩张,横膈膜基本不用力,也不收腹。呼吸的气流量小,浮在上胸腔,又难以控制。因而发出的声音轻飘,没有底气。如果发高音,会显得中气不足,容易造成喉头和颈部的肌肉紧张,声音干瘪,缺乏弹性,像是从喉咙里逼出来的。

(2) 腹式呼吸

又叫"横膈式呼吸",也可说是"自然呼吸"。这种呼吸主要依靠横膈膜来完成。呼吸时,横膈膜上下移动,扩大胸腔的上下径,小腹也一起一伏地波动。这种呼吸比胸式呼吸深一些,呼吸力量也强一些,在平常说话的呼吸中很占优势,尤其男性用得较多。

(3) 胸腹式呼吸

又叫"深呼吸"。它是胸腹两种呼吸方式的结合。吸气时,一方面借助胸部呼吸肌肉群的力量使肋骨提高与扩展,从而扩大了胸腔的容积;另一方面,横膈膜收缩下降增加了胸腔容积的上下径,这样胸腔就得到了全面扩展,吸气量也最大,且有一定的厚度,容易产生坚实明亮的音色。我国戏曲演员所说的"挺胸收腹"、"气沉丹田(人体脐下一寸半或三寸的地方,小腹的中心位置)"指的就是这种吸气方法。此方法不仅要求我们吸气时扩展两肋,全面吸气,而且还要求我们把气息保留在体内较深的位置,呼气时,小腹内收,"拉住"呼出的气流,使气流均匀、稳健地呼出。做到"吸气一大片,呼气一条线"。这种呼吸方法是最正确的呼吸方法。坚持这种呼吸方法的锻炼,久而久之,就能获得适应各种口语表达需要的强有力的气流。不过,对于日常生活的说话来说,即使是胸式"浅呼吸"的气流量,也能满足需要。

2. 呼吸训练

要把自然的呼吸法转化为科学的胸腹联合式呼吸法,必须经过训练。训练呼吸的方法很多,这里介绍几种常见的呼吸训练法。

(1) 吸气训练

训练目标:学习深吸气的方法,做到气沉丹田,蓄气量大。

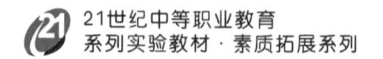

训练要领:肩平颈正,全身放松,扩展两肋,小腹微收,将气吸收肺底。

训练方法:

①节拍式

A.全身放松,做深呼吸。像做操叫节拍口令一样,两拍两拍地进行:一、二吸气,三、四呼气,五、六吸气,七、八呼气……以此类推。体会两肋扩展、横膈下降和小腹内收的感觉。

B.吸气数"一",呼气数"一";吸气数"一",呼气数"一、二";吸气数"一",呼气数"一、二、三"……以此类推。

提示:吸气时,要注意气息下沉,两肩不能耸起。要鼻吸口呼。

②闻花香式

站立,挺胸垂肩,小腹微收;在意念上,面前有一盆鲜花,从容地如闻花香一样吸气,将气吸到肺底;气吸进八成时,控制一两秒钟,再缓缓呼出。

提示:气要吸得深入、自然、柔和,避免紧张僵硬。吸气时要深沉而安静,使五脏六腑都感到舒服。

③抬重物式

体会用力抬起一件笨重物体的感觉:先深吸一口气,气息自然下沉,腹肌收缩,然后屏住这口气,这时腰带周围有胀满的感觉。

④半打哈欠式

不张大嘴地打哈欠,体会进气最后一刻的感觉:腰带周围也有明显的胀满的感觉。

(2)呼气训练

训练目标:学会有控制地呼气,呼出的气要均匀平稳。

训练要领:呼气要有控制,要平稳;要随内容和情感的变化调节呼出气流的快慢、强弱。

训练方法:

①模仿式

A.模仿叹息声——唉!

B.模仿吆喝牲口声——吁!

C.模仿愉快的大笑声——哈哈哈哈!

D.模仿吹桌面上的灰尘。

E.模仿撮起双唇吹响空瓶。

提示:训练时,喉部放松,气息缓慢而均匀地呼出,尽量拉长呼气时间,达到 30 秒左右为合格。

②气声数数式

A.先吸一口气,屏息数秒,然后像说悄悄话那样从 1 数到 100。开始阶段可以少数一点,逐渐增加。一般数到 30 为合格。

B.数葫芦。边呼气边说:"一个葫芦,两个葫芦,三个葫芦……"一口气能数 25 个葫芦为合格。

C.数蚂蚁抬米。边呼气边说:"一个蚂蚁抬一粒米,两个蚂蚁抬两粒米,三个蚂蚁抬三粒米,四个……"

提示:数数之前,站好姿势;吸气之前,先徐徐呼出一口气,以解除精神紧张,同时也避免吸气不深,用鼻吸入饱满的气流以后,才开始数。不论数什么,最好先慢后快,当各个部分都稳定后,转入快数,用同样的时间数出加倍的数字。声音要规整、圆润。不要勉强数到弯腰曲背、脸红脖子粗方休,这对呼吸训练有弊无利。应以不感到挤压、力竭为好。

③喊人式

想象喊 80 米～100 米以外的熟人:以发音响亮的音节组成人名,如:王钢、马强、小华等;由远渐近或由近渐远地喊,喊时尽量将每一音节的韵腹拉开拉长,并使情、气、声自然地结合起来。

"王——钢——"

"小——兰——"

④齿缝放气式

深吸一口气,蓄气片刻后,嘴微微张开,齿间上下开一点小缝,发"丝——"声,气要细要匀,看谁延续的时间长。气快用完时,不要紧张,要自然放松,以锻炼呼气的控制能力。

(3)呼吸气综合训练

训练目标:将吸气与呼气紧密结合起来,掌握控制呼吸的能力。做到气足声亮、气弱音柔。

训练要领:做到两肋开合、横膈升降、小腹内收与外胀的运动和谐,各方面肌肉群协同起作用,呼吸自如有力。

训练方法:

①补气练习

用一刹那的时间补充肺中的气流,叫做"补气"或"偷气"。

A. 快速吸气,像抽泣一样。反复多次。

B. 呼气 5 秒～6 秒钟后补气:收小腹,口鼻进气,两肋张开。反复多次。

C. 数数中补气。呼气数数时发声从容。补气以"∨"号为标志。

一∨二∨三∨四∨

∨一二三四∨五六七八∨

二二三四∨五六七八∨

三二三四五六七八∨

四二三四五六七八∨

D. 短诗朗读补气练习

选一些短小、轻快的诗词朗读。先一口气读一句,然后一口气读两句,再后来一口气读四句。朗读中补气要放在词尾,要读得平稳、舒缓、流畅,不能使听者发现你在补气。例如:

咏 鹅

骆宾王

鹅,鹅,鹅, 曲颈向天歌。

白毛浮绿水, 红掌拨清波。

静夜思

李 白

床前明月光, 疑是地上霜。

举头望明月, 低头思故乡。

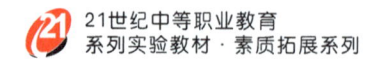

回乡偶书
贺知章
少小离家老大回， 乡音未改鬓毛衰。
儿童相见不相识， 笑问客从何处来。

送孟浩然之广陵
李　白
故人西辞黄鹤楼， 烟花三月下扬州。
孤帆远影碧空尽， 唯见长江天际流。

E. 长句子补气练习

选一些句子较长、内容较复杂的语段，进行补气练习。读长句之前，吸气量要大，读的过程中，要控制好气息，避免出现气不够用的状态。例如：

a. 方方《白驹》小说选段：

副刊部一向有些吊儿郎当，这些时却出其不意地人员整齐。每日学习精神领会意义自我表态填表格自传集中讨论个别交换意见群众评论核心小组再复议再研究再潜伏下去摸底再调查核实鉴定……累得人人死去活来提心吊胆相互窥探暗中比较且乐此不疲。

b. 方方《白雾》小说选段：

田平他爸每次训导儿子都有根有据有理有节。田平虽不服气，但其辩说都不及语文老师精辟具体逻辑性强，无可奈何，便只好佯装工作辛苦疲劳之极拖长音调打着哈欠迅速上床将脑袋埋在被子里然后大骂老头子乃天下头号势利眼。

② 训练检测

用力吸进一口气，反复读一段绕口令，计计时间，比较一下训练前后的不同。

（二）共鸣

1. 共鸣的作用

共鸣指的是物体因为共振而发声的现象。人类发声的共鸣腔有喉腔、咽腔、口腔、鼻腔和胸腔等（艺术语言的发声还讲究颅腔、脑后壳的共鸣）。鼻腔的形状是固定的，而喉腔、咽腔、口腔和胸腔的形状可以变化。人发音时，共鸣腔形状和质量的改变可以起两个作用：一是加大音量，因为气流冲击声带发出的声音本身非常微弱，必须借助共鸣腔的共鸣作用，音量才能加大。二是决定音色，由于口腔的开合，舌位的前后升降，软腭的起落以及胸腔的扩展，变化着发音中共鸣腔的形状，人类才发出许许多多不同的声音，声音的美化也才有了可能。

2. 共鸣的训练

气息是发音的动力，共鸣腔则是决定音色的重要发音器官。要想使发音取得最佳效果，就应该对共鸣腔进行训练。取得最佳发音效果的共鸣方式一般是：以口腔共鸣为主，以胸腔共鸣为基础，以鼻腔共鸣为辅。用这样共鸣方式发出的声音，既洪亮、圆润，又清晰、悦耳。

（1）口腔共鸣训练

训练目标：掌握打开口腔的要领，发出丰满、结实的声音。

训练要领：打开后槽牙（不是张大嘴），让声音从喉咙通畅地到达口腔。

训练方法：

①牙关练习

做牙关开合的咀嚼练习。下巴放松而微收,用手扶着,再缓缓抬头以打开口腔,缓缓低头以闭上口腔。反复多次。

②发单韵母练习

将a、o、e、ê、i、u、ü做练习材料发音。让每个音在口腔中稳住,同时体会口腔变化和声音上下贯通的共鸣感觉。

③发复韵母练习

将ai、ei、ao、ou做练习材料发音。发音时体会声束沿上腭中线前行挂在前腭的感觉。

④声束冲击练习

将单元音与声母相拼作练习材料发音,如ba、pa、ma、fa、du、tu、nu、lu……或者学发汽笛长鸣声"di——",体会声束集中冲击硬腭前部的感觉和声音的力度。

(2)胸腔共鸣训练

训练目标:学会放松胸部的呼吸方法,使声音浑厚、结实而有力。

训练要领:注意颈部和脊背自然伸直,喉部放松,胸部自然,吸气不要过满,否则不利于胸腔调节。

训练方法:

①声音高低练习

有层次地升高降低。可以选一句话,先用低调说,再一级一级地升高说,然后再一级一级地下降说,或者一句高一句低地交替说;也可用声音高低不同交替发出a、i、u、e、o几个音素,发音时从自己感觉最舒适的音高(高音低音都如此)开始。反复循环练习,体会胸腔共鸣的加强。

②声音响弱练习

用较低的声音弹发音节"ha",感觉胸部那个较为集中的响点。然后由低到高或由高到低地一声一声地弹发。反复练习,体会胸部响点的上下移动。

③声音穿透练习

放松胸部,用低音读韵母,使声音浑厚省力。体会声音从胸腔透出的感觉。如:

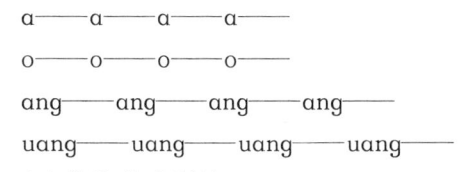

a——a——a——a

o——o——o——o

ang——ang——ang——ang

uang——uang——uang——uang

(3)鼻腔共鸣训练

训练目标:学会自如地控制软腭下降或上升,以获得高亢明亮的共鸣效果。

训练要领:发鼻音时,软腭下降堵塞口腔通道,声音全部由鼻腔通过。

训练方法:

①软腭升降练习

A.半打哈欠。做半打哈欠的样子以打开牙关,提起上腭,再缓缓闭拢,软腭自然下垂。

B.区别口鼻音。发bi、pi、ba、pa、bu、pu,使声束集中到硬腭的前部;再发mi、ma、mu、mo,鼻腔的共鸣明显增强。这样可以体会鼻音和口音的不同。

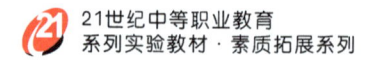

②口音鼻音交替练习

交替发口音"a"和鼻音"ma",体会软腭升降的不同状态和由此发出的不同声音特色。

(4)共鸣腔配合训练

训练目标:将三腔共鸣融为一体成为混合共鸣。注意控制调节,使声音富有变化。

训练要领:打开口腔,放松胸部,鼻腔畅通。

训练方法:

①拔音练习

以单元音做练习材料,如"a"等,从"a"的最低音拔向最高音,体会共鸣腔的变化。

②夸张四声练习

选择音素较多的音节构成的词或成语,运用共鸣技巧作夸张四声的练习。如:

英——明——果——断——

弄——巧——成——拙——

康——庄——大——道——

③大声呼喊练习

以 50 米~80 米远的一个目标为假设对象进行呼喊,向对方呼告一件事。注意控制气息,并体会延长音节时三腔共鸣的状态。如:

老——王——,回——来——!

张——强——,你——爸——爸——来——了——!

④绕口令练习(摘自大为《大珠小珠落玉盘》见《交际与口才》1999 年 3 期)

A. 电灯汽灯油灯花灯彩灯宫灯桅灯马灯风灯车灯顶灯射灯不要忘了还有荧光灯。

B. 汽车卡车轿车货车客车电车火车列车餐车机车单车赛车跑车洋车童车马车牛车战车军车厂车校车缆车吊车拖车铲车叉车还有上海的黄鱼车。

C. 青菜菠菜白菜芹菜花菜生菜香菜榨菜苋菜蕹菜油菜荠菜紫菜淡菜咸菜酱菜卤菜泡菜酸菜辣菜。

D. 长扁担,短扁担,

长扁担比短扁担长半扁担。

短扁担比长扁担短半扁担。

长扁担捆在短板凳上,

短扁担捆在长板凳上,

长板凳不能捆在比短扁担长半扁担的长扁担上。

短板凳也不能捆在比长扁担短半扁担的短扁担上。

提示:绕口令中间可略微停顿,快速吸气,进行补气练习;放慢语速,声音洪亮,体会共鸣效果。

(三)吐字归音

"吐字归音"是我国说唱艺术里的传统发声手段。它把一个字的发音过程分解成"出字"、"立字"和"归音"三个阶段。"出字"就是"吐字",具体指的是声母和韵头的发音过程;"立字"是指韵腹(主要元音)的发音过程;"归音"也叫"收音",是指字尾的发音处理。"吐字归音"的要求是:"吐字要有力,归音要到家"。这样发音,字音才会收到清晰、准确、完整、饱满的效果。吐字归音的训练主要是指"唇"和"舌"的训练。

训练目标:做到吐字清晰、字正腔圆。

训练要领:发音部位方法要准确,吐字要有叼住弹出的感觉,唇有力而不过重(过重就会吃掉字腹);立字要圆润饱满,字字立得住;归音要趋向鲜明,干净利落。既要唇舌位置到家,又不能拖泥带水。关键在于肌肉由紧渐松,声音由强到弱,字尾弱收自然。没有字尾,以字腹结尾的字如"瓜"字,也只能用声音渐弱的方式来结束字音,而不能用口腔收缩改变的方法来完成收音。

训练方法:

1. 唇的训练

做口部操。一是双唇紧闭前撮,再向两边展开。二是双唇紧闭,撮嘴向上下左右转动360°。三是双唇堵住气流,突然放开,爆发"b"音。每一节都反复练习,可增强唇力。

2. 舌的训练

一是弹舌,舌尖上翘,快速来回轻弹上齿。二是刮舌,将舌尖抵在下齿背,然后让上齿下缘接触舌面由外向里刮动,嘴逐渐撑开。三是顶腮续接围口转动,闭唇,用舌尖顶左腮、右腮,然后将舌尖放在齿外唇内,依上→左→下→右的方向转动,再以反方向转动。四是用短促的声音反复发 di—da。五是练舌根,舌根用力抵住软腭,然后突然放开,爆发出 g、k 音。以上各节反复训练,可以使舌部放松、灵活。

3. 唇舌配合训练

①普通话所有声韵调拼合的音节练习。(见后边练习材料)

②借助成语的练习。如:

高瞻远瞩	生龙活虎	气壮山河	鸟语花香
灿烂光明	再接再厉	响彻云霄	超群绝伦
和风细雨	继往开来	满园春色	日新月异
斗志昂扬	专心致志	所向无敌	龙飞凤舞
排山倒海	快马加鞭	推陈出新	百炼成钢

③绕口令练习:

A. 吃葡萄不吐葡萄皮儿,不吃葡萄倒吐葡萄皮儿。

B. 八百标兵奔北坡,北边炮兵并排跑,炮兵怕把标兵碰,标兵怕碰炮兵炮。

C. 你会炖我的炖冻豆腐,来炖我的炖冻豆腐;你不会炖我的炖冻豆腐,别胡炖乱炖炖坏了我的炖冻豆腐。

④自选一篇短文作收音训练。

4. 吐字归音训练检测

①快速吟诵一首诗歌或者绕口令,注意把每一音节的韵腹适当拉开拉长,检测是否达到吐字归音的要求。

②以记录速度(每分钟只能读 25 个字)朗读一篇短文,检测吐字归音的情况。

三、态势语训练

所谓"态势",就是人的体态、姿势。人的体态姿势不同于人类的有声语言,却又被称为语言，原因在于它也能表达一定的感情和意义。只是它的表情达意不是靠说话完成的，而是通过说话人的体态、手势动作和眼神表情来实现的。如皱眉撅嘴表厌恶，摇头摆手表不要等。态势语是口语交际活动中很重要的辅助手段，有时甚至可以达到"此时无声胜有声"的境地。态势语一般分为整体态势和局部态势两个方面。整体态势主要指站立、行走、坐姿和服饰几个方面，局部态势主要指面部表情（含眼神）和手势几个方面。在人与人的交际往来中，良好的体态姿势可以衬托出美好的气质和风度，给人留下深刻的印象，帮助您在交际的五彩大千世界里获得成功。

（一）整体态势训练

训练目标：俗话说："一个人要站有站相，坐有坐姿。"我国历史悠久的功夫学更是讲究"坐如钟（正襟危坐）、站如松（挺身直立）、行如风（步伐稳健）。"通过训练纠正不良态势，培养起良好的态势习惯。

训练要领：举止姿态是一个人心态的自然流露。无论哪种举止姿态都要注意其得体、适度、自然，要与口语表达协调配合。

训练内容：

1. 站立。无论是两脚平行的站姿还是一前一后的前行站姿，站立的基本要领是：身正、肩平、腰直、稳定。即"站如松"，给人气宇轩昂的印象。与此相反，纠正克服垂肩、驼背、凹胸、塌腰的萎靡站姿。

2. 行走。行走的基本要领是：从容稳健、轻捷自然。行走时要身体正直、腰部收紧、双目平视、精神饱满、脚尖向前、跨步均匀，两手前后自然摆动，显示出青春活力。与此相反要注意纠正克服的是：步子太大或太小（太大不雅观，太小不大方）；双手插入裤袋（显得拘谨、小气）；双手反扣于背后（显得傲慢、呆板）；外八字或内八字的走态（不雅观）。

3. 坐姿。不同的坐姿可以体现不同的心理状态。一般地说，在公开而严肃的场合（如上课、开会等），以"坐如钟"（正襟危坐）为宜，即腰部位置较高的直立浅坐。同时，注意双脚并齐或微微分开，手自然放在双膝上或椅子扶手上。与此相反要注意纠正克服的是：双腿分开，伸得老远（不雅观）；把脚藏在坐椅下或用脚勾住椅腿（显得小气，欠大方）；"4"字型叠腿，并用双手把腿，晃脚尖（显得傲慢无礼、目中无人）。

提示：整体态势语注重整体姿态协调自然，不宜多作分解训练。

4. 服饰。服饰主要指人的衣着穿戴。一个人的神情举止和他的衣着穿戴、发型（女性还包括化妆、首饰等）构成一个整体，共同体现着这个人的性格修养、气质风度和精神面貌。一个人应当穿什么样的衣服，没有僵死的陈规。但是作为具有烘托作用的服饰，在追求交际效果的今天，应当考虑其色彩、款式与言谈举止、身材肤色相匹配。这里边有一个世界公认的服饰原则，即T、P、O原则。"T"(time)指时间，"P"(place)指地方，"O"(object)指目的、对象等。也就是说衣着穿戴要适当考虑社交的时间、场合、目的，以给人庄重大方、整洁高雅的印象。

训练方法：

1. 录像分析：把每位同学的站、行、坐的姿态分别录下来，然后大家一起看录像讨论比较，查找分析不良态势习惯，加以纠正。俗话说，不比不知道，一比吓一跳。此方法有催人猛醒的作用。

2.现场评议:从你的座位或教室门外走到黑板前(挪开讲台,不要让它挡住你的身体),站定,简短地讲几句话。请老师和同学当场评议你的不良态势,加以纠正。

3.看图评议:说说右图中人物行走的姿态和心情。

4.细心观察一下你周围的老师、同学、朋友的服饰,有没有特别让你动心或奇怪的?分析一下原因。

(二)局部态势训练

训练目标:做到有意识控制面部表情和手势;学会真诚的微笑和适度而礼貌的手势。

训练要领:面部表情和手势是一个人思想感情的自然流露,无论哪种表情手势都应该做到真挚、明朗、有分寸。

训练内容:

1.面部表情。人的面部表情包括眼神、面部肌肉、眉毛、唇等的变化。它最具有表现力,能够最迅速、最灵敏、最充分地反映出人类的各种感情变化。所以有"眉飞色舞"、"满面春风"、"愁眉苦脸"、"横眉竖眼"、"察言观色"等说法。面部表情中,出自内心的真诚友好的微笑是最美的形式,能带给对方轻松和愉快。因此现实生活中,绝大多数人都喜欢见到笑。俗话说"怒官不打笑脸人",说的是即使一个很生气的人也不好对向他赔笑脸的人发怒。在口语交际中多一些真诚的微笑,会有助于你与对方沟通,从而实现交际的目的。反之是要克制影响交际效果的表情。口语表达时,要注意自己面部表情的明朗、真挚、有分寸。

2.眼神。即眼睛的神态,也叫"眼色"。人们常说"眼睛是心灵的窗户"。眼睛的神态变化是一个人内心情感变化的体现。在口语交际中,要善于从千变万化的眼神中准确理解对方,也要巧妙运用自己的眼神去帮助口语表达,以获得最佳表达效果。眼神主要由视线接触的方向、视线接触或停留的时间以及瞳孔的变化几个方面组成的。视线的方向含义有一些约定俗成的原则。一般说来:

正视(黑眼珠处于正中):表示庄重、诚恳、重视或喜爱。

仰视(眼睛向上看):表示尊敬、傲慢。

斜视(眼睛向左下或向右下看):表示轻蔑、看不起。

俯视(眼睛向下看):表示爱护、宽容或失意。

凝视(目不转睛地看):表示专心致志。

漠视(视而不见):表示冷淡、不注意。

点视(将目光专门投向某个地方):具有情景的针对性和示意性,如制止、鼓励等。

虚视(视而不见):既可以克制紧张情绪,又可以表现端庄大方。

大庭广众前的环视(从左到右或从右到左,从前到后或从后到前地扫看):表示观察或与观众交流。

视线接触或停留的时间:"与人交谈时,视线接触对方脸部的时间应占全部谈话时间的30%～60%;超过这一平均值者,可认为对谈话者本人比谈话内容更感兴趣;低于此平均值者,则表示对谈话内容和谈话者本人都不怎么感兴趣。"(庄继禹《动作语言学》)

瞳孔的变化:瞳孔的变化属于微身体语言,其变化不是意志所能控制的。一般说来,瞳

孔放大,眼睛有神表示肯定、高兴、喜欢;反之则表示否定、痛苦、厌恶。

3.手势。手势即手的动作姿势。在局部态势语中,除了面部表情(含眼神)以外,最能传情达意的就要数手势语了。俗话说:"手是一个人的第二张面孔",其表情达意也是相当丰富生动的。口语表达中配合一些适当的手势,既能增强表达效果、感染听众,又能展示一个人的动态风采,给人留下深刻而美好的印象。因此,不能忽略口语表达中手势语的积极作用和具体含义。从作用上看手势语可以大致分为四种类型。即:

象征手势:主要用来表达抽象意思。如积极、振奋地号召、呼吁等。其动作范围可以到达肩以上。

象形手势:主要用来比划、描摹事物的具体形象或人的形貌。如说"那小孩端着这么大(双手比划一下)一个脸盆"时的比划手势。其动作范围大多在肩部至腰部这一区域。

传情手势:主要用来表达某种感情。如在赞美一个小孩多么乖巧时,禁不住伸手摸摸他的脸蛋儿(表喜爱)的手势。其动作范围不固定。

指示手势:主要用来指明要说的人、事物和方向等。如说"请您把它放在那儿(用手指一下具体地方)"的手势,或者"那边天空(用手指一下方向)飘着什么"的手势。其动作范围也不固定。

手势同意义之间的具体联系可以从手势的方向、形状以及与其他部位的配合等方面看,也有一些众所周知约定俗成的原则。如:

手势向内向上:一般表示肯定、赞同、号召、鼓励、希望和信心等;手势向外向下:一般表示否定、拒绝、消极等。

食指指向天,可能是要引起注意或对天发誓;指向地,可能是表示"此地"或者"现在";指向前可能是表示某个方向或者指责。竖起拇指表示称赞,是褒义;伸出小指则表示蔑视,是贬义。

握拳上举可能表示决心;握拳下击可能表示愤怒。左手向上挥动拳头可以表示鼓舞;右手向左下方挥动拳头则又可以表示抗议。

频频搔腿可以表示高兴;频频搔胸则又表示悲痛……与对方握手可以表示见面致意、道别、祝贺、感谢或互相鼓励等。

总而言之,手势动作含义相当丰富。并且受着文化习俗的影响有所不同,使用中应根据约定俗成的意义来选用,并适当体现个性特点。不管什么手势都要避免生硬、粗俗和琐碎。

训练方法:

1.看图评议:说说右图人物表情的感情状态,根据表情你能想到哪些词语?

2.在日常生活中,注意观察与你交际的人的面部表情,细心领会其情感变化。

3.看电影电视时,注意观察影视中人物的面部表情,细心领会其情感变化。

4.根据以下词语展露你的表情,请同学对它加以评议:

微笑　　　大笑　　　苦笑　　　冷笑　　　平静

激动 悲痛 愤怒 感动 忧愁

兴奋 自得 自负 惊讶

5. 模仿前面各种眼睛的神态,体会模仿时自己的心情。

6. 变换眼神:注视—虚视—环视—扫视—斜视—仰视—注视。

7. 请同学告诉你日常生活中或当众讲话时你有无不适当或不雅观的手势,细心分析领会该如何纠正。

8. 用手势来表示下列意思,并配合适当而简短的语言:

象形、指示、举例、数字;

关心、号召、拒绝、请求、喜爱、憎恶;

请、请进、请坐、再见、过来、走开。

9. 为自己的一段讲话设计适当的手势。

10. 说说下列图画中各种手势的具体含义,并评议一下哪种手势不美观。

提示:

①表情、眼神与内心情感要始终一致。注意要有分寸、适度,不要夸张。

②注意纠正面部表情中的不良习惯。如:

A. 与对方谈话时不看对方,或东张西望、心不在焉(显得没有礼貌)。

B. 死死盯住对方某一个部位,或不停地在对方身上到处"扫描"(显得很无礼,没有教养)。

C. 目光对视时,慌忙躲避(显得拘谨、小气,正确的做法是对视1秒~3秒钟,然后慢慢移开)。

D. 当众说话时,眼珠滴溜溜乱转,或眼动头不动,或频繁眨眼,或瞬间闭眼,或挤眉弄眼歪嘴吐舌头等(显得贼头贼脑、古里古怪,极不雅观)。

E. 与别人谈话时,切忌用手或手中执物向对方指指点点,或手在对方面前晃来晃去。

思考与练习

(一)提高口语表达能力需要培养哪些思维品质?为什么?

(二)思维能力的提高与知识的积累有没有关系?为什么?

(三)有些同学认为,多读一些古今中外有关口语表达的趣闻轶事,可以培养其兴趣,而

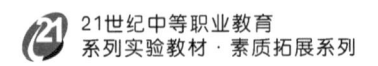

兴趣是使思维机敏巧慧的催化剂;有些同学又认为,情绪也能影响一个人应变思维的敏捷性。你认为这些同学的看法有道理吗？为什么？

(四)你认为前面所述的思维品质中哪一种最重要？为什么？

(五)你有过自卑和胆怯的时候吗？为什么？(现在呢？)

(六)你在大庭广众之下讲话害怕吗？为什么？

(七)有的人说话时,句子稍一长,后半句话就显得紧张吃力,这是为什么？

(八)在大庭广众之下讲话,能用胸式呼吸吗？为什么？

(九)你在许多同学面前讲话时用的什么呼吸方法？感觉怎样？

(十)你经常练习呼吸了吗？你一口气能数多少个"葫芦",多少个"蚂蚁抬米"？

(十一)"共鸣腔的改变只能加大或缩小音量,并不能改变音色的好坏。"这话对吗？为什么？

(十二)当我们向远方呼喊同学时,口腔不自觉张大了,张大了的口腔在声音共鸣上有什么道理？

(十三)如果发音偏前,声音显得特别单薄不圆,纠正的方法是(对的打√)：

1. 注意扩大口腔开度,舌头前部略压低而且后撤,用较大的口腔喊 u、ua、uo、uai、uei、uan、uen、uang、ueng 等韵母的音节(最好与 g、k、h 声母拼读)。

2. 练普通话时,多选一些"发花辙"、"姑苏辙"(a、ia、ua;u 韵母)的韵文作品来练习。

(十四)如果发音偏后,声音显得特别浑浊不清,纠正的办法是(对的打√)：

1. 注意缩窄口腔上下的开度,舌面用力挺起来,可用 i、ia、ie、ian、in、iang、ing、üe、üan、ün 等韵母的音节(最好用 j、q、x 声母拼读)作为纠正的材料。

2. 练普通话时,多选一些"言前辙"、"一七辙"(an、ian、uan、üan；-i[前]、-i[后]；er、ü 韵母)的韵文作品来练习。

(十五)什么叫"吐字归音"？它有什么要求？

(十六)"'家'字的字头是 j,字腹是 i,字尾是 a。"这话对吗？为什么？

(十七)要做到"吐字归音"合要求,应该练习什么？怎么练？

(十八)什么样的举止姿态是美的？什么样的举止姿态是不美的？请谈谈你的看法。

(十九)如果让你在一个比较严肃的主题班会上发言,你会穿着随便、漫不经心地上台讲话吗？为什么？

(二十)你对参加各种社交活动如同学的生日聚会、大家相约的郊游、野餐、同学舞会、音乐会、诗歌朗诵会等等,在穿着服饰方面留心或者讲究过吗？有什么体会？

(二十一)听人讲话和看人讲话有什么区别？

(二十二)当一个人情绪急切或高昂时,不允许身体有相应的动作、面部有相应的表情,能行吗？为什么？

(二十三)如果一个男孩被人当面夸奖时低头抿嘴微微一笑,你觉得他的这一姿态美吗？为什么？女孩这样呢？

(二十四)作为一个旁观者,如果一位女士对人行抱拳礼,或者面对大众双手叉腰地站着,或者面对客人仰身往坐椅上一靠,这些姿态会给作为旁观者的你什么感觉？为什么？

(二十五)你认为模样美、动作美、心灵美三种美中哪种最重要？其次呢？为什么？

优美的语言表达，就是清楚而不鄙俗。

——亚里士多德

第二单元

内容提要

一、方言区人说普通话时声母方面的难点及其解决方法，并配以大量的词句训练；

二、朗读的基本知识，并循序渐进，通过符号、标记和文字提示指导朗读训练。

第一部分　普通话声母及训练

一、方言区人说普通话声母容易出现的问题

汉语各方言的声母跟普通话的声母不完全相同。普通话里有的声母方言里不一定有。因此，要说好普通话，就必须弄清自己的方言与普通话声母的异同，矫正自己的方音。

对西南方言区的人来说，在学习普通话的声母上应注意以下问题。

（一）分清平翘舌声母

"平翘不分"是许多方言中都存在的一种现象，在这些方言中往往只有平舌音 z、c、s，无翘舌音 zh、ch、sh，而在普通话里翘舌音声母字占了相当的比例，"战歌"和"赞歌"发音上是有区别的。

发 z、c、s 时，舌尖不翘，要轻轻抵住齿背，否则，发出的音就不够准确到位。例如：泽、组、在、村、草、仓、丝、碎、损。

发 zh、ch、sh 时，舌尖上翘，且一定要离开上齿背，大约抵住上齿龈的后面。例如：折、主、债、春、吵、昌、诗、睡、吮。

许多方言区的人除了不习惯发翘舌音外，还常常遇到另外一个问题，即难以掌握普通话里哪些字读翘舌音声母，这就必须像学外语一样，用一定精力去记。如果在记忆中巧妙地利

用一些较为科学的方法,会收到事半功倍的效果,如"记少不记多"、"代表字类推"等。

普通话里的平舌声母字远远少于翘舌声母字,请记住以下平舌声母字:

z 声母偏旁类推字表

子—zī 孜;zǐ 子、仔(仔细)、籽。

匝—zā 匝;zá 砸。

宗—zōng 宗、综、棕、踪、鬃;zòng 粽。

卒—zú 卒;zuì 醉。

责—zé 责、啧。

则—zé 则;zè 仄。

兹—zī 兹、滋、孳。

祖—zū 租;zǔ 诅、阻、组、祖、俎。

资—zī 咨、姿、趑;zì 恣。

造—zào 造。

尊—zūn 尊、遵、樽、鳟。

曾—zēng 曾、憎、增、缯;zèng 赠。

赞—zǎn 攒;zàn 赞。

澡—zǎo 澡、藻;zào 噪、燥、躁。

c 声母偏旁类推字表

才—cái 才、财。

寸—cūn 村;cǔn 忖;cùn 寸。

仓—cāng 仓、沧、苍、舱。

从—cōng 苁、枞;cóng 从、丛。

此—cī 疵;cǐ 此。

采—cǎi 采、彩、睬、踩;cài 菜。

参—cān 参(参观);cǎn 惨;cēn(参差)。

挫—cuò 挫、锉。

曹—cáo 曹、漕、嘈、槽、螬。

崔—cuī 崔、催、摧;cuǐ 璀。

窜—cuān 撺、蹿;cuàn 窜。

搓—cuō 搓、磋。

慈—cí 慈、磁、鹚、糍。

粹—cù 卒、猝;cuì 淬、悴、萃、啐、瘁。

蔡—cā 擦、嚓;cài 蔡。

醋—cù 醋;cuò 措、错。

s 声母偏旁类推字表

四—sì 四、泗、驷。

司—sī 司;sì 伺、饲、嗣。

孙—sūn 孙、荪、狲。

松—sōng 松、忪、淞;sòng 颂。

思—sāi 腮、鳃;sī 思、锶。

嫂—sǎo 嫂;sōu 溲、搜、嗖、馊、艘;sǒu 叟。

素—sù 素、愫、嗉。

唆—suān 狻、酸;suō 唆、梭。

桑—sāng 桑;sǎng 搡、嗓、颡。

遂—suí 遂(半身不遂);suì 遂(遂心)、隧、燧、邃。

散—sā 撒(撒手);sǎ 撒(撒种);sǎn 散(散漫);sàn 散(散会)。

斯—sī 斯、澌、撕、嘶。

锁—suǒ 唢、琐、锁。

(二)分清 n 和 l

有些方言区的人学普通话在 n 和 l 两个声母上会遇到发不准音、分不清字的困难。

从发音上来说,n 和 l 的主要区别在于有无鼻音。发 n 音时,舌尖和上齿龈的接触面可以稍大些,以迫使气流从鼻腔出来。如:努、农、泥、诺。发 l 音时,舌尖比发 n 音时稍后一点儿,而且与上齿龈接触面小一些,让气流从口腔透出来。如:鲁、龙、梨、落。

如果发 n 音困难,可以用捏鼻子的方式来检验,即捏住鼻孔后,发音不困难,发出的是 l 音;如果捏住鼻孔发音有困难,则是找到了发鼻音的感觉,松开后发出的即是 n 音。另外,也可找以 n 为韵尾的字来练习发音,从而加强发鼻音的感觉。如:

南 nán　嫩 nèn　年 nián　您 nín　暖 nuǎn

至于区分普通话里的 n、l 声母字,仍可采用"记少不记多"、"偏旁类推"的方式。普通话里 n 声母字少于 l 声母字。

n 声母偏旁类推字表

乃—nǎi 乃、奶、艿、氖。

奈—nài 奈、萘;nà 捺。

内—nèi 内;nè 讷;nà 呐、纳、衲、钠。

宁—níng 宁、拧、咛、狞、柠;nìng 宁(可)、泞。

尼—ní 尼、泥、呢(绒)、怩;nì 泥(拘泥)。

倪—ní 倪、霓、猊。

奴—nú 奴、孥、驽;nǔ 努、弩;nù 怒。

农—nóng 农、浓、脓、侬。

那—nǎ 哪;nà 那;nuó 挪、娜(婀娜)。

纽—niū 妞;niǔ 扭、忸、纽、钮。

念—niǎn 捻;niàn 念、埝。

南—nán 南、喃、楠。

虐—nüè 虐、疟。

诺—nuò 诺、喏、锘;nì 匿。

懦—nuò 懦、糯。

捏—niē 捏;niè 涅。

聂—niè 聂、蹑、镊、嗫。

脑—nǎo 恼、瑙、脑。

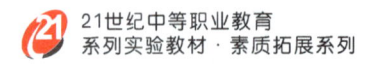

(三)分清 h 和 f

在普通话里,"付"和"互"声母不同,"飞"和"灰"也不一样。西南一带的方言里却把一部分 h 声母读成 f 声母,或者 h 和 f 混读,以 f 为主。其实,只要有意识地培养自己发音的习惯,要区别 h 与 f 的发音并不难。

发 f 声母,要求上齿轻轻接触下唇;而发 h 声母,要轻轻张开嘴,发音时能感觉到舌根部位有些紧张。

重庆、成都、昆明、贵阳等地的方言虽说 h、f 不分的现象不常见,但这些方言区只有 fu 音节没有 hu 音节,说普通话就要注意将一部分 fu 音节字读成 hu 音节字,如"呼、胡、虎、护"。

相对而言,普通话里 f 声母字少。请记住下面的 f 声母字:

f 声母偏旁类推字表

凡—fān 帆;fán 凡、矾、钒。
反—fǎn 返、反;fàn 饭、贩、畈。
番—fān 番、蕃、藩、翻。
方—fāng 方、芳、坊、钫;fáng 防、妨、房、肪;fǎng 访、仿、纺、舫;fàng 放。
夫—fū 夫、肤、麸;fú 芙、扶。
父—fǔ 斧、釜;fù 父。
付—fú 符;fǔ 府、俯、腑、腐;fù 付、附、驸;fu 咐。
费—fú 弗、拂、佛(仿佛)、氟;fó 佛;fèi 沸、狒、费。
伏—fú 伏、茯、袱。
甫—fū 敷;fǔ 甫、辅;fù 傅、缚。
孚—fū 孵;fú 孚、俘、浮。
复—fù 复、腹、蝮、馥、覆。
福—fú 幅、福、辐;fù 副、富。
分—fēn 分、芬、吩、纷;fěn 粉;fèn 份、忿。
乏—fá 乏;fàn 泛。
发—fā 发;fèi 废。
伐—fá 伐、阀、筏。
风—fēng 风、枫、疯;fěng 讽。
非—fēi 非、菲、啡、绯、扉、霏;fěi 诽、匪、榧、斐、蜚、翡;fèi 痱。
蜂—fēng 峰、烽、锋、蜂。

(四)读好 j、q、x

有的方言把一部分 i、ü 韵母字或以 i、ü 开头的韵母字与 z、c、s 相拼,如"精、清、线"都读成 zīng、cīng、siàn,这不符合普通话的声韵拼合规律,凡遇到这种情况,一律将 z、c、s 改为 j、q、x。

另外,有的人发 j、q、x 时带有 z、c、s 的色彩,但还没发成 z、c、s,这也是发音不准确的表现。解决这个问题的关键是控制好舌头的位置,即避免舌位明显靠前而引起舌尖部位的摩擦。

（五）读准零声母字

普通话里有一部分字是没有声母的,这些字叫"零声母字"。如爱 ài、鹅 é、恩 ēn、昂 áng、硬 yìng、严 yán、问 wèn 等等。读零声母字要防止按方言习惯加声母的现象。如爱 ngài、袄 ngǎo、严 lián。

二、声母训练

（一）词语训练

1. z、c、s 和 zh、ch、sh 发音训练
(1)读准 z、c、s 和 zh、ch、sh 声母字

z：总则 zǒngzé	藏族 zàngzú	祖宗 zǔzōng
栽赃 zāizāng	罪责 zuìzé	
zh：珍重 zhēnzhòng	正直 zhèngzhí	周转 zhōuzhuǎn
驻扎 zhùzhā	站址 zhànzhǐ	执著 zhízhuó
主治 zhǔzhì	郑重 zhèngzhòng	指针 zhǐzhēn
c：参差 cēncī	仓促 cāngcù	粗糙 cūcāo
从此 cóngcǐ	寸草 cùncǎo	
ch：城池 chéngchí	车厂 chēchǎng	长春 chángchūn
撤除 chèchú	出场 chūchǎng	驰骋 chíchěng
查抄 cháchāo	惩处 chéngchǔ	超产 chāochǎn
s：琐碎 suǒsuì	松散 sōngsǎn	缫丝 sāosī
色素 sèsù	瑟缩 sèsuō	
sh：山水 shānshuǐ	身世 shēnshì	赏识 shǎngshí
生疏 shēngshū	闪烁 shǎnshuò	少数 shǎoshù
射手 shèshǒu	审慎 shěnshèn	失实 shīshí

(2)z、c、s 和 zh、ch、sh 声母字搭配练习

z－zh：自主 zìzhǔ	增长 zēngzhǎng	尊重 zūnzhòng
坐镇 zuòzhèn	赞助 zànzhù	在职 zàizhí
滋长 zīzhǎng	遵照 zūnzhào	奏折 zòuzhé
阻止 zǔzhǐ	作证 zuòzhèng	字纸 zìzhǐ
罪状 zuìzhuàng	诅咒 zǔzhòu	宗旨 zōngzhǐ
zh－z：种族 zhǒngzú	张嘴 zhāngzuǐ	折子 zhézi
沼泽 zhǎozé	正宗 zhèngzōng	长子 zhǎngzǐ
著作 zhùzuò	知足 zhīzú	渣滓 zhāzǐ
种子 zhǒngzi	铸造 zhùzào	转载 zhuǎnzǎi
追踪 zhuīzōng	准则 zhǔnzé	织造 zhīzào
c－ch：财产 cáichǎn	操持 cāochí	磁场 cíchǎng
彩绸 cǎichóu	餐车 cānchē	草创 cǎochuàng
存储 cúnchǔ	辞呈 cíchéng	错处 cuòchu
残喘 cánchuǎn	猜出 cāichū	槽床 cáochuáng

菜场 càichǎng	参禅 cānchán	促成 cùchéng
ch—c：揣测 chuǎicè	吃醋 chīcù	柴草 cháicǎo
差错 chācuò	尺寸 chǐcùn	成才 chéngcái
场次 chǎngcì	虫草 chóngcǎo	唱词 chàngcí
陈醋 chéncù	长策 chángcè	出操 chūcāo
川菜 chuāncài	冲刺 chōngcì	筹措 chóucuò
s—sh：撒手 sāshǒu	赛事 sàishì	私塾 sīshú
散射 sǎnshè	飒爽 sàshuǎng	桑葚 sāngshèn
扫视 sǎoshì	四声 sìshēng	松鼠 sōngshǔ
随顺 suíshùn	诉说 sùshuō	算式 suànshì
损伤 sǔnshāng	缩水 suōshuǐ	素食 sùshí
sh—s：上司 shàngsī	哨所 shàosuǒ	神似 shénsì
设色 shèsè	生死 shēngsǐ	申诉 shēnsù
涉讼 shèsòng	绳索 shéngsuǒ	世俗 shìsú
伸缩 shēnsuō	失散 shīsàn	深思 shēnsī
石笋 shísǔn	输送 shūsòng	声色 shēngsè

（3）z、c、s 和 zh、ch、sh 声母词语对比练习

暂时—战时 zànshí—zhànshí　　　造就—照旧 zàojiù—zhàojiù
自动—制动 zìdòng—zhìdòng　　　灶头—兆头 zàotou—zhàotou
宗旨—终止 zōngzhǐ—zhōngzhǐ　　赞助—站住 zànzhù—zhànzhù
找到—早到 zhǎodào—zǎodào　　　支援—资源 zhīyuán—zīyuán
树立—肃立 shùlì—sùlì　　　　　初步—粗布 chūbù—cūbù
春晓—村小 chūnxiǎo—cūnxiǎo　　札记—杂记 zhájì—zájì
齿间—此间 chǐjiān—cǐjiān　　　中和—综合 zhōnghé—zōnghé
收缴—搜缴 shōujiǎo—sōujiǎo　　短暂—短站 duǎnzàn—duǎnzhàn
新村—新春 xīncūn—xīnchūn　　　佛僧—佛声 fósēng—fóshēng
高速—高树 gāosù—gāoshù　　　　小草—小炒 xiǎocǎo—xiǎochǎo
磕碎—瞌睡 kēsuì—kēshuì　　　　圣旨—圣子 shèngzhǐ—shèngzǐ
古事—古寺 gǔshì—gǔsì　　　　　纷呈—分层 fēnchéng—fēncéng
形势—形似 xíngshì—xíngsì　　　木柴—木材 mùchái—mùcái
莲池—连词 liánchí—liáncí

2．n 和 l 发音训练

（1）读准 n、l 声母字

n：南宁 nánníng　　牛奶 niúnǎi　　恼怒 nǎonù　　男女 nánnǚ
　　忸怩 niǔní　　　能耐 néngnài　袅娜 niǎonuó　捏弄 niēnong
　　年内 niánnèi　　泥泞 nínìng

l：罗列 luóliè　　　履历 lǚlì　　　来临 láilín　　离乱 líluàn
　　陆路 lùlù　　　　老练 lǎoliàn　玲珑 línglóng　凛冽 lǐnliè
　　理论 lǐlùn　　　零落 língluò

(2)n、l声母搭配练习

n－l：暖流 nuǎnliú　　　　农历 nónglì　　　　纳凉 nàliáng
　　　能量 néngliàng　　　女郎 nǚláng　　　　凝练 nínglàn
　　　脑颅 nǎolú　　　　　南楼 nánlóu　　　　内陆 nèilù
　　　奴隶 núlì　　　　　　脑力 nǎolì　　　　　尼龙 nílóng
　　　奶酪 nǎilào　　　　　年龄 niánlíng　　　　嫩绿 nènlǜ

l－n：留念 liúniàn　　　　　岭南 lǐngnán　　　　烂泥 lànní
　　　落难 luònàn　　　　　历年 lìnián　　　　　列宁 lièníng
　　　冷暖 lěngnuǎn　　　　老农 lǎonóng　　　　靓女 liàngnǚ
　　　辽宁 liáoníng　　　　凌虐 língnüè　　　　遛鸟 liùniǎo
　　　龙脑 lóngnǎo　　　　羚牛 língniú　　　　老年 lǎonián

(3)词语对比练习

　　　黄泥—黄梨 huángní—huánglí　　　女客—旅客 nǚkè—lǚkè
　　　留念—留恋 liúniàn—liúliàn　　　　牛羊—留洋 niúyáng—liúyáng
　　　浓重—隆重 nóngzhòng—lóngzhòng　眼内—眼泪 yǎnnèi—yǎnlèi
　　　男裤—蓝裤 nánkù—lánkù　　　　　腻子—栗子 nìzi—lìzi
　　　青年—清廉 qīngnián—qīnglián　　　擂台—内台 lèitái—nèitái
　　　泥地—犁地 nídì—lídì　　　　　　　溺水—沥水 nìshuǐ—lìshuǐ

3．h、f发音训练

(1)读准h、f声母字

f：发福 fāfú　　　　　　非分 fēifèn　　　　犯法 fànfǎ
　　防风 fángfēng　　　　吩咐 fēnfu　　　　　芳菲 fāngfēi
　　丰富 fēngfù　　　　　佛法 fófǎ　　　　　　风帆 fēngfān
　　仿佛 fǎngfú　　　　　肺腑 fèifǔ　　　　　风范 fēngfàn
　　腹诽 fùfěi　　　　　　夫妇 fūfù　　　　　　复方 fùfāng

h：黄昏 huánghūn　　　　后悔 hòuhuǐ　　　　恍惚 huǎnghū
　　红花 hónghuā　　　　回环 huíhuán　　　　呵护 hēhù
　　辉煌 huīhuáng　　　　谎话 huǎnghuà　　　鸿鹄 hónghú
　　火花 huǒhuā　　　　　绘画 huìhuà　　　　毁坏 huǐhuài
　　恢宏 huīhóng　　　　　皇后 huánghòu　　　怀恨 huáihèn

(2)h、f声母搭配练习

h－f：荒废 huāngfèi　　　　伙房 huǒfáng　　　　会风 huìfēng
　　　混纺 hùnfǎng　　　　盒饭 héfàn　　　　　洪福 hóngfú
　　　换防 huànfáng　　　　汇费 huìfèi　　　　　护符 hùfú
　　　灰分 huīfèn　　　　　活佛 huófó　　　　　后方 hòufāng
　　　回复 huífù　　　　　　红粉 hóngfěn　　　　黄蜂 huángfēng

f－h：返回 fǎnhuí　　　　　恢复 huīfù　　　　　烽火 fēnghuǒ
　　　愤恨 fènhèn　　　　　俘获 fúhuò　　　　　防护 fánghù
　　　飞鸿 fēihóng　　　　　负荷 fùhè　　　　　　肥厚 féihòu

粉红 fěnhóng　　　　复活 fùhuó　　　　　凤凰 fènghuang
防洪 fánghóng　　　　发挥 fāhuī　　　　　废话 fèihuà

(3)词语对比练习

花红—发红 huāhóng—fāhóng　　　黄沙—防沙 huángshā—fángshā
湖州—福州 húzhōu—fúzhōu　　　　糊了—服了 húle—fúle
花钱—发钱 huāqián—fāqián　　　　荒草—芳草 huāngcǎo—fāngcǎo
白桦—白发 báihuà—báifà　　　　　狂轰—狂风 kuánghōng—kuángfēng
花卉—花费 huāhuì—huāfèi　　　　　黄粱—房梁 huángliáng—fángliáng
荒唐—方糖 huāngtáng—fāngtáng　　工会—公费 gōnghuì—gōngfèi

4. 声母综合训练

(1)单音节

棒 bàng	鼻 bí	被 bèi	排 pái
配 pèi	偏 piān	梦 mèng	玛 mǎ
谋 móu	封 fēng	房 fáng	饭 fàn
导 dǎo	电 diàn	盯 dīng	条 tiáo
太 tài	通 tōng	您 nín	闹 nào
女 nǚ	连 lián	拉 lā	冷 lěng
共 gòng	归 guī	管 guǎn	狂 kuáng
苦 kǔ	夸 kuā	昏 hūn	汇 huì
虎 hǔ	京 jīng	巨 jù	架 jià
奇 qí	欠 qiàn	青 qīng	仙 xiān
雄 xióng	秀 xiù	征 zhēng	折 zhé
赚 zhuàn	虫 chóng	春 chūn	彻 chè
商 shāng	社 shè	爽 shuǎng	然 rán
入 rù	嚷 rǎng	赞 zàn	阻 zǔ
砸 zá	仓 cāng	词 cí	匆 cōng
色 sè	扫 sǎo	森 sēn	爱 ài
袄 ǎo	安 ān	鹅 é	恩 ēn
而 ér	欧 ōu	偶 ǒu	藕 ǒu
岩 yán	硬 yìng	业 yè	瓦 wǎ
文 wén	外 wài	原 yuán	玉 yù

(2)双音节

半途 bàntú　　　　麻烦 máfan　　　　魔力 mólì
代表 dàibiǎo　　　港湾 gǎngwān　　　爆竹 bàozhú
蜜蜂 mìfēng　　　　打猎 dǎliè　　　　替换 tìhuàn
尽情 jìnqíng　　　　或许 huòxǔ　　　　否决 fǒujué
请柬 qǐngjiǎn　　　先进 xiānjìn　　　加强 jiāqiáng
放牧 fàngmù　　　　普遍 pǔbiàn　　　吸收 xīshōu
顾主 gùzhǔ　　　　　机器 jīqì　　　　　发明 fāmíng

天地 tiāndì	觉醒 juéxǐng	回国 huíguó
倾向 qīngxiàng	清纯 qīngchún	难受 nánshòu
粗鲁 cūlǔ	欢快 huānkuài	长龙 chánglóng
飞翔 fēixiáng	理发 lǐfà	衣服 yīfu
互助 hùzhù	热闹 rènao	舞曲 wǔqǔ
玉石 yùshí	特色 tèsè	语法 yǔfǎ
户口 hùkǒu	业务 yèwù	维持 wéichí
紊乱 wěnluàn	儿女 érnǚ	恶劣 èliè
岩层 yáncéng	讹诈 ézhà	精心 jīngxīn
想象 xiǎngxiàng	聚集 jùjí	

（3）多音节

春暖花开 chūnnuǎn huākāi	深更半夜 shēngēng bànyè
浓云密布 nóngyún mìbù	混淆黑白 hùnxiáo hēibái
开朗活泼 kāilǎng huópō	不厌其烦 bùyànqífán
吹拉弹唱 chuīlātánchàng	泪水涟涟 lèishuǐ liánlián
非常时期 fēicháng shíqī	阳光灿烂 yángguāng cànlàn
身体力行 shēntǐ lìxíng	集思广益 jísīguǎngyì
美好理想 měihǎo lǐxiǎng	努力钻研 nǔlì zuānyán
创造世界 chuàngzào shìjiè	百炼成钢 bǎiliàn chénggāng
卓有成效 zhuóyǒuchéngxiào	精神可嘉 jīngshén kějiā
能力非凡 nénglì fēifán	得心应手 déxīn yìngshǒu
月明星稀 yuèmíng xīngxī	鲜花满园 xiānhuā mǎnyuán
骏马驰骋 jùnmǎ chíchěng	波澜壮阔 bōlán zhuàngkuò
碧海蓝天 bìhǎi lántiān	浪涛滚滚 làngtāo gǔngǔn
整装待发 zhěngzhuāng dàifā	狂风巨浪 kuángfēng jùlàng
一年四季 yīnián sìjì	硕果累累 shuòguǒ lěilěi
确切无疑 quèqiè wúyí	欢声雷动 huānshēng léidòng
前呼后拥 qiánhū hòuyōng	难以置信 nányǐzhìxìn
活蹦乱跳 huóbèng luàntiào	放虎归山 fànghǔ guīshān
知足常乐 zhīzú chánglè	历史条件 lìshǐ tiáojiàn
传统方法 chuántǒng fāngfǎ	生龙活虎 shēnglóng huóhǔ
门可罗雀 ménkěluóquè	相互联系 xiānghù liánxì
风俗习惯 fēngsú xíguàn	深思熟虑 shēnsī shúlǜ
自力更生 zìlìgēngshēng	放声歌唱 fàngshēng gēchàng
聆听教诲 língtīng jiàohuì	荒山野岭 huāngshān yělǐng
拨乱反正 bōluànfǎnzhèng	自知之明 zìzhīzhīmíng
书报杂志 shūbàozázhì	风雨同舟 fēngyǔtóngzhōu
你来我往 nǐláiwǒwǎng	川流不息 chuānliúbùxī
顶天立地 dǐngtiān lìdì	孤掌难鸣 gūzhǎng nánmíng

牛郎织女 niúláng zhīnǚ　　　　操作技能 cāozuò jìnéng
花草树木 huācǎo shùmù　　　　说古论今 shuōgǔ lùnjīn
书法展览 shūfǎ zhǎnlǎn　　　　集中精力 jízhōngjīnglì
世代流传 shìdài liúchuán　　　　心照不宣 xīnzhàobùxuān
雷声隆隆 léishēng lónglóng　　　　顺流而下 shùnliú'érxià
公费医疗 gōngfèi yīliáo　　　　树大招风 shùdà zhāofēng
心潮起伏 xīncháo qǐfú　　　　博览群书 bólǎn qúnshū
呼朋唤友 hūpéng huànyǒu　　　　遵纪守法 zūnjì shǒufǎ

（二）句段朗读训练

1. 朗读下列句子，注意加点字的声母读音。

(1) Zhēn shàn měi de nèiróng hé xíngshì shì tǒngyī de, tā zhuīqiú tǒngyī, yě kěnéng tǒngyī.
真善美的内容和形式是统一的，它追求统一，也可能统一。

(2) Měi gè rén de xīntián shang dōu yǒu liǎng zhǒng zhǒngzi, zhǐ bùguò shì yǒu de rén péiyù le hǎo de zhǒngzi, yǒu de rén fàngzòng le huài de zhǒngzi.
每个人的心田上都有两种种子，只不过是有的人培育了好的种子，有的人放纵了坏的种子。

(3) Zhǐyǒu bǎ lǐxiǎng hé xiànshí yǒujī jiéhé qǐlái, cái yǒu kěnéng chéngwéi yī gè chénggōng zhī rén.
只有把理想和现实有机结合起来，才有可能成为一个成功之人。

(4) Tóngnián shì rénshēng de shēngzhǎngdiǎn, chéngnián yǐhòu chōuchū de zhīyè、zhànkāi de huāduǒ、jiēchū de guǒshí, dōu kěyǐ zhuīsù dào tóngnián de xíngchéng.
童年是人生的生长点，成年以后抽出的枝叶、绽开的花朵、结出的果实，都可以追溯到童年的形成。

(5) Zài xǔduō qíngkuàng xia, yī gè rén yào quèdìng shénme mùdì, shì pō fèi chóuchú de. Yìzhì xíngwéi hé mùdì shì fēn bù kāi de, líkāi le zìjué de quèdìng mùdì, jiù méiyǒu yìzhì kě yán.
在许多情况下，一个人要确定什么目的，是颇费踌躇的。意志行为和目的是分不开的，离开了自觉地确定目的，就没有意志可言。

(6) Yào chéngjiù yī jiàn dà shìyè, bìxū cóng xiǎoshì zuò qǐ.
要成就一件大事业，必须从小事做起。

(7) Cuòzhé, shì zhǐ rénmen zài zhuīqiú mǒu zhǒng mùbiāo de huódòng zhōng, yù dao gānrǎo、zhàng'ài、zāoshòu dao sǔnshī huò shībài shí chǎnshēng de yī zhǒng xīnlǐ zhuàngtài.
挫折，是指人们在追求某种目标的活动中，遇到干扰、障碍、遭受到损失或失败时产生的一种心理状态。

(8) Fán zài shìyè shang yǒu zhuóyuè chéngjiù de rén, zǒngshì bù xiè de yǔ "zìmǎn"
凡在事业上有卓越成就的人，总是不懈地与"自满"

作斗争，不断地提高标准，提出新的追求目标。

(9) 孩子的知识不仅来自于父母和书本，也来自于他人和大自然。

(10) 在对孩子进行角色教育的同时，也有义务和责任消除社会分工差异中的歧视。

(11) 惰性带来懒散，懒散必定拖拉，本事再大、能力再强的人，一旦受其支配，才智和能力将难以再得到充分发挥。

(12) 德国科学家普朗克发现，原子在裂变时，会释放出巨大的能量，他把这种能量称为"夸特"，这一发现被誉为世纪性发现。

(13) 亨利·福特于1913年正式启用了他的汽车组装流水线，降低了成本，提高了效率，使汽车进入寻常百姓家。

(14) 由众多网络互相连接而成的计算机网络，与电视机一起，拉开了信息时代的大幕。

(15) 两次世界大战的教训，使联合国应运而生，它在波黑战争、柬埔寨内战中所起的作用，意味着人类找到了通向和平的道路。

(16) 塑料始于美国人贝克兰发明的酚醛塑料的制作方法。

(17) 贫困生"在困难中奋发、自立自强创辉煌"的行动已引起社会的广泛关注。

(18) 打开俄国近代文学史的画卷，一幅绚丽多彩、反映俄国十九世纪社会生活的画面便会跃入我们的眼帘。

(19) Zhōnghuá mínzú de hǎo ér nǚ zhànshèngle qiānnán wànxiǎn, zài dìqiú de zuì nán miàn jiànlì qǐ yī zuò xīn de "Chángchéng", zhè jiùshì Zhōngguó Nánjí Chángchéngzhàn.
中华民族的好儿女战胜了千难万险，在地球的最南面建立起一座新的"长城"，这就是中国南极长城站。

(20) Héngdù Tàipíng Yáng shì hěn yǒu yìyì de, ná kēxué kǎochá lái shuō, kěyǐ huòdé xǔduō dì yī shǒu zīliào, yǒu zhòngyào de kēxué jiàzhí; duì měi gè rén lái shuō, yě shì fēicháng zhídé jìniàn de.
横渡太平洋是很有意义的，拿科学考察来说，可以获得许多第一手资料，有重要的科学价值；对每个人来说，也是非常值得纪念的。

2. 朗读对话，注意加点字声母的读音。

(1) Qǐng wèn, jīn wǎn de jiǔshíliù cì hái yǒu wòpù ma?
—— 请问，今晚的九十六次还有卧铺吗？

Nín dào nǎ li?
—— 您到哪里？

Chéngdū.
—— 成都。

Zhènghǎo hái yǒu yī zhāng.
—— 正好还有一张。

Duōshǎo qián?
—— 多少钱？

Sì shí liù kuài sān.
—— 四十六块三。

Gěi nín qián, xièxie!
—— 给您钱，谢谢！

(2) Xiǎojiě nín xǐ fà hái shì jiǎn fà.
—— 小姐您洗发还是剪发。

Xǐ yī xià, zài xiū yī xiū.
—— 洗一下，再修一修

Xiǎojiě qǐng zuò……Zhè liǎng biān de tóufa zài jiǎn yī xiē ma?
—— 小姐请坐……这两边的头发再剪一些吗？

Kěyǐ, zài bǎ shàngmiàn xiāo yī diǎnr.
—— 可以，再把上面削一点儿。

Zhèyàng xíng ma?
—— 这样行吗？

Hěn hǎo, zài nǎr jiézhàng?
—— 很好，在哪儿结账？

Qǐng qù shōuyíntái.
—— 请去收银台。

Xièxie!
—— 谢谢！

　　　　Huānyíng zài lái!
　　——欢　迎　再　来！

(3)　　Huānyíng guānglín!
　　——欢　迎　光　临！
　　　Qǐng wèn hái yǒu biāozhǔnjiān ma?
　——请　问　还　有　标　准　间　吗？
　　　Yǒu, yī tiān liùshíwǔ yuán.
　——有，一　天　六十五　元。
　　　Wǒ xiǎng dāndú zhù yī jiān.
　——我　想　单　独　住　一　间。
　　　Kěyǐ, nín dǎsuàn zhù jǐ tiān?
　——可以，您　打　算　住　几　天？
　　　Yī zhōu, yě kěnéng cháng xie.
　——一　周，也　可　能　长　些。
　　　Qǐng zài zhèr dēng ge jì. Nín de fángjiān shì sì líng liù, zhè shì yàoshi. Rú
　——请　在　这儿　登　个　记。您的　房　间　是　四　零　六，这　是　钥匙。如
　　　guǒ nín wài chū, qǐng bǎ yàoshi fànghuí fúwùtái. Xiànzài, wǒ lǐng nín dào
　　　果　您　外　出，请　把　钥匙　放回　服务台。现在，我　领　您　到
　　　fángjiān qu.
　　　房　间　去。
　　　Xièxie!
　——谢　谢！

(4)　　Wǒ xiǎng dìng yī zhuō wǎncān, néng ānpái ma?
　　——我　想　订　一　桌　晚餐，能　安排　吗？
　　　Dāngrán kěyǐ. Shénme shíjiān? Duōshǎo kèrén?
　——当　然　可以。什么　时间？多少　客人？
　　　Wǎnshang liù diǎn bàn, shí gè rén.
　——晚　上　六　点　半，十　个　人。
　　　Hǎo de, wǒmen huì zhǔnbèi hǎo.
　——好　的，我们　会　准备　好。
　　　Wǒ bù zhīdào zhèr de biāozhǔn shì duōshǎo.
　——我　不　知道　这儿　的　标　准　是　多少。
　　　Yī zhuō zài sān bǎi dào liù bǎi yuán zhī jiān, jiǔ shuǐ chú wài.
　——一　桌　在　三　百　到　六　百　元　之　间，酒　水　除　外。
　　　Nà wǒ yào wǔ bǎi yuán de. Zài zhǔnbèi jǐ píng Chángchéng gān bái.
　——那　我　要　五　百　元　的。再　准备　几　瓶　长　城　干　白。
　　　Wǒ huì zhàobàn de, xiānsheng.
　——我　会　照　办　的，先　生。

(5)　　Nín yǐqián láiguo Chóngqìng ma?
　　——您　以前　来过　重　庆　吗？
　　　Méiyǒu, zhè shì dì yī cì.
　——没有，这　是　第　一　次。

Nín dǎsuàn dāi duō cháng shíjiān?
——您打算呆多长时间?
Liù- qī tiān ba, yě kěnéng shāo cháng yī diǎnr.
——六七天吧,也可能稍长一点儿。
Nín hái qù Chéngdū huò qí dā dì fang ma?
——您还去成都或其他地方吗?
Shāngwùhuìtán jiéshù hòu, hái yào qù Yúnnán hé Guìzhōu lǚyóu.
——商务会谈结束后,还要去云南和贵州旅游。
Dào le, zhè jiù shì Yúzhōu Bīnguǎn.
——到了,这就是渝州宾馆。
Zhēn piàoliang!
——真漂亮!
Xīwàng nín zài zhè li guò de yúkuài.
——希望您在这里过得愉快。
Wǒ xiǎng huì de.
——我想会的。

3. 段落朗读,请读准加点字的声母。

(1) Yóuyú fùmǔ tóng hái zi jiāotán zuì duō, fùmǔ yǔyán zài hái zi xīnmù zhōng
由于父母同孩子交谈最多,父母语言在孩子心目中
wēiwàng zuì gāo, yīncǐ, fùmǔ yǔyán chéngwéi hái zi yǔyán xuéxí de zuì zhǔyào de lán
威望最高,因此,父母语言成为孩子语言学习的最主要的蓝
běn. Hái zi de yǔyán jiù xiàng shì fùmǔ yǔyán de yǐngxiàng, yǒu zhe fēi cháng dà de
本。孩子的语言就像是父母语言的影像,有着非常大的
xiāngsì zhī chù, shènzhì bǐ zhǎngxiàng gèng wéi xiāngfǎng.
相似之处,甚至比长相更为相仿。

(2) Hé suǒyǒu de yǔyán yī yàng, Měiguó yīngyǔ chōngmǎn le chēngwéi lǐyǔ huò
和所有的语言一样,美国英语充满了称为俚语或
kǒuyǔ de xuànlì- duōcǎi de cíhuì hé yòngyǔ. Tāmen de chūchù bù yì chákǎo, yīnwèi
口语的绚丽多彩的词汇和用语。它们的出处不易查考,因为
duōshù sì hū dōu shì bù jiàn jīngzhuàn、píngkōng chǎnshēng de, yě jiù shì shuō, shì
多数似乎都是不见经传、凭空产生的,也就是说,是
cóng rénmen de tóunǎo hé rìcháng shēnghuó zhōng yǒngxiàn chulai de. Yǒu yī xiē cí
从人们的头脑和日常生活中涌现出来的。有一些词
dànshēng bùjiǔ jiù yāozhé le. Lìng yī xiē zé huì liúchuán shùbǎi nián, wèi běn guó yǔ
诞生不久就夭折了。另一些则会流传数百年,为本国语
yán zēngguāng tiān sè.
言增光添色。

(3) Zǎo zài dì yī pī Ōuzhōu rén láidào xīn dàlù zhī qián, yī zhǒng xiàngmào qí tè de dòng
早在第一批欧洲人来到新大陆之前,一种相貌奇特的动
wù zài xībù píngyuán shang yī kào nà li de fēngměi mùcǎo wéi shēng. Tā zhǎngde xiàng shuǐ
物在西部平原上依靠那里的丰美牧草为生。它长得像水
niú, dàn bèi shang què xiàng luòtuo shì de yǒu zuò dà fēng, pī zhe cháng máo yòu xiàng shī zi.
牛,但背上却像骆驼似的有座大峰,披着长毛又像狮子。

Tā hòulái bèi chēng wéi Měizhōu yěniú.
它后来被称为美洲野牛。

(4) Qián Sūlián de guómín shòu jiàoyù shuǐpíng zài shìjiè gè guó dāngzhōng míngliè qiánmáo, shǒuqū yī zhǐ; Zài měi wàn rén zhōng de dàxuéshēng rénshù jǐn cì yú Měiguó、Jiānádà hé Gǔbā, míng liè quánqiú dì sì wèi, yuǎnyuǎn chāoguo Nánsīlāfū、Yīngguó、Rìběn děng. Dàn zài Shíyuè Gémìng qián, Éguó de guómín jiàoyù shuǐpíng què shì shífēn luòhòu de. Shíyuè Gémìng hòu, qián Sūlián zài jiàoyù fāngmiàn tóurù le dàliàng rénlì cáilì, dào sānshí niándài mò, jīběn sǎochú le wénmáng.
前苏联的国民受教育水平在世界各国当中名列前茅，首屈一指：在每万人中的大学生人数仅次于美国、加拿大和古巴，名列全球第四位，远远超过南斯拉夫、英国、日本等。但在十月革命前，俄国的国民教育水平却是十分落后的。十月革命后，前苏联在教育方面投入了大量人力财力，到三十年代末，基本扫除了文盲。

(5) "Gěi māo jì shang língdāng" de yìsi shì cǎiqǔ màoxiǎn de xíngdòng. Zhè huà chū zì yī ge gǔlǎo de gùshi. Yǒu yī wō lǎoshǔ yīnwèi pà māo ér nòng bù dào chī de, yúshì shāngdìng jiějué wèntí de zuì hǎo bànfǎ, shì zài māo de bózi shang jì yī ge língdāng. Zhèyàng, língdāng yī xiǎng, tāmen jiùhuì zhīdao māo zài nǎli. Dàjiā dōu rènwéi zhè shì ge jí miào de zhǔyì. Dànshì, yǒu yī zhī cōngmíng de lǎoshǔ zhàn chulai wèn: Shuí qù gěi māo jì shang língdāng ne?
"给猫系上铃铛"的意思是采取冒险的行动。这话出自一个古老的故事。有一窝老鼠因为怕猫而弄不到吃的，于是商定解决问题的最好办法，是在猫的脖子上系一个铃铛。这样，铃铛一响，它们就会知道猫在哪里。大家都认为这是个极妙的主意。但是，有一只聪明的老鼠站出来问：谁去给猫系上铃铛呢？

4. 绕口令：

(1) Sì shì sì, shí shì shí,
四是四，十是十，

Shí sì shì shí sì, sì shí shì sì shí.
十四是十四，四十是四十。

Shuí bǎ shí sì shuōchéng sì shí jiù fá shuí shí sì.
谁把十四说成四十就罚谁十四。

Shuí bǎ sì shí shuōchéng shí sì jiù fá shuí sì shí.
谁把四十说成十四就罚谁四十。

(2) Yī èr sān sì wǔ,
一二三四五，

Shàng shān dǎ lǎohǔ.
上山打老虎。

Lǎohǔ méi zhǎozháo,
老虎没找着，

Zhǎozháo le xiǎo sōngshǔ.
找着了小松鼠。

Sōngshǔ yǒu jǐ ge,
松 鼠 有 几 个,
Ràng wǒ shǔ yī shǔ;
让 我 数 一 数;
Shǔ lái yòu shǔ qù,
数 来 又 数 去,
Yuè shǔ yuè hú tu.
越 数 越 糊 涂。

(3) Xiǎo Niūniu, lái fàng niú,
小 妞 妞, 来 放 牛,
Dà niú xiǎo niú gòng liù tóu.
大 牛 小 牛 共 六 头。
Liù tóu niú, niú liù tóu,
六 头 牛, 牛 六 头,
Niūniu qiān niú niúer liū.
妞 妞 牵 牛 牛 儿 溜。
Dà niú xiǎo niú dǐng jī jiao,
大 牛 小 牛 顶 犄 角,
Jí huài fàng niú de xiǎo Niūniu.
急 坏 放 牛 的 小 妞 妞。
Niūniu lā zhu dà niú shéng,
妞 妞 拉 住 大 牛 绳,
Bù ràng dà niú dǐng xiǎo niú.
不 让 大 牛 顶 小 牛。

(4) Lù dōng zhùzhe Liú Xiǎoliǔ,
路 东 住 着 刘 小 柳,
Lù nán zhùzhe Niú Xiǎoniū
路 南 住 着 牛 小 妞
Xiǎoniū xǐhuan chī shíliu,
小 妞 喜 欢 吃 石 榴,
Xiǎoliǔ xǐhuan wánr pí qiú.
小 柳 喜 欢 玩 儿 皮 球。
Xiǎoniū ná zhe hóng shíliu,
小 妞 拿 着 红 石 榴,
Xiǎoliǔ ná zhe lǜ pí qiú.
小 柳 拿 着 绿 皮 球。
Hóng shíliu, lǜ pí qiú,
红 石 榴, 绿 皮 球,
Shíliu pí qiú yuánliūliū.
石 榴 皮 球 圆 溜 溜。

(5) Fěnhóng qiáng shang huà fènghuang,
粉 红 墙 上 画 凤 凰,

Fènghuáng huà shang fěnhóng qiáng.
凤 凰 画 上 粉 红 墙。
Xiān huà yī ge hóng fènghuáng,
先 画 一 个 红 凤 凰,
Zài huà yī ge huáng fènghuáng.
再 画 一 个 黄 凤 凰。
Hónghóng huánghuáng fēn bù qīng,
红 红 黄 黄 分 不 清,
Bù jiàn fènghuáng zhǐ jiàn qiáng.
不 见 凤 凰 只 见 墙。

(三)看图说话

1. 开学第一天

2. 会飞的是野鸡

思考与练习

(一)根据拼音在括号里填上适当的汉字：

1. { 老 niú(　　) / 老 liú(　　) }　　2. { lán(　　)制服 / nán(　　)制服 }　　3. { 木 cái(　　) / 木 chái(　　) }　　4. { zhì(　　)愿 / zì(　　)愿 }

5. { zǔ(　　)力 / zhǔ(　　)力 }　　6. { hú(　　)度 / fú(　　)度 }　　7. { cū(　　)布 / chū(　　)步 }　　8. { shān(　　)脚 / sān(　　)角 }

9. { 工 huì(　　) / 公 fèi(　　) }　　10. { 近 shì(　　) / 近 sì(　　) }　　11. { fù(　　)丽 / hù(　　)利 }　　12. { fā(　　)展 / huā(　　)展 }

(二)选字填空。

1. 下列汉字里有17个字声母为 sh, 只有一个声母为 s, 请找出这个字来填进括号：
申 伸 呻 绅 身 森 深 神 娠 沈 审 婶 肾 甚 葚 渗 蜃 慎　　(　　　　)

2. 请把下列汉字按声母的读音填入括号：
李 令 卢 怒 年 留 捺 扭 虑 尼 闹 拉 轮 农 流 腊
n声母字（   ）
l声母字（   ）
付 混 换 飞 房 肥 互 烦 灰 哄 腐 化 封 回 绘 晃
f声母字（   ）
h声母字（   ）

3. 下面图形的中心方格里有一个没标调的音节，请按拼音在四周方格里填上四个声调不同的汉字：

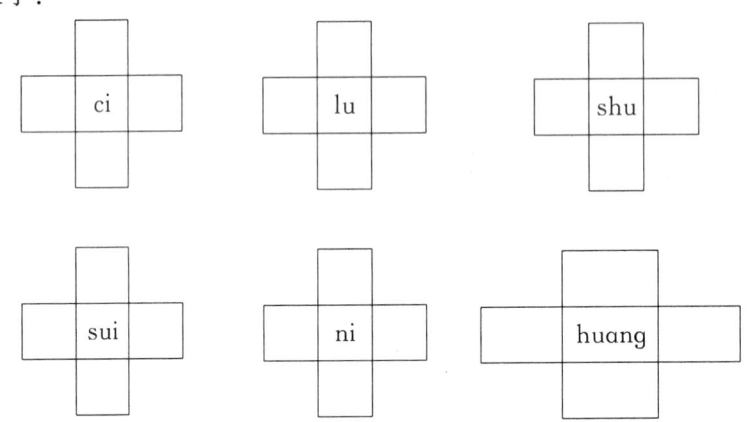

ci	lu	shu
sui	ni	huang

(三) 选择与判断。

1. "乍"和"占"都是zh声母字，但由它们构成的形声字中有些是zh声母，有些却是z声母，请分辨下面两组字的声母：
乍 zhà   怎 炸 昨 作 诈 榨 窄
zh声母字：
z声母字：

占 zhàn   钻 站 沾 粘 战 毡
zh声母字：
z声母字：

2. 下面每个字后面都有两个音，请选出正确的那个：

辽 {liáo / niáo}　陕 {sǎn / shǎn}　寸 {cùn / chùn}　沪 {fù / hù}　宁 {níng / líng}　湿 {sī / shī}

尊 {zhūn / zūn}　懦 {nuò / luò}　昏 {fēn / hūn}　筛 {sāi / shāi}　连 {lián / nián}　遭 {zāo / zhāo}

绿 {nù / lù}　怀 {huái / fái}　程 {céng / chéng}

3. 用横线画出下列词语中的零声母字：
法文　决议　矮小　传闻　轻微　严厉　医药　恩情　额外　夹袄
业务　偶像　慰问　玉石　艺术　误会　移用　语言　维修　仰卧

(四)听音节,记声母。

1. 闹(　) 奴(　) 兰(　) 辣(　)
   老(　) 内(　) 龙(　) 缕(　)
   嫩(　) 恼(　) 梨(　) 泞(　)
2. 冯(　) 欢(　) 坏(　) 逢(　)
   胡(　) 费(　) 昏(　) 洪(　)
   方(　) 互(　) 份(　) 环(　)
3. 擦(　) 岁(　) 山(　) 知(　)
   粗(　) 腮(　) 充(　) 肆(　)
   彻(　) 众(　) 找(　) 颂(　)
   词(　) 唱(　) 苏(　) 处(　)
   准(　) 醋(　) 川(　) 潮(　)

(五)给下文中加点字注出声母。

1. 俄罗斯的马戏艺术节目不断更新、大胆创新,使自己的节目日新月异,保持不同风格。

2. 礼仪是印第安传统的一个重要方面。印第安人对许多重大事件都有其不同的仪式。当他们要求和平时,印第安酋长们就会来到谈判地点,极其隆重地把一两把战斧埋到地里。

3. 后来雨停了。我看见一只彩色的小鸟站在船头。多么的美丽,它的羽毛是翠绿的,翅膀带着一些蓝色,比鹦鹉还要漂亮。它还有一个红色的小嘴。

(六)注出下文中每个字的声母(零声母字不注)。

他作为科学家就是这样。但是这在他身上远不是主要的。在马克思看来,科学是一种在历史上起推动作用的、革命的力量。任何一门理论科学中的每一个新发现——它的实际应用也许还根本无法预见——都使马克思感到衷心喜悦,但是当有了立即会对工业、对一般历史发展产生革命影响的发现的时候,他的喜悦就非同寻常了。

第二部分　朗读基础知识及训练

一、朗读基础知识

(一)朗读的基本要求

1. 什么是朗读

朗读即用有声语言把文章念出来,通过声音将作品的内容准确、生动、形象地传达给听众。

2. 朗读的要求

(1)对原作品的理解和感受

理解作品内容是朗读的基础,成功的朗读离不开精心的准备。朗读前,对所要朗读的作品要反复读,这既是为了熟悉词句,扫清语音上的障碍,也是为了更深入地理解作品。只有准确地把握了原作品的中心思想,才能确定朗读的基调和风格;只有抓住关键语句,才能运

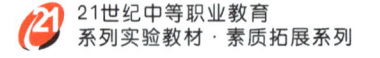

用好轻重、停顿等,以充沛的感情,准确地表现原作品的思想内容。

(2)语音表达的准确

这是朗读的最基本的要求。朗读应该用规范的普通话而不是方言,否则达不到应有的朗读效果。

另外,对于难读、易错的字,必须弄清其读音,以免读错。

(3)恰当地运用朗读技巧

朗读时,在语音准确的基础上,还要运用好停顿、轻重、句调、节奏等技巧。

技巧的运用是根据表达思想感情的需要,一定要避免主观随意性。在认真推敲原作品之后,确定好停顿、重音等的处理,而且可用一定的符号标记出来,以便于朗读。朗读技巧常用符号如下:

/, //, ///　分别代表稍短、稍长、较长的停顿

·　表示强调重音

。　表示语法重音

—　音稍拉长,缓停

|　节拍

↗ ↘ → ↘↗ ↘↗　句调

(二)朗读的表达技巧

1. 停顿

停顿指的是朗读或说话时语流中的语音间歇。这一方面是由于语法结构的需要或说话、朗读时气息调节的需要,另一方面是为了显示语意和表达感情的需要。一般将其分为两种:语法停顿和强调停顿。

(1)语法停顿

书面上以标点符号为标志的停顿,它反映了语句的语法结构关系。其停顿时间的长短,可根据标点符号的实际情况来确定,如句末标点(。!?)后的停顿长于分号、冒号,分号、冒号后的停顿又长于逗号,逗号的停顿长于顿号等。

如果遇到长句,生理上换气需句中有停顿,可停在主语或句首状语以及较长的介词短语之后,不能随便停顿割裂语意。

(2)强调停顿

这是因强调语意、表达感情的需要而作出的停顿。其停顿之处可能就是语法停顿处,也许是语法上不必停顿,但为了意义强调的需要而停顿的。如:

一切都像刚睡醒的样子,欣欣然张开了眼。山/朗润起来了,水/涨起来了,太阳的脸/红起来了。

这三处强调停顿,是为了突出"山、水、太阳"的变化情况,以照应前句"一切都像刚睡醒的样子,欣欣然张开了眼。"

2. 重音

词语和句子中读得比较重的音叫重音,它可以分成语法重音和强调重音两大类。

(1)语法重音

语法重音是依语法结构而定的重音。其特点是音量不需太大,听起来自然,不带特殊的感情色彩,没有特别的强调意味。

语法重音的位置相对固定,可通过语法结构掌握其主要规律:

a.主谓结构中,谓语部分读得较重,但如果主语为指示代词、疑问代词,则主语重读。例如:

① ——今天星期几?——今天星期三。

② 这才是最好的。

③ 谁来回答?

b.在有宾语的句子里,除了人称代词做宾语外,宾语大都读得稍重。例如:

① 出太阳了。

② 这件事别告诉他。

c.在偏正结构和中补结构中,定、状、补语常常读得稍重。例如:

① 雨是最寻常的,一下就是三两天。

② 每个人头上戴着个做工精巧、色彩鲜艳的纸帽……

③ 他已经睡着了。

(2)强调重音

说话或朗读时为了突出句子的主要意思或抒发某种感情而有意识读出的重音,叫强调重音。强调重音没有固定的位置,在同一句话里,不同的重音位置能表达各种不同的强调重点。例如:

小王喜欢看武侠小说。　　（不是别人）

小王喜欢看武侠小说。　　（谁说他不喜欢）

小王喜欢看武侠小说。　　（不是写,也不是听）

小王喜欢看武侠小说。　　（不是其他小说）

小王喜欢看武侠小说。　　（不是电影）

3．句调

句调是句子声音高低升降的变化。其作用是表达说话人的感情、态度。句调贯穿整个句子,但在句末表现得更为明显。常见的有升、降、平、曲等四种模式。

(1)升调

由平到升,句尾稍上扬,表示惊讶、疑问、反诘、兴奋等语气。例如:

① 你怎么知道的?↗

② 连我也怀疑?↗

(2)降调

先平后低,句尾下降,表示感叹、肯定、祈使、沉痛等语气。例如:

① 那就是著名的温泉公园。↘

② 这真是太不幸了。↘

(3)平调

没有显著的高低变化,常用于表示庄重、平静、思考、迟疑、冷淡等语气。例如:

① 真不知道去还是不去。→

② 这是你自己的事。→

(4)曲调

先升后降,或先降后升,表示夸张、嘲讽、不满、怀疑等语气。例如:
① 你什么都懂,↘↗还不行吗?↗
② 啊?↘↗都是你自己做的?↗

4. 语速

语速是指说话或朗读时的快慢。它主要决定于作品的内容等因素,可分为快、中、慢三种。

(1)较快的语速

表示紧张、激动、惊惧、欢畅等情绪;刻画机警、狡猾、活泼、热情等人物个性;表现质问、斥责、雄辩等声态。

(2)中等语速

用于无大起大落感情变化的句子,如一般的说明、记叙、议论的文章或语句。

(3)较慢的语速

表现沉重、郁闷、悼念的心情;宁静、庄重或凄凉的气氛;淳朴、镇定或迟钝的人物个性。

需要注意的是,题材、体裁可以确定一篇作品朗读速度上的基调,但在同一篇诗文中,语速的具体处理应随作品内容、情感的变化而有所变化。缓急结合才能烘托出气氛,增强表达效果。

(三)不同文体的朗读

1. 诗歌

诗歌具有充沛的激情、丰富的想象,其语言特点为精炼、流畅,富于韵律和节奏。朗读时要把握好两点:

(1)掌握好节奏和韵律

诗歌的节奏建立在其固有的规整节拍的基础上,五言诗一般是每行三个音步,七言诗是每行四个音步,朗读时不能破坏这种节奏。如:

白日|依山|尽,
黄河|入海|流。

横眉|冷对|千夫|指,
俯首|甘为|孺子|牛。

另外,在不影响表达思想感情的前提下,将句末押韵的字读得舒展一点、突出一点,将韵律强调和显示出来,尤其是新诗。

(2)上下语气要呼应

从内容出发掌握全诗的主题思想和各部分之间的内在联系,朗读时便于从总体上把握全诗,运用恰当的语调变化,读得连贯、完整。

2. 散文、小说

(1)散文

散文语言精炼而流畅,文辞优美,富于音乐性。它通过描写、记叙人物和景色等抒发自己的情感,阐明自己的观点。

朗读散文要求语言连贯流畅,有层次发展,同时又亲切、自然、生动,以情带声,声情并茂。

(2)小说

小说偏重于对环境、事件的描写,对人物形象的塑造。朗读时感情要随着情节的发展而变化,特别是要把握好人物的性格特征,通过丰富的语调变化读好人物对话,塑造出不同的人物形象。

3. 童话、寓言

(1)童话

童话具有丰富的幻想色彩,有完整的故事情节和生动的童话形象。它常运用拟人、夸张、象征等艺术修辞手法,语言形象活泼。

朗读童话既要注意语气上的口语化,又要有适度的夸张口吻。重复出现的情节、对话要用不同的句调、语速、轻重等表现出来,避免机械的重复。

(2)寓言

寓言篇幅短小,情节完整,语言简洁,诙谐幽默,常运用夸张、比喻、对比等手法。

朗读寓言语速要适中,带有叙述的语气,对其中的人物语言要用一定的夸张、渲染,但不能过火。寓言重在通过故事来阐述充满哲理的寓意。

二、朗读训练

(一)停顿训练

1. 根据停顿符号的提示读好下列句子:
(1)音乐/是最能拨动盲人心弦的艺术。
(2)失明的孩子,//从小/也就失去了许多童趣。
(3)我感到//音乐声中/有一种激越的活力。
(4)如果有人说/大自然是最美的,//那我要说/音乐比大自然更美。
(5)音乐使我明白/太阳永远是属于我的,//希望/也永远是属于我的。

(《盲女琴韵》)

2. 朗读下列段落,把握好停顿。
(1)默然忍受/命运的暴虐的毒箭,//或是挺身反抗/人世的无涯的苦难,//通过斗争/把它们扫清,//这两种行为,/哪一种更高贵?//……

(《哈姆莱特》)

(2)在你把乌黑的酱碗/放到乌黑的桌子上之后,//
在你补好了/儿子们的/为山腰的荆棘扯破的衣服之后,//
在你把小儿/被柴刀砍伤了的手/包好之后,//
在你把夫儿们的衬衣上的虱子/一颗颗的捏死之后,//
在你拿起了/今天的第一颗鸡蛋之后,//你用你厚大的手掌/把我抱在怀里,//抚摸我。///

(《大堰河——我的保姆》)

3. 强调停顿运用得不同,能改变语句的意思,试用不同的停顿读出下列句子的不同意思。
(1)a. 哥哥说我不对。　　　(我错了)
　　b. 哥哥说我/不对。　　　(哥哥不该说我)
　　c. 哥哥说://"我不对。"　　(哥哥错了)
(2)a. 无鸡鸭亦可,//无鱼肉亦可,//青菜一碟足矣。///　　(有青菜就行了)
　　b. 无鸡,/鸭亦可;//无鱼,/肉亦可;//青菜,/一碟足矣。///　　(要鸡鸭鱼肉)

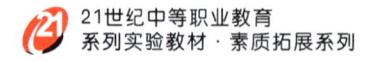

(二)重音训练

1. 朗读句子,注意语法重音和强调重音的读法。

(1)我感到音乐声中有一种激越的活力。

(2)同学们回答得很流畅。

(3)今年夏天不热。

(4)爱是滋润孩子心田的甘露,孩子不能没有爱。

(5)英雄母亲的话语和行为,对我们是很有启发的。

(6)骆驼很高,羊很矮。

(7)兴趣小组就是好,他们的活动我参加过一次,有趣极了。

(8)这样做的确不易,但只有这样,才会成功。

(9)原来斧子没丢,它还在树旁呢。

(10)人世间,比青春再可宝贵的东西实在没有,然而青春也最容易消逝。

2. 段落朗读重音练习。

(1)远远的街灯明了,
　　好像是闪着无数的明星。
　　天上的明星现了,
　　好像是点着无数的街灯。

《天上的街市》

(2)在闽西南苍苍茫茫的崇山峻岭之中,点缀着数以千计的圆形土楼,充满神奇的山寨气息。这就是被誉为"世界民居奇葩"、世上独一无二的神话般的山区建筑模式的客家人民居。

《世界民居奇葩》

(3)起先,这小家伙只在笼子四周活动,随后就在屋里飞来飞去。它一会儿落在柜顶上,一会儿神气十足地站在书架上,啄着书背上那些大文豪的名字,一会儿把挂灯的绳子撞得来回摇动,接着又逃到画框上去了。只要大鸟在笼子里生气地叫一声,它立即飞回笼里去。

《珍珠鸟》

(三)句调训练

1. 根据符号的提示,读出不同句调。

(1)这话是他说的? ↗

(2)太棒了! ↘

(3)你说吧,我听着呢。 →

(4)连我你也不信? ↗

(5)今天的联欢会我一定去。 ↘

(6)这真是一场可怕的梦。 ↘

(7)房间里充满了玫瑰花香。 →

(8)哎,↘↗别乱动。 ↘

2. 段落朗读句调练习。

(1)乔治·华盛顿是个伟人,↘但并非后来人所想象的,↗他专做伟大的事,→把不伟大的事都留给不伟大的人去做。↘实际上,他若在你面前,↗你会觉得他普通得就和你一样,↗一样的诚实,↗一样的热情,↗一样的与人为善。↘

(《上将与下士》)

(2)这是入冬以来,↗胶东半岛上第一场雪。↘雪纷纷扬扬,↗下得很大。↘开始还伴着一阵小雨,↗不久就只见大片大片的雪花,从彤云密布的天空中飘落下来,↘地面上一会儿就白了。↘冬天的山村,到了夜里就万籁俱寂,↘只听得雪花簌簌地不断往下落。↘树木的枯枝被雪压断了,↗偶尔咯吱一声响。↘

(《第一场雪》)

(四)语速训练

1. 单项训练

(1)白荷花在这些大圆盘之间冒出来。有的才展开两三片花瓣;有的花瓣全都展开了,露出嫩黄色的小莲蓬;有的还是花骨朵儿,看起来饱胀得马上要破裂似的。

(《荷花》)

提示:描写白荷花的三个分句,语速稍快,语气连贯,表现其竞相开放的各种姿态。

(2)落光了叶子的柳树上,挂满了毛茸茸亮晶晶的银条;而那些冬夏常青的松树和柏树上,则挂满了蓬松松沉甸甸的雪球儿。一阵风吹来,树枝轻轻地摇晃,美丽的银条儿和雪球儿簌簌地落下来,玉屑似的雪末儿随风飘扬,映着清晨的阳光,显出一道五光十色的彩虹。

(《第一场雪》)

提示:这一段为细节描写,读时语速放慢。尤其要把"毛茸茸"、"蓬松松"等富有质感的词语读好。

2. 对比训练。

三个月后,那一团越发繁茂的绿蔓里面,发现一种尖细娇嫩的鸣叫。我猜到是它们有了雏儿。我呢,决不掀开叶片往里看,连添食加水时也不睁大好奇的眼去惊动它们。过不多久,忽然有一个小脑袋从叶片间探出来。哟,雏儿!正是这个小家伙。

(《珍珠鸟》)

提示:这一段的语速可调整为快—慢—快的变化过程。听到尖细而娇嫩的鸣叫时,可用稍快语速表达惊喜之情;接着放慢表现克制住喜悦不去惊动小鸟的语速;看见探出的小脑袋,再也抑制不住惊喜,语速转为稍快,读出最后一句。

(五)综合训练

1. 根据符号的提示,朗读下列短文。

我的母亲独一无二

记得我13岁时,↗和母亲住在法国东南部的/耐斯城。→母亲没有丈夫,↘也没有亲戚,↗够清苦的,↘但她经常能拿出令人吃惊的东西,→摆在我面前。↘她从来不吃肉,↘一再说自己是素食者。然而有一天,↗我发现/母亲正仔细地用一小块碎面包擦/那给我煎牛排用的油锅。↘我明白了/她称自己为素食者的/真正原因。→

我16岁时,↗母亲成了耐斯市美蒙旅馆的女经理。↘这时,她更忙碌了。↘一天,她瘫在椅子上,↗脸色苍白,↗嘴唇发灰。↘马上找来医生,做出诊断:她摄取了过多的胰岛素。↘直到这时我才知道/母亲多年一直对我隐瞒的疾痛——糖尿病。↘

她的头/歪向枕头一边,↗痛苦地用手抓挠胸口。↘床架上方,↗则挂着一枚/我1932年赢得耐斯市少年乒乓球冠军的/银质奖章。↘

啊,↘是对我的美好前途的憧憬/支撑着她活下去,↘为了给她那荒唐的梦/至少加一点真实的色彩,↗我只能继续努力,↗与时间竞争,↗直至1938年我被征入空军。↘巴黎很快失陷,↘我辗转调到英国皇家空军。↘刚到英国/就接到了母亲的来信。↘这些信是由在瑞士的一个朋友/秘密地转到伦敦,↗送到我手中的。↘

现在/我要回家了,↘胸前佩戴着醒目的绿黑两色的/解放十字绶带,↗上面挂着五枚/我终身难忘的勋章,↘肩上还佩带着军官肩章。到达旅馆时,↗没有一个人跟我打招呼。↘原来,我母亲在3年半以前/就已经离开人间了。↘

在她死前的几天中,↗她写了近250封信,↗把这些信/交给她在瑞士的朋友,↗请这个朋友定时寄给我。↘就这样,在母亲死后的3年半的时间里,↗我一直从她身上吸取着力量和勇气——这使我能够继续战斗到胜利那一天。↘

2. 朗读下列作品,注意把握好作品的停顿、轻重、抑扬和语速。

(1)

我常想读书人是世间幸福人,因为他除了拥有现实的世界之外,还拥有另一个更为浩瀚也更为丰富的世界。现实的世界是人人都有的,而后一个世界却为读书人所独有。由此我想,那些失去或不能阅读的人是多么的不幸,他们的丧失是不可补偿的。世间有诸多的不平等,财富的不平等,权力的不平等,而阅读能力的拥有或丧失却体现为精神的不平等。

一个人的一生,只能经历自己拥有的那一份欣悦,那一份苦难,也许再加上他亲自闻知的那一些关于自身以外的经历和经验。然而,人们通过阅读,却能进入不同时空的诸多他人的世界。这样,具有阅读能力的人,无形间获得了超越有限生命的无限可能性。阅读不仅使他多识了草木虫鱼之名,而且可以上溯远古下及未来,饱览存在的与非存在的奇风异俗。

更为重要的是,读书加惠于人们的不仅是知识的增广,而且还在于精神的感化与陶冶。人们从读书学做人,从那些往哲先贤以及当代才俊的著述中学得他们的人格。人们从《论语》中学得智慧的思考，从《史记》中学得严肃的历史精神，从《正气歌》中学得人格的刚烈，从马克思学得人世的激情，从鲁迅学得批判精神，从托尔斯泰学得道德的执着。歌德的诗句刻写着睿智的人生，拜伦的诗句呼唤着奋斗的热情。一个读书人，一个有机会拥有超乎个人生命体验的幸运人。

节选自谢冕《读书人是幸福人》

（2）

一个大问题一直盘踞在我脑袋里：

世界杯怎么会有如此巨大的吸引力？除去足球本身的魅力之外，还有什么超乎其上而更伟大的东西？

近来观看世界杯，忽然从中得到了答案：是由于一种无上崇高的精神情感——国家荣誉感！

地球上的人都会有国家的概念，但未必时时都有国家的感情。往往人到异国，思念家乡，心怀故国，这国家概念就变得有血有肉，爱国之情来的非常具体。而现代社会，科技昌达，信息快捷，事事上网，世界真是太小太小，国家的界限似乎也不那么清晰了。再说足球正在快速世界化，平日里各国球员频繁转会，往来随意，致使越来越多的国家联赛都具有国际的因素。球员们不论国籍，只效力于自己的俱乐部，他们比赛时的激情中完全没有爱国主义的因子。

然而，到了世界杯大赛，天下大变。各国球员都回国效力，穿上与光荣的国旗同样色彩的服装。在每一场比赛前，还高唱国歌以宣誓对自己祖国的挚爱与忠诚。一种血缘情感开始在全身的血管里燃烧起来，而且立刻热血沸腾。

在历史时代，国家间经常发生对抗，好男儿戎装卫国。国家的荣誉往往需要以自己的生命去//换取。但在和平时代，唯有这种国家之间大规模对抗性的大赛，才可以唤起那种遥远而神圣的情感，那就是：为祖国而战！

节选自冯骥才《国家荣誉感》

思考与练习

（一）朗读的基本要求有哪些？

（二）朗读前应该怎样进行准备？

（三）如果要朗读一篇说明文，在句调和语速方面应注意些什么？

（四）语法重音和强调重音有何不同？

（五）诗和散文的朗读有何不同？

（六）根据学过的知识，结合自己的理解，对下列各句进行分析。

1. 停顿分析

(1)俄罗斯马戏博采世界杂技艺术之长，以独特的民族个性展示出其丰富的内涵，赢得了它在世界上的独特地位。

(2)大多数职业拳击家、足球和棒球运动员以及其他运动员过了35岁以后，体力都会有所下降。

(3)《早发白帝城》这首七绝，记叙了李白从奉节白帝城乘船出发，经三峡至湖北境内，日行千里、顺江而下的情景。

2. 重音分析

(1)历史学家告诉我们，在第一次世界大战中，协约国的将领们"一次又一次地犯傻"，他们之所以并未输掉这场战争，是因为德国将领们比他们还要犯傻。

(2)中国的一位伟人说过：任何一个民族、一个国家，都需要借鉴别的民族、别的国家文明发展之路，从中学习先进，剔除糟粕，只有这样，才能赶超先进。

(3)地球上的大陆原先是一个整块，大约三亿年以前开始分裂，向东西南北移动，后来才成为现在这个模样。

(4)既然父母们不可能不对孩子许诺,那么就应该明白许诺的利与弊,扬其利而避其弊,这就是许诺的艺术。

3. 句调分析

(1)世界上最著名的发明家大概要数爱迪生了。他一生大约有两千次的发明创造,电压表、印刷机、打字机、留声机、电灯、电影机、长途电话等都是他给我们发明的。

(2)古代大教育家孟子,在《尽心上》云:"引而不发,跃如也。"他用射箭来比喻教育要善于启发引导,就像射箭一样拉开硬弓,搭上利箭,然而却不射出去。

(3)当我们重登凉亭时,远处的蝙蝠早已在夜色下化为剪影,好像就要展翅扑来。拒马河趁人们看不清它的容貌时豁开了嗓门韵味十足地唱呢!

(七)用符号标注出下列短文的强调停顿、重音、句调,并根据文章内容配以适当语速进行朗读练习。

(1)

Xī yáng luò shān bù jiǔ, xī fāng de tiān kōng, hái rán shāo zhe yī piàn jú hóng sè de wǎn xiá.
夕阳落山不久,西方的天空,还燃烧着一片橘红色的晚霞。
Dà hǎi, yě bèi zhè xiá guāng rǎn chéng le hóng sè, ér qiě bǐ tiān kōng de jǐng sè gèng yào zhuàng
大海,也被这霞光染成了红色,而且比天空的景色更要壮
guān. Yīn·wèi tā shì huó·dòng de, měi dāng yī pái pái bō làng yǒng qǐ de shí hou, nà yìng
观。因为它是活动的,每当一排排波浪涌起的时候,那映
zhào zài làng fēng·shàng de xiá guāng, yòu hóng yòu liàng, jiǎn zhí jiù xiàng yī piàn piàn huǒ
照在浪峰上的霞光,又红又亮,简直就像一片片霍
huò rán shāo zhe de huǒ yàn, shǎn shuò zhe, xiāo shī le. Ér hòu·miàn de yī pái, yòu shǎn shuò
霍燃烧着的火焰,闪烁着,消失了。而后面的一排,又闪烁
zhe, gǔn dòng zhe, yǒng le guò·lái.
着,滚动着,涌了过来。

Tiān kōng de xiá guāng jiàn jiàn de dàn xià·qù le, shēn hóng de yán sè biàn chéng le fēi
天空的霞光渐渐地淡下去了,深红的颜色变成了绯
hóng, fēi hóng yòu biàn wéi qiǎn hóng. Zuì hòu, dāng zhè yī qiè hóng guāng dōu xiāo shī le de shí
红,绯红又变为浅红。最后,当这一切红光都消失了的时
hou, nà tū rán xiǎn·dé gāo ér yuǎn le de tiān kōng, zé chéng xiàn chū yī piàn sù mù de shén sè.
候,那突然显得高而远了的天空,则呈现出一片肃穆的神色。
Zuì zǎo chū xiàn de qǐ míng xīng, zài zhè lán sè de tiān mù·shàng shǎn shuò qǐ·lái le. Tā shì nà
最早出现的启明星,在这蓝色的天幕上闪烁起来了。它是那
me dà, nà me liàng, zhěng gè guǎng mò de tiān mù·shàng zhǐ yǒu tā zài nà·lǐ fàng shè zhe lìng
么大,那么亮,整个广漠的天幕上只有它在那里放射着令
rén zhù mù de guāng huī, huó xiàng yī zhǎn xuán guà zài gāo kōng de míng dēng.
人注目的光辉,活像一盏悬挂在高空的明灯。

Yè sè jiā nóng, cāng kōng zhōng de "míng dēng" yuè lái yuè duō le. Ér chéng shì gè chù de
夜色加浓,苍空中的"明灯"越来越多了。而城市各处的
zhēn de dēng huǒ yě cì dì liàng le qǐ·lái, yóu qí shì wéi rào zài hǎi gǎng zhōu wéi shān pō·shàng
真的灯火也次第亮了起来,尤其是围绕在海港周围山坡上
de nà yī piàn dēng guāng, cóng bàn kōng dào yìng zài wū lán de hǎi miàn·shàng, suí zhe bō làng,
的那一片灯光,从半空倒映在乌蓝的海面上,随着波浪,

晃动着，闪烁着，像一串流动着的珍珠，和那一片片密布在苍穹里的星斗互相辉映，煞是好看。

在这幽美的夜色中，我踏着软绵绵的沙滩，沿着海边，慢慢地向前走去。海水，轻轻地抚摸着细软的沙滩，发出温柔的刷刷声。晚来的海风，清新而又凉爽。我的心里，有着说不出的兴奋和愉快。

夜风轻飘飘地吹拂着，空气中飘荡着一种大海和田禾相混合的香味儿，柔软的沙滩上还残留着白天太阳炙晒的余温。那些在各个工作岗位上劳动了一天的人们，三三两两地来到这软绵绵的沙滩上，他们浴着凉爽的海风，望着那缀满了星星的夜空，尽情地说笑，尽情地休憩。

节选自峻青《海滨仲夏夜》

(2)

其实你在很久以前并不喜欢牡丹，因为它总被人作为富贵膜拜。后来你目睹了一次牡丹的落花，你相信所有的人都会为之感动：一阵清风徐来，娇艳鲜嫩的盛期牡丹忽然整朵整朵地坠落，铺撒一地绚丽的花瓣。那花瓣落地时依然鲜艳夺目，如同一只奉上祭坛的大鸟脱落的羽毛，低吟着壮烈的悲歌离去。

牡丹没有花谢花败之时，要么烁于枝头，要么归于泥土，它跨越萎顿和衰老，由青春而死亡，由美丽而消遁。它虽美却不吝惜生命，即使告别也要展示给人最后一次的惊心动魄。

所以在这阴冷的四月里,奇迹不会发生。任凭游人扫兴和诅咒,牡丹依然安之若素。它不苟且、不俯就、不妥协、不媚俗,甘愿自己冷落自己。它遵循自己的花期自己的规律,它有权利为自己选择每年一度的盛大节日。它为什么不拒绝寒冷?

天南海北的看花人,依然络绎不绝地涌入洛阳城。人们不会因牡丹的拒绝而拒绝它的美。如果它再被贬谪十次,也许它就会繁衍出十个洛阳牡丹城。

于是你在无言的遗憾中感悟到,富贵与高贵只是一字之差。同人一样,花儿也是有灵性的,更有品位之高低。品位这东西为气为魂为筋骨为神韵,只可意会。你叹服牡丹卓而不群之姿,方知品位是多么容易被世人忽略或是漠视的美。

节选自张抗抗《牡丹的拒绝》

(3)

地球上是否真的存在"无底洞"?按说地球是圆的,由地壳、地幔和地核三层组成,真正的"无底洞"是不应存在的,我们所看到的各种山洞、裂口、裂缝,甚至火山口也都只是地壳浅部的一种现象。然而中国一些古籍却多次提到海外有个深奥莫测的无底洞。事实上地球上确实有这样一个"无底洞"。

它位于希腊亚各斯古城的海滨。由于濒临大海,大涨潮时,汹涌的海水便会排山倒海般地涌入洞中,形成一股湍湍的急流。据测,每天流入洞内的海水量达三万多吨。奇怪的是,如此大量的海水灌入洞中,却从来没有把洞灌满。曾有人怀疑，这个"无底洞"，会不会就像石灰岩地区的漏斗、竖井、落水洞一类的地形。然而从二十世纪三十年代以来，人们就做了多种努力企图寻找它的出口，却都是枉费心机。

为了揭开这个秘密，一九五八年美国地理学会派出一支考察队，他们把一种经久不变的带色染料溶解在海水中，观察染料是如何随着海水一起沉下去。接着又察看了附近海面以及岛上的各条河、湖，满怀希望地寻找这种带颜色的水，结果令人失望。难道是海水量太大把有色水稀释得太淡，以致无法发现？

至今谁也不知道为什么这里的海水会没完没了地"漏"下去，这个"无底洞"的出口又在哪里，每天大量的海水究竟都流到哪里去了？

节选自罗伯特·罗威尔《神秘的"无底洞"》

（4）

享受幸福是需要学习的，当它即将来临的时刻需要提醒。人可以自然而然地学会感官的享乐，却无法天生地掌握幸福的韵律。灵魂的快意同器官的舒适像一对孪生兄弟，时而相傍相依，时而南辕北辙。

幸福是一种心灵的震颤。它像会倾听音乐的耳朵一样，需要不断地训练。

简而言之，幸福就是没有痛苦的时刻。它出现的频率并不像我们想象的那样少。人们常常只是在幸福的金马车已经驶过去很远时，才拣起地上的金鬃毛说，原来我见过它。

人们喜爱回味幸福的标本，却忽略它披着露水散发清香的时刻。那时候我们往往步履匆匆，瞻前顾后不知在忙着什么。

世上有预报台风的，有预报蝗灾的，有预报瘟疫的，有预报地震的。没有人预报幸福。

其实幸福和世界万物一样，有它的征兆。

幸福常常是朦胧的，很有节制地向我们喷洒甘霖。你不要总希望轰轰烈烈的幸福，它多半只是悄悄地扑面而来。你也不要企图把水龙头拧得更大，那样它会很快地流失。你需要静静地以平和之心，体验它的真谛。

幸福绝大多数是朴素的。它不会像信号弹似的，在很高的天际闪烁红色的光芒。它披着本色的外衣，亲切温暖地包裹起我们。

幸福不喜欢喧嚣浮华，它常常在暗淡中降临。贫困中相濡以沫的一块糕饼，患难中心心相印的一个眼神，父亲一次粗糙的抚摸，女友一张温馨的字条……这都是千金难买的幸福啊。像一粒粒缀在旧绸子上的红宝石，在凄凉中愈发熠熠夺目。

节选自毕淑敏《提醒幸福》

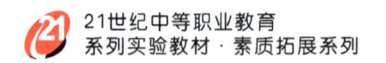

> 作为一种感人的力量,语言真正的美,产生于言辞准确、明晰和动听。
>
> ——高尔基

第三单元

内容提要

一、方言区人说普通话时在韵母方面的问题、解决方法及训练;
二、演讲的一般常识及基本技能训练。

第一部分　普通话韵母及训练

一、方言区人说普通话韵母容易出现的问题

汉语各方言的韵母跟普通话韵母相比,也同样存在或多或少的差异。普通话里有的韵母方言里不一定有,方言里有的韵母普通话里不一定有。因此,要说好普通话,必须弄清自己方言与普通话在韵母方面的差异,以纠正自己的方音。

对西南方言区的人来说,在学习普通话韵母方面应注意以下几点:

(一)容易混淆的韵母

1. 方言中没有的普通话韵母

普通话里有五个韵母,在西南方言区里没有。这五个韵母是:ing、eng、ueng、e、uo。下面分别讲讲它们的发音要领和记字方法。

(1)ing、eng

要会说普通话 ing、eng 两个后鼻韵字,一是要学会 ing、eng 两韵的发音,二是要记住普通话里哪些字是念 ing、eng 韵母的。

ing、eng 两韵的发音要领是,先发 i 或 e[ə],紧接着舌根往软腭移动,并抵住软腭,声带颤动,音波和气流只是在咽头回荡一下就迅速上升到鼻腔,发生共鸣,从鼻孔出气发音。

常用汉字中 in、en 韵母字少于 ing、eng 韵母字,我们只需分别记住 in、en 韵母字有哪些,其余的便一定是 ing、eng 韵母字了。下列表中,详细列出了常用汉字中的 in-ing、en-eng 韵母字,可以通过对照和比较记住这些字。

in 和 ing 对照辨音字表

声母＼韵母	in	ing
∅	①因茵姻殷音阴 ②垠银龈吟寅淫 ③引蚓隐瘾饮尹 ④印荫	①英应莺膺鹰婴缨樱鹦 ②荧莹营萤蝇盈迎赢 ③影颖 ④映硬应
b	①宾滨缤彬 ④殡鬓	①兵冰 ③丙柄秉饼禀 ④病并
p	①拼 ②贫频 ③品 ④聘	①乒 ②平评苹萍屏瓶凭
m	②民 ③敏皿闽悯泯	②名茗铭明鸣冥溟 ④命
d		①丁叮仃钉 ③顶鼎 ④定锭订
t		①听厅汀 ②亭停廷庭蜓 ③挺艇
n	②您	②宁咛狞柠凝 ③拧 ④宁佞
l	②林淋琳邻磷鳞麟 ③凛廪懔 ④吝赁蔺	②灵伶玲铃羚零龄凌陵菱绫棱 ③岭领 ④另令
j	①今斤巾金津襟筋 ③紧锦仅谨 ④尽烬劲觐近晋缙禁	①京惊鲸茎经菁睛精晶荆兢粳 ③景颈井警 ④敬竞竟境镜净静径
q	①亲侵钦 ②勤琴芹秦禽擒 ③寝 ④沁	①氢轻青清蜻倾卿 ②情晴擎 ③顷请 ④庆亲
x	①新薪辛锌欣心馨 ④信衅	①星猩腥兴 ②形刑邢型行 ③省醒 ④幸姓性杏兴

en 和 eng 对照辨音字表

例字 声母 \ 韵母	en	eng
∅	①恩 ④摁	①鞥
b	①奔 ③本 ④笨	①崩 ②甮 ③绷 ④迸蹦泵
p	①喷 ②盆 ④喷	①烹 ②朋棚硼鹏彭澎膨 ③捧 ④碰
m	①闷 ②门们 ④闷	①蒙 ②萌盟蒙濛朦 ③猛锰蜢 ④梦孟
f	①分芬纷吩 ②坟焚汾 ③粉 ④奋份粪忿分	①风枫疯峰蜂锋丰封 ②逢缝冯 ③讽 ④奉凤缝
d	④扽	①登灯 ③等 ④邓凳瞪
t		②疼腾誊滕藤
n	④嫩	②能
l		②棱 ③冷 ④愣
g	①根跟 ②哏 ④艮	①耕庚羹更 ③耿梗 ④更
k	③肯啃垦恳 ④裉	①坑
h	②痕 ③很狠 ④恨	①亨哼 ②横衡恒 ④横

(续表)

声母\韵母	en	eng
zh	①真贞针侦珍胗斟 ③诊疹枕 ④振震镇阵	①争挣等睁正征蒸 ③整拯 ④正政证症郑
ch	①嗔抻 ②辰晨沉忱陈臣尘 ③碜 ④衬趁称	①称撑 ②成城诚盛承呈程惩澄橙乘 ③逞骋 ④秤
sh	①申伸呻绅身深 ②神 ③沈审婶 ④甚慎肾渗	①生牲笙甥升声 ②绳 ③省 ④胜圣盛剩
r	②人仁壬 ③忍 ④任认刃纫韧	①扔 ②仍
z	③怎	①曾增憎 ④赠
c	①参 ②岑	②曾层 ④蹭
s	①森	①僧

我们还可以借助"偏旁类推"的方法巧妙而迅速地记住一大批ing、eng的后鼻韵字。下面是ing、eng两韵母的偏旁类推字表。

ing韵母偏旁类推字表

丁—dīng　　丁、仃、叮、町、钉(钉子);dǐng 酊(酩酊)顶;dìng 订、钉;tīng 厅、汀。

并—bǐng　　饼、屏(屏除);bìng 并;píng 瓶、屏(屏风)。

宁—níng　　宁、拧、咛、狞、柠;nǐng 拧(拧钉子);nìng 宁(宁可)、泞。

丙—bǐng　　丙、炳、柄;bìng 病。

平—píng　　平、评、苹、坪、枰、萍。

令—lìng　　伶、苓、玲、铃、聆、蛉、翎、零、龄;lǐng 领、岭;lìng 令。

名—míng　　名、茗、铭;mǐng 酩。

廷—tíng　　廷、庭、蜓、霆;tǐng 挺、梃、艇。

形—xíng　　形、刑、邢、型。

京—jīng　　京、惊、鲸;qíng 黥。

定—dìng　　定、腚、碇、锭。

英—yīng　　英、瑛、锳。

茎—jīng　　泾、茎、经;jǐng 颈;jìng 劲(劲敌)、径、胫;qīng 轻、氢。

青—jīng	睛、精;jìng靖、静;qīng青、清、蜻;qíng情、晴、氰。
冥—míng	冥、溟、暝、螟。
亭—tíng	亭、停、婷。
凌—líng	凌、陵、菱、绫。
竟—jìng	竟、境、镜。
营—yīng	莺;yíng荧、莹、萤、营、萦、滢。
婴—yīng	婴、樱、嘤、缨、鹦、罂。
敬—jǐng	警、儆;jìng敬;qíng擎。
景—jǐng	景、憬;yǐng影。

eng韵母偏旁类推字表

风—fēng	风、枫、疯;fěng讽。
正—zhēng	怔、征、症(症结);zhěng整;zhèng正、证、政、症。
生—shēng	生、牲、甥、笙;shèng胜。
成—chéng	成、诚、城、盛(盛东西);shèng盛(盛会)。
争—zhēng	争、挣、狰、峥、睁、铮、筝;zhèng净、挣(挣脱)。
丞—zhēng	蒸;zhěng拯;chéng丞。
亨—pēng	烹;hēng亨、哼。
更—gēng	更(更正);gěng埂、绠、哽、梗、鲠;gèng更(更加)。
呈—chéng	呈、程、醒;chěng逞。
庚—gēng	庚、赓。
奉—pěng	捧;fèng奉、俸。
朋—bēng	崩、绷;běng绷(绷着脸);bèng蹦;péng朋、棚、硼、鹏。
孟—měng	勐、猛、锰、蜢、艋;mèng孟。
峰—péng	蓬、篷;fēng峰、锋、烽、蜂;féng逢、缝;fèng缝(门缝)。
乘—chéng	乘;shèng剩。
曾—zēng	曾(姓)、憎、增;zèng赠;céng层、曾;cèng蹭;sēng僧。
彭—pēng	澎(澎湃);péng彭、澎(澎湖)、膨。
愣—léng	塄;lèng愣、楞。
登—dēng	灯、登;dèng凳、磴、瞪;chéng澄。
誊—téng	誊、腾、滕、藤。
蒙—mēng	蒙(蒙骗);méng蒙(蒙蔽)、濛、檬、矇;měng蒙(蒙古)

至于eng与ong的混淆,只发生在beng,peng、meng、feng这四个音节里,也就是说,西南方言中因为没有eng韵,声母b、p、m、f就只好与ong韵相拼。但普通话里b、p、m、f是不与ong相拼而与eng相拼的,这一条只要记住普通话这一拼合规律就可以解决问题,不必一个一个地记字。

(2)ueng

在方言中,"ueng"常被"veng"或"ong"代替,本应双唇拢圆发出的"u"音被发成了上唇和下齿摩擦而成的"v"音,要注意纠正。涉及的字主要有"翁、嗡、蓊、瓮"等。

(3)e与uo

在西南方言中,没有e与uo这两个韵母。普通话中全部的uo韵母字与部分的e韵母字在方言中被发成了 o 韵。通过下表,可以分辨出它们的使用情况。

声母	例字	普通话韵母	西南方言韵母
g、k、h	哥 戈 割 鸽 胳 阁 葛 个 科 苛 棵 瞌 壳 可 渴 课 喝 河 何 盒 禾 和 贺 鹤	e	o
	锅 果 过 活 火 货	uo	
d、t、n、l	多 夺 朵 脱 托 拖 妥 挪 糯 懦 罗 裸 落	uo	
zh、ch、sh、r z、c、s	桌 捉 浊 戳 绰 辍 说 硕 烁 若 弱 昨 坐 做 搓 错 撮 缩 梭 所	uo	
零声母	鹅 饿 蛾 讹 恶 愕 腭 噩 遏	e	

2. 普通话中没有的方言韵母

(1) ê

这个单韵母在普通话中存在,但所属汉字特别少。不过在西南方言中,ê 却是一个运用范围很广的韵母。把它对应到普通话中,可以转读为 e、o、ai、ei 等不同的韵母。通过下表,我们可以分清这些易混淆的字。

声母	例字	普通话韵母	西南方言韵母
双唇音	伯 帛 舶 泊 魄 默 陌 脉(含情脉脉)	o	ê
	白 百 柏 拍 麦 脉(脉搏)	ai	
舌尖音	摘 宅 翟 窄 拆 塞	ai	
	遮 折 者 这 车 扯 撤 彻 赊 蛇 舌 舍 设 涉 摄 赦 射 惹 热 则 仄 策 测 册 色 涩 啬 穑 德 得 特 勒	e	
舌根音	革 疙 格 隔 咳 刻 克 客 赫 核	e	
	北 黑 勒 给 肋(肋骨)	ei	

(2) io、üu、uê、iɑi

这四个韵母是普通话中没有的方言韵母,它们跟普通话中的一些韵母相对应。通过下表我们可以分清这种对应关系。

方言	普通话	例字
io	üe	觉(悟) 角(色) 爵 鹊 确 雀 权 却 学 掠 略 疟 跃 岳 约(音)乐
	iao	脚 药 钥 角(票)
üu	ü	菊 鞠 局 桔 焗 曲 屈 蛐 渠 旭 畜 续 育 浴 域 欲 狱
uê	uo	国 帼 扩 括 阔 或 廓 获 惑
iɑi	ie	界 街 阶 介 解 戒

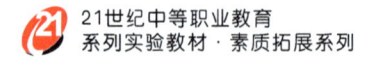

3. 其他

在普通话与方言共有的韵母中,具体到不同汉字的使用上,也存在着一些差异,我们必须分清。

(1) en—uen uei—ei

成都、重庆及一些地区把普通话"uen"韵字统统读成"en"韵,前面的韵头"u"丢失;又将普通话"ei"韵字统统读成"uei",前面添了一个韵头"u"。请注音纠正下面这些字。

方言	普通话	例　字
en	uen	吨 吞 论 尊 村 孙 轮
uei	ei	内 雷 累 贼 馁 泪 磊

(2) i 与 ü

西南地区的云南、贵州以及客家方言区、闽方言区没有韵母 ü,将普通话中以 ü 或 ü 开头的韵母全读成 i 或以 i 开头的韵母。例如把"拒绝"jùjué 念得同"季节"jìjié 一样;把"有趣"念成"有气"。我们学习的时候,一定要注意分清这些字。

(二)不易发准的韵母

与方言比较,普通话中大部分的韵母在方言中也同时使用。但这并不意味着这些韵母就不再需要规范。事实上,绝大多数的韵母,方言区的人说普通话时的发音与普通话所规定的标准发音存在着差异,专业上我们称之为发音的"欠缺"。要学好普通话,这是一个不容忽视的问题。

1. 发单韵母时的问题

(1) 发"a"时,口腔打开不够。例如:

　　大妈 dàmā　　　　　　打发 dǎfā

(2) 发"u"、"o"时,舌头在口腔中的位置偏前。例如:

　　服务 fúwù　　　　蜀都 shǔdū　　　　莫摸 mòmō

(3) 发"i"、"ü"、"u"时,嘴唇向两边扩展或向中间拢圆时的力度不够,发音显得松散、模糊、含混。甚至口形滑动,发出类似于"ie"、"ue"、"üi"的复元音。例如:

　　洗衣 xǐyī　　　　　　脾气 píqì
　　不输 bùshū　　　　　玉律 yùlǜ
　　雾都 wùdū　　　　　女婿 nǔxù

(4) 发"er"时,舌尖翘起的高度掌握不好,常常是口腔没有完全打开,舌尖迅速翘起后,没有来得及抬高就被压在了口腔上部前端。而正确的发音应该是口腔打开,舌尖慢慢翘起,微卷曲,与口腔上部前端不接触。例如:

　　而是 érshì　　　　　　女儿 nǚér
　　二百 èrbǎi　　　　　　耳朵 ěrduo

2. 发复韵母时的问题

(1) 发复韵母时口形松散,归音不到位,把复韵母发成单韵母或近似于单韵母的音。主要有 ai、ei、ao、ou、ia、ie、ua、üe 这几个韵母。例如:

　　摆开 bǎikāi　　　　　买卖 mǎimài

类推 lèituī　　　　　　每每 měiměi
宝刀 bǎodāo　　　　　老道 lǎodào
兜售 dōushòu　　　　　后周 hòuzhōu
俩虾 liǎxiā　　　　　　恰恰 qiàqià
斜街 xiéjiē　　　　　　乜斜 miēxie
挂花 guàhuā　　　　　刷挂 shuāguà
约略 yuēlüè　　　　　　决绝 juéjué

（2）发 iao、iou、uai、uei 时，舌头位置不太准确，滑动过程太短，发音欠圆润饱满，显得过于平直。例如：

小鸟 xiǎoniǎo　　　　　逍遥 xiāoyáo
悠久 yōujiǔ　　　　　　又有 yòuyǒu
踹坏 chuàihuài　　　　甩歪 shuǎiwāi
追随 zhuīsuí　　　　　催税 cuīshuì

3. 发鼻韵母时的问题

（1）发前鼻音韵母时，韵尾 n 发音太轻，归音不到位，听上去像单韵母。较突出的是 in、ɑn、ün。例如：

拼音 pīnyīn　　　　　　薪金 xīnjīn
安然 ānrán　　　　　　蛮干 mángàn
均匀 jūnyún　　　　　　军训 jūnxùn

（2）发后鼻音韵母时，滑动过程不适当，鼻音韵尾 ng 过分延长，把 ing 发成 ieng。要克服这个毛病只要注意下颌不向下拉动，让气流从鼻腔向脑后流动就行了。例如：

清兵 qīngbīng　　　　　叮咛 dīngníng

二、韵母训练

（一）单音节训练

ɑ:	阿 ā	拔 bá	o:	抹 mǒ	佛 fó
e:	特 tè	乐 lè	i:	激 jī	笛 dí
u:	俯 fǔ	祝 zhù	ü:	居 jū	鱼 yú
er:	耳 ěr	二 èr	-i(前):	资 zī	紫 zǐ
-i(后):	直 zhí	时 shí			
ai:	来 lái	财 cái	ei:	黑 hēi	内 nèi
ao:	滔 tāo	宝 bǎo	ou:	柔 róu	陡 dǒu
ia:	俩 liǎ	家 jiā	ie:	戒 jiè	些 xiē
ua:	花 huā	挂 guà	uo:	拖 tuō	火 huǒ
üe:	靴 xuē	掘 jué			
iao:	鸟 niǎo	药 yào	iou:	流 liú	究 jiū
uai:	摔 shuāi	乖 guāi	uei:	追 zhuī	吹 chuī
ɑn:	安 ān	胆 dǎn	iɑn:	鲜 xiān	年 nián
uan:	软 ruǎn	算 suàn	üan:	捐 juān	远 yuǎn

en：	恩 ēn	深 shēn	in：	勤 qín	信 xìn
uen：	纯 chún	混 hùn	ün：	群 qún	俊 jùn
ang：	章 zhāng	仓 cāng	iang：	香 xiāng	辆 liàng
uang：	光 guāng	双 shuāng	ong：	弓 gōng	送 sòng
eng：	丰 fēng	能 néng	ing：	顶 dǐng	硬 yìng
ueng：	翁 wēng	瓮 wèng	iong：	兄 xiōng	窘 jiǒng

(二)词语训练

1. 单韵母训练

(1)单项训练

a	砝码 fǎmǎ	打岔 dǎchà	哪怕 nǎpà
o	伯伯 bóbo	脉脉 mòmò	婆婆 pópo
e	色泽 sèzé	特色 tèsè	讷讷 nènè
	折射 zhéshè	可贺 kěhè	合格 hégé
i	机器 jīqì	希冀 xījì	技艺 jìyì
u	出入 chūrù	古都 gǔdū	突兀 tūwù
ü	区域 qūyù	玉宇 yùyǔ	旅居 lǚjū
-i(前)	自私 zìsī	恣肆 zìsì	私自 sīzì
-i(后)	值日 zhírì	时事 shíshì	市尺 shìchǐ
	知识 zhīshi	指示 zhǐshì	失实 shīshí

(2)综合训练

查处 cháchǔ	旅途 lǚtú	合理 hélǐ
伯乐 bólè	自述 zìshù	玉石 yùshí
特异 tèyì	法制 fǎzhì	旅客 lǚkè
朴实 pǔshí	搏杀 bóshā	女儿 nǚér
胳膊 gēbo	即使 jíshǐ	吧女 bānǚ
批示 pīshì	质疑 zhìyí	玉器 yùqì
物色 wùsè	格局 géjú	自立 zìlì
法则 fǎzé	扑克 pūkè	输入 shūrù
质地 zhìdì	俄语 éyǔ	刻苦 kèkǔ
那时 nàshí	特技 tèjì	贺词 hècí
句子 jùzi	突击 tūjī	司法 sīfǎ
欺负 qīfu	不足 bùzú	逐日 zhúrì
迟疑 chíyí	蘑菇 mógu	歌曲 gēqǔ

2. 复韵母训练

(1)单项训练

ai	白来 báilái	抬开 táikāi	该买 gāimǎi
	百害 bǎihài	太窄 tàizhǎi	拆台 chāitái
ei	杯内 bēinèi	眉黑 méihēi	非得 fēiděi
	北美 Běiměi	蓓蕾 bèilěi	娓娓 wěiwěi

ao	澳毛 àomáo	报道 bàodào	套牢 tàoláo
	高考 gāokǎo	操劳 cāoláo	唠叨 láodao
ou	瘦肉 shòuròu	搜走 sōuzǒu	绸缪 chóumóu
	受够 shòugòu	叩头 kòutóu	后沟 hòugōu
ia	架下 jiàxià	恰恰 qiàqià	压价 yājià
ie	铁屑 tiěxiè	谢谢 xièxie	夜街 yèjiē
	贴切 tiēqiè	趔趄 lièqiè	野猎 yěliè
ua	画画 huàhuà	花袜 huāwà	夸娃 kuāwá
	挂花 guàhuā	耍滑 shuǎhuá	呱呱 guāguā
uo	躲祸 duǒhuò	硕果 shuòguǒ	懦弱 nuòruò
	做作 zuòzuo	过活 guòhuó	过火 guòhuǒ
üe	约略 yuēlüè	缺雪 quēxuě	绝学 juéxué
	雀跃 quèyuè	缺略 quēlüè	决绝 juéjué
iao	吊孝 diàoxiào	料峭 liàoqiào	叫嚣 jiàoxiāo
	小脚 xiǎojiǎo	巧妙 qiǎomiào	笑料 xiàoliào
iou	旧友 jiùyǒu	绣球 xiùqiú	优秀 yōuxiù
	舅舅 jiùjiu	求救 qiújiù	悠悠 yōuyōu
uai	外快 wàikuài	摔坏 shuāihuài	乖乖 guāiguai
uei	摧毁 cuīhuǐ	醉鬼 zuìguǐ	退位 tuìwèi
	崴巍 wēiwéi	微微 wēiwēi	回归 huíguī

(2) 综合训练

持久 chíjiǔ	不觉 bùjué	可爱 kě'ài
节日 jiérì	火车 huǒchē	萝卜 luóbo
额外 éwài	剥削 bōxuē	材料 cáiliào
夺取 duóqǔ	节约 jiéyuē	获得 huòdé
热爱 rè'ài	墨水 mòshuǐ	窝主 wōzhǔ
撤退 chètuì	恶劣 èliè	国际 guójì
科学 kēxué	老虎 lǎohǔ	热烈 rèliè
债主 zhàizhǔ	特约 tèyuē	堡垒 bǎolěi
教育 jiàoyù	伙食 huǒshí	措施 cuòshī
托付 tuōfù	撤销 chèxiāo	格外 géwài
骨头 gǔtou	活跃 huóyuè	牛奶 niúnǎi
茄子 qiézi	坐落 zuòluò	个别 gèbié
火柴 huǒchái	错误 cuòwù	国力 guólì
拒绝 jùjué	批改 pīgǎi	内地 nèidì
乐理 yuèlǐ	绿化 lùhuà	耳朵 ěrduo
角色 juésè	暴虐 bàonüè	会计 kuàijì
否则 fǒuzé	隧道 suìdào	脉搏 màibó
禾苗 hémiáo	白菜 báicài	结局 jiéjú

扑灭 pūmiè	乐谱 yuèpǔ	小孩 xiǎohái
债户 zhàihù	猜测 cāicè	老实 lǎoshi
热闹 rènao	脑袋 nǎodai	百货 bǎihuò
包裹 bāoguǒ	爆炸 bàozhà	内科 nèikē
育苗 yùmiáo	摘录 zhāilù	射猎 shèliè

3. 鼻韵母训练

(1) 单项训练

an	散漫 sǎnmàn	展览 zhǎnlǎn	谈判 tánpàn
	蛮干 mángàn	暗淡 àndàn	灿然 cànrán
en	沉闷 chénmèn	本分 běnfèn	审慎 shěnshèn
	振奋 zhènfèn	认真 rènzhēn	沉稳 chénwěn
in	薪金 xīnjīn	姻亲 yīnqīn	禁品 jìnpǐn
	贫民 pínmín	音频 yīnpín	信心 xìnxīn
ian	边沿 biānyán	缅甸 miǎndiàn	连翩 liánpiān
	翩跹 piānxiān	先前 xiānqián	片面 piànmiàn
uan	换算 huànsuàn	专款 zhuānkuǎn	转暖 zhuǎnnuǎn
	酸软 suānruǎn	宦官 huànguān	贯穿 guànchuān
üan	轩辕 xuānyuán	渊源 yuānyuán	源泉 yuánquán
	源源 yuányuán	全院 quányuàn	全权 quánquán
un	春笋 chūnsǔn	文论 wénlùn	温存 wēncún
	昆仑 kūnlún	混沌 hùndùn	馄饨 húntún
ün	均匀 jūnyún	军训 jūnxùn	逡巡 qūnxún
	寻菌 xúnjùn	云云 yúnyún	芸芸 yúnyún
ang	当场 dāngchǎng	帮忙 bāngmáng	沧桑 cāngsāng
	行长 hángzhǎng	蟑螂 zhāngláng	刚刚 gānggāng
eng	丰盛 fēngshèng	横亘 hénggèng	整风 zhěngfēng
	风筝 fēngzheng	怔怔 zhèngzhèng	萌生 méngshēng
ing	应景 yìngjǐng	英明 yīngmíng	精灵 jingling
	平行 píngxíng	影星 yǐngxīng	行径 xíngjìng
iang	粮饷 liángxiǎng	湘江 xiāngjiāng	酱香 jiàngxiāng
	两样 liǎngyàng	响亮 xiǎngliàng	向阳 xiàngyáng
uang	狂妄 kuángwàng	床框 chuángkuàng	状况 zhuàngkuàng
	忘光 wàngguāng	装筐 zhuāngkuāng	双簧 shuānghuáng
ueng	蓊郁 wěngyù	水瓮 shuǐwèng	老翁 lǎowēng
ong	农工 nónggōng	瞳孔 tóngkǒng	恐龙 kǒnglóng
	从众 cóngzhòng	共通 gòngtōng	中东 zhōngdōng
iong	汹涌 xiōngyǒng	炯炯 jiǒngjiǒng	穷凶 qióngxiōng

(2) 综合训练

名贵 míngguì	诚恳 chéngkěn	曾经 céngjīng

结论 jiélùn	胡乱 húluàn	北面 běimiàn
风俗 fēngsú	经验 jīngyàn	难过 nánguò
胜利 shènglì	舒畅 shūchàng	质量 zhìliàng
永世 yǒngshì	英姿 yīngzī	物种 wùzhǒng
顶点 dǐngdiǎn	病毒 bìngdú	窗户 chuānghu
风度 fēngdù	科研 kēyán	节省 jiéshěng
情形 qíngxing	装订 zhuāngdìng	风景 fēngjǐng
法定 fǎdìng	声音 shēngyīn	难民 nànmín
澎湃 péngpài	同盟 tóngméng	聘请 pìnqǐng
恳切 kěnqiè	苹果 píngguǒ	蜜蜂 mìfēng
喧嚷 xuānrǎng	善良 shànliáng	凉爽 liángshuǎng
琼脂 qióngzhī	南边 nánbiān	永久 yǒngjiǔ
盆景 pénjǐng	命令 mìnglìng	躲藏 duǒcáng
工程 gōngchéng	经常 jīngcháng	轻信 qīngxìn
英名 yīngmíng	永生 yǒngshēng	喷水 pēnshuǐ
生命 shēngmìng	物证 wùzhèng	蓬松 péngsōng
朋友 péngyou	秉性 bǐngxìng	纵深 zòngshēn
硬币 yìngbì	窝棚 wōpeng	瓶子 píngzi
禁止 jìnzhǐ	精彩 jīngcǎi	亲戚 qīnqi
真理 zhēnlǐ	顷刻 qǐngkè	尽管 jǐnguǎn

4. 成语训练

八百诸侯 bābǎizhūhóu	安居乐业 ānjūlèyè
拔苗助长 bámiáozhùzhǎng	百发百中 bǎifābǎizhòng
百孔千疮 bǎikǒngqiānchuāng	百折不挠 bǎizhébùnáo
杯水车薪 bēishuǐchēxīn	闭门造车 bìménzàochē
别无长物 biéwúchángwù	兵不血刃 bīngbùxuèrèn
病入膏肓 bìngrùgāohuāng	不可胜数 bùkěshèngshǔ
差强人意 chāqiángrényì	彻头彻尾 chètóuchèwěi
痴人说梦 chīrénshuōmèng	处心积虑 chǔxīnjīlǜ
初出茅庐 chūchūmáolú	掉以轻心 diàoyǐqīngxīn
发人深省 fārénshēnxǐng	负荆请罪 fùjīngqǐngzuì
狐假虎威 hújiǎhǔwēi	画龙点睛 huàlóngdiǎnjīng
祸国殃民 huòguóyāngmín	惊弓之鸟 jīnggōngzhīniǎo
兢兢业业 jīngjīngyèyè	民不聊生 mínbùliáoshēng
明哲保身 míngzhébǎoshēn	请君入瓮 qǐngjūnrùwèng
推陈出新 tuīchénchūxīn	为民请命 wèimínqǐngmìng
文质彬彬 wénzhìbīnbīn	欣欣向荣 xīnxīnxiàngróng

(三)韵母对比训练

1. 分清 in－ing

(1) 词语训练

金银 jīnyín	引导 yǐndǎo	隐蔽 yǐnbì
晶莹 jīngyíng	影视 yǐngshì	新颖 xīnyǐng
婚姻 hūnyīn	殷切 yīnqiè	声音 shēngyīn
黄莺 huángyīng	鹰犬 yīngquǎn	樱桃 yīngtáo
印象 yìnxiàng	阴性 yīnxìng	吟诵 yínsòng
影像 yǐngxiàng	硬性 yìngxìng	迎送 yíngsòng
拼合 pīnhé	贫弱 pínruò	聘礼 pìnlǐ
乒乓 pīngpāng	凭证 píngzhèng	手柄 shǒubǐng
敏锐 mǐnruì	森林 sēnlín	邻居 línjū
命运 mìngyùn	生灵 shēnglíng	年龄 niánlíng
吝啬 lìnsè	胸襟 xiōngjīn	锦缎 jǐnduàn
另设 lìngshè	眼睛 yǎnjing	颈断 jǐngduàn
严谨 yánjǐn	晋国 jìnguó	竞走 jìngzǒu
景物 jǐngwù	国境 guójìng	走进 zǒujìn
查禁 chájìn	亲人 qīnrén	擒拿 qínná
擦净 cājìng	情人 qíngrén	擎拿 qíngná
弹琴 tánqín	寝室 qǐnshì	新风 xīnfēng
谈情 tánqíng	顷刻 qǐngkè	腥风 xīngfēng

(2) 绕口令

TIANQI YUBAO
天 气 预 报

Tiānjīn línjìn Běijīng,
天津 邻近 北京,

Línjìn Běijīng de Tiānjīn,
邻近 北京 的 天津,

yuǎnlí Chóngqìng de Nánjīng,
远离 重庆 的 南京,

Guò le jīntiān shì míngtiān
过了 今天 是 明天,

Tiānjīn duō yīn shǎo qíng qǐng tīngqīng,
天津 多 阴 少 晴 请 听清,

Nánjīng yuǎnlí Chóngqìng.
南京 远离 重庆。

Jīntiān yóu qíng zhuǎn yīn;
今天 由 晴 转 阴;

Jīntiān yóu yīn zhuǎn qíng.
今天 由 阴 转 晴。

Míngtiān Jīn Jīng yīn qíng dìng,
明天 津 京 阴 晴 定,

Nánjīng duō qíng shǎo yīn qì xiàng xīn.
南京 多 晴 少 阴 气 象 新。

JING MUQIN
敬 母 亲

Shēng shēn qīn mǔqīn,
生 身 亲 母亲,

Qǐng nín xīn níngjìng,
请 您 心 宁静,

Xīngxīng bàn míngyuè,
星星 伴 明月,

jǐn qǐng nín jiù qǐn,
谨 请 您 就 寝,

shēnxīn hěn yàojǐn.
身心 很 要紧。

yínguāng chéng qīngqīng.
银 光 澄 清清。

Jìn shì qīngjìng jìng, jīnglíng bù yào jīng,
尽是清静境， 警铃不要惊，
Nín qǐng wǒ jìnlai, jìnlái jìng mǔqin.
您请我进来， 进来敬母亲。

(3)语段训练

Lǐxiǎng shì shí, qiāochū xīngxīng zhī huǒ;
理想是石，敲出星星之火；
Lǐxiǎng shì huǒ, diǎnrán xī miè de dēng;
理想是火，点燃熄灭的灯；
Lǐxiǎng shì dēng, zhàoliàng yè xíng de lù;
理想是灯，照亮夜行的路；
Lǐxiǎng shì lù, yǐn nǐ zǒudào lí míng.
理想是路，引你走到黎明。
Jī hán de niándài li, lǐ xiǎng shì wēnbǎo;
饥寒的年代里，理想是温饱；
Wēnbǎo de niándài li, lǐ xiǎng shì wénmíng;
温饱的年代里，理想是文明；
Líluàn de niándài li, lǐ xiǎng shì āndìng;
离乱的年代里，理想是安定；
Āndìng de niándài li, lǐ xiǎng shì fánróng.
安定的年代里，理想是繁荣。

2. 分清 en—eng

(1)词语训练

奔跑 bēnpǎo	本来 běnlái	蠢笨 chǔnbèn
崩塌 bēngtā	绷带 bēngdài	水泵 shuǐbèng
水盆 shuǐpén	闷气 mènqì	枫叶 fēngyè
芬芳 fēnfāng	纷乱 fēnluàn	焚毁 fénhuǐ
蜂房 fēngfáng	丰富 fēngfù	姓冯 xìngféng
粉刺 fěncì	奋斗 fèndòu	嫩叶 nènyè
讽刺 fěngcì	奉献 fèngxiàn	能量 néngliàng
开垦 kāikěn	真诚 zhēnchéng	坚贞 jiānzhēn
挖坑 wākēng	征程 zhēngchéng	斗争 dòuzhēng
诊治 zhěnzhì	枕木 zhěnmù	重镇 zhòngzhèn
整治 zhěngzhì	拯救 zhěngjiù	郑重 zhèngzhòng
嗔怒 chēnnù	时辰 shíchén	沉重 chénzhòng
撑住 chēngzhù	诚实 chéngshí	承重 chéngzhòng
姓陈 xìngchén	风尘 fēngchén	衬衣 chènyī
乘风 chéngfēng	驰骋 chíchěng	身体 shēntǐ
深入 shēnrù	神灵 shénlíng	生命 shēngmìng
升入 shēngrù	绳索 shéngsuǒ	审视 shěnshì

甚至 shènzhì　　　　肝肾 gānshèn　　　　省市 shěngshì
茂盛 màoshèng　　　任务 rènwù　　　　怎么 zěnme
森林 sēnlín　　　　　扔弃 rēngqì　　　　赠予 zèngyǔ

(2)绕口令

LIAN HUA DENG
莲花灯

Liánhuā dēng, liánhuā dēng,
　莲花灯，莲花灯，
Jīntiān diǎn wán míngtiān rēng.
　今天点完明天扔。

PEN PENG PENG
盆碰棚

Lǎo Péng názhe yī gè pén,
　老彭拿着一个盆，
Lùguò Lǎo Chén zhù de péng,
　路过老陈住的棚，
Pén pèng péng, péng pèng pén,
　盆碰棚，棚碰盆，
Péng dǎo pén suì péng yā pén.
　棚倒盆碎棚压盆。
Lǎo Chén yào péi Lǎo Péng de pén,
　老陈要赔老彭的盆，
Lǎo Péng bùyào Lǎo Chén lái péi pén.
　老彭不要老陈来赔盆。
Lǎo Chén péizhe Lǎo Péng qù bǔ pén,
　老陈陪着老彭去补盆，
Lǎo Péng bāng zhe Lǎo Chén lái xiū péng.
　老彭帮着老陈来修棚。

(3)语段训练

MENG DE XIAONIAO
梦的小鸟

刘育贤

Fēngzheng,
　风筝，
Shì wǒ de mèng biànchéng de
　是我的梦变成的
Měi lì de xiǎoniǎo,
　美丽的小鸟，
Chūnfēng li, nǐ qiáo——
　春风里，你瞧——
Wǒ xiǎng jiào tā fēi gāo fēi yuǎn.
　我想叫它飞高飞远。

Dàn yòu pà tā fēi pǎo fēi diào;
但又怕它飞跑飞掉；

Yúshì, wǒ yòng yī gēn hěn cháng hěn cháng de
于是，我用一根很长很长的

　　Xiàn——mián xiàn shéng zi
　　线——棉线绳子

Qiān zhe tā, biān pǎo biān xiào!
牵着它，边跑边笑！

Tiān liàng de shíhou, yǔ tíng le.
天亮的时候，雨停了。

Cǎo dì de qìhòu jiù shì guài, míngmíng shì yuè lǎng xīng xī de hǎo tiānqì, hūrán yī zhèn lěngfēng chuī lai, nóngyún xiàng cóng píngdì shang mào chū lai de, shàshí bǎ tiān zhē de yányán de, jiē zhe jiù yǒu yī chǎng bào yǔ, jiā zá zhe lì zi bān dà de bīngbáo, bù fēn diǎn de qīngxiè xià lai.
草地的气候就是怪，明明是月朗星稀的好天气，忽然一阵冷风吹来，浓云像从平地上冒出来的，霎时把天遮得严严的，接着就有一场暴雨，夹杂着栗子般大的冰雹，不分点地倾泻下来。

（《最后一根火柴》节选）

3. 分清 ueng、e 与 uo
(1) 词语训练

翁郁 wěngyù	疙瘩 gēda	个别 gèbié
苛刻 kēkè	阁楼 gélóu	瞌睡 kēshuì
外壳 wàiké	口渴 kǒukě	河流 héliú
仙鹤 xiānhè	饥饿 jī'è	讹诈 ézhà
凶恶 xiōng'è	惊愕 jīng'è	噩耗 èhào
城郭 chéngguō	或许 huòxǔ	扩建 kuòjiàn
暖和 nuǎnhuo	货物 huòwù	拾掇 shíduo
踱步 duóbù	堕落 duòluò	托辞 tuōcí
妥帖 tuǒtiē	拓荒 tuòhuāng	婀娜 ē nuó
诺言 nuòyán	懦夫 nuòfū	罗列 luóliè
裸露 luǒlù	拙劣 zhuōliè	捉摸 zhuōmō
灼热 zhuórè	卓绝 zhuójué	着想 zhuóxiǎng
佐证 zuǒzhèng	作祟 zuòsuì	做作 zuòzuo
邮戳 yóuchuō	绰约 chuòyuē	辍笔 chuòbǐ
磋商 cuōshāng	措施 cuòshī	说明 shuōmíng
朔方 shuòfāng	硕果 shuòguǒ	婆娑 bósuō
缩印 suōyìn	琐碎 suǒsuì	若干 ruògān

(2)绕口令

DIANDAO GE
颠 倒 歌

Tàiyang cóng xī wǎng dōng luò, tīng wǒ chàng ge diāndǎo gē.
太阳 从 西 往 东 落，听 我 唱 个 颠倒 歌。

Tiānshang dǎléi méiyǒu xiǎng, dì xia shítou gǔnshang pō.
天 上 打雷 没有 响，地下 石头 滚上 坡。

Jiāng li luòtuo huì xià dàn, shānshang lǐ yú dā chéng wō;
江 里 骆驼 会 下 蛋，山 上 鲤 鱼 搭 成 窝；

Làyuè kùrè zhí liú hàn, liùyuè bàolěng dǎ duōsuo.
腊月 酷热 直 流 汗，六 月 暴冷 打 哆嗦。

Jiě zài fángzhōng tóu shū shǒu, ménwài kǒudai tuó luò-tuo.
姐 在 房 中 头 梳 手，门 外 口 袋 驮 骆驼。

KEKE DOUZI JIN SHIMO
颗 颗 豆子 进 石 磨

Kēkē dòuzi jìn shímò, mò chéng dòufu sòng gē ge.
颗颗 豆子 进 石磨，磨 成 豆腐 送 哥哥。

Gē ge shuō wǒ de shēngchǎn suīrán xiǎo,
哥哥 说 我 的 生 产 虽然 小，

Kěshì xiǎoxiǎo de shēngchǎn gòngxiàn duō.
可是 小 小 的 生 产 贡 献 多。

(3)语段训练

SHENGMING ZHI GE
生 命 之 歌

Jiǎrú wǒ shì yī shù yángguāng,
假如 我 是 一 束 阳 光，

Wǒ yuàn fā chū qiángliè de guāngrè;
我 愿 发出 强烈 的 光热；

Jiǎrú wǒ shì yī dī quánshuǐ,
假如 我 是 一 滴 泉 水，

Wǒ yuàn jiěchú dà dì de gānkě;
我 愿 解除 大地 的 干渴；

Jiǎrú wǒ shì yī bǎ ní tǔ,
假如 我 是 一 把 泥土，

Wǒ yuàn yùchū chuózhuàng de hémiáo.
我 愿 育出 苗 壮 的 禾苗。

Ā! shēngmìng, shēngmìng,
阿！ 生 命， 生 命，

Xiānyàn de huāduǒ,
鲜 艳 的 花 朵，

Wǒ yào yòng nǐ zhuāngdiǎn zǔguó de shānhé!
我 要 用 你 装 点 祖国 的 山河！

4. 分清 ê 与 e、o、ai、ei 及其他方言的韵母字

(1)词语训练

伯乐 bólè	漂泊 piāobó	金箔 jīnbó
船舶 chuánbó	窘迫 jiǒngpò	魄力 pòlì
没落 mòluò	陌生 mòshēng	默契 mòqì
得体 détǐ	特赦 tèshè	木讷 mùnè
勒索 lèsuǒ	原则 yuánzé	责备 zébèi
选择 xuǎnzé	光泽 guāngzé	折服 zhéfú
哲学 zhéxué	覆辙 fùzhé	记者 jìzhě
褶皱 zhězhòu	甘蔗 gānzhè	册封 cèfēng
恻隐 cèyǐn	策略 cèlüè	扯皮 chěpí
撤诉 chèsù	清澈 qīngchè	行色 xíngsè
艰涩 jiānsè	吝啬 lìnsè	琴瑟 qínsè
稼穑 jiàsè	奢望 shēwàng	赊欠 shēqiàn
舌战 shézhàn	折本 shéběn	舍弃 shěqì
设法 shèfǎ	射程 shèchéng	涉猎 shèliè
摄影 shèyǐng	惹事 rěshì	热点 rèdiǎn
格子 gézi	胳臂 gēbei	革除 géchú
打嗝 dǎgé	咳嗽 késou	刻画 kèhuà
恪守 kèshǒu	隔阂 géhé	核心 héxīn
弹劾 tánhé	恐吓 kǒnghè	显赫 xiǎnhè
鸡肋 jīlèi	勒紧 lēijǐn	拍卖 pāimài
麦草 màicǎo	脉冲 màichōng	采摘 cǎizhāi
宅第 zháidì	宽窄 kuānzhǎi	拆散 chāisàn
塞子 sāizi	觉察 juéchá	爵位 juéwèi
却步 quèbù	确立 quèlì	鹊桥 quèqiáo
商榷 shāngquè	雀跃 quèyuè	掠影 lüèyǐng
谋略 móulüè	疟疾 nüèji	虐杀 nüèshā
五岳 wǔyuè	钥匙 yàoshi	脚步 jiǎobù
草药 cǎoyào	五角 wǔjiǎo	鞠躬 jūgōng
局促 júcù	菊坛 jútán	焗油 júyóu
橘黄 júhuáng	曲笔 qūbǐ	屈从 qūcóng
渠道 qúdào	旭日 xùrì	畜养 xùyǎng
蓄意 xùyì	育才 yùcái	异域 yìyù
欲望 yùwàng	优裕 yōuyù	国脚 guójiǎo
扩展 kuòzhǎn	括弧 kuòhú	阔别 kuòbié
寥廓 liáokuò	或许 huòxǔ	获悉 huòxī
疑惑 yíhuò	世界 shìjiè	街道 jiēdào

(2)语段训练

Wǒ ài yuè yè, dàn wǒ yě ài xīng tiān. Cóng qián zài jiā xiāng qī bā yuè de yè wǎn zài tíng
我爱月夜，但我也爱星天。从前在家乡七八月的夜晚在庭

院里纳凉的时候，我最爱看天上密密麻麻的繁星。望着星天，我就会忘记一切，仿佛回到了母亲的怀里似的。

三年前在南京我住的地方有一道后门，每晚我打开后门，便看见一个静寂的夜。下面是一片菜园，上面是星群密布的蓝天。星光在我们的肉眼里虽然微小，然而它使我们觉得光明无处不在。那时候我正在读一些天文学的书，也认得一些星星，好像它们就是我的朋友，它们常常在和我谈话一样。

如今在海上，每晚和繁星相对，我把它们认得很熟了。我躺在舱面上，仰望天空。深蓝色的天空里悬着无数半明半昧的星。船在动，星也在动，它们是这样低，真是摇摇欲坠呢！渐渐地我的眼睛模糊了，我好像看见无数萤火虫在我的周围飞舞。海上的夜是柔和的，是静寂的，是梦幻的。我望着许多认识的星，我仿佛看见它们在对我眨眼，我仿佛听见它们在小声说话。这时我忘记了一切。在星的怀抱中我微笑着，我沉睡着。我觉得自己是一个小孩子，现在睡在母亲的怀里了。

有一夜，那个在哥伦波上船的英国人指给我看天上的巨人。他用手指着：//那四颗明亮的星是头，下面的几颗是身子，这几颗是手，那几颗是腿和脚，还有三颗星算是腰带。经他这一番指点，我果然看清楚了那个天上的巨人。看，那个巨人还在跑呢！

节选自巴金《繁星》

生活对于任何人都非易事，我们必须有坚韧不拔的精神。最要紧的，还是我们自己要有信心。我们必须相信，我们对每一件事情都具有天赋的才能，并且，无论付出任何代价，都要把这件事完成。当事情结束的时候，你要能问心无愧地说："我已经尽我所能了。"

有一年的春天，我因病被迫在家里休息数周。我注视着我的女儿们所养的蚕正在结茧，这使我很感兴趣。望着这些蚕执著地、勤奋地工作，我感到我和它们非常相似。像它们一样，我总是耐心地把自己的努力集中在一个目标上。我之所以如此，或许是因为有某种力量在鞭策着我——正如蚕被鞭策着去结茧一般。

近五十年来，我致力于科学研究，而研究，就是对真理的探讨。我有许多美好快乐的记忆。少女时期我在巴黎大学，孤独地过着求学的岁月；在后来献身科学的整个时期，我丈夫和我专心致志，像在梦幻中一般，坐在简陋的书房里艰辛地研究，后来我们就在那里发现了镭。

我永远追求安静的工作和简单的家庭生活。为了实现这个理想，我竭力保持宁静的环境，以免受人事的干扰和盛名的拖累。

我深信，在科学方面我们有对事业而不是//对财富的兴趣。我的惟一奢望是在一个自由国家中，以一个自由学者的身份从事研究工作。

Wǒ yīzhí chénzuì yú shìjiè de yōuměi zhī zhōng, wǒ suǒ rè'ài de kēxué yě búduàn zēngjiā tā zhǎnxīn de yuǎnjǐng. Wǒ rèndìng kēxué běnshēn jiù jùyǒu wěidà de měi.

我一直沉醉于世界的优美之中，我所热爱的科学也不断增加它崭新的远景。我认定科学本身就具有伟大的美。

Jiéxuǎn zì [Bōlán] Mǎlì·jūlǐ《Wǒ de Xìnniàn》, Jiàn jié yì

节选自[波兰]玛丽·居里《我的信念》，剑捷译

5．分清 en－uen、uei－ei 与 i－ü

(1)词语训练

吨位 dūnwèi	敦促 dūncù	蹲下 dūnxia
趸船 dǔnchuán	钝角 dùnjiǎo	盾牌 dùnpái
顿首 dùnshǒu	遁世 dùnshì	吞咽 tūnyàn
屯田 túntián	囤积 túnjī	河豚 hétún
伦常 lúncháng	沦陷 lúnxiàn	论语 lúnyǔ
孙子 sūnzǐ	损伤 sǔnshāng	嫩笋 nènsǔn
村寨 cūnzhài	存储 cúnchǔ	忖度 cǔnduó
尊贵 zūnguì	内涵 nèihán	累赘 léizhuì
雷鸣 léimíng	垒球 lěiqiú	磊落 lěiluò
花蕾 huālěi	傀儡 kuǐlěi	泪水 lèishuǐ
类推 lèituī	擂台 lèitái	气馁 qìněi
雨衣 yǔyī	玉女 yùnǚ	体育 tǐyù

(2)绕口令

WENCHUN HE SUNCHUN
文春和孙纯

WénChūn zhù zài sūnjiācūn, SūnChún zhù zài kūnlún-tún.
文春住在孙家村，孙纯住在昆仑屯。

WénChūn jìn chéng mài Chūnsǔn, SūnChún jìn chéng mài húntún.
文春进城卖春笋，孙纯进城卖馄饨。

WénChūn wén dào SūnChún de húntún xiāng chúnchún,
文春闻到孙纯的馄饨香纯纯，

SūnChún kàn dào WénChūn de chūnsǔn ròu dūndūn.
孙纯看到文春的春笋肉墩墩。

WénChūn mǎi le SūnChún xiāng chúnchún de húntún.
文春买了孙纯香纯纯的馄饨。

SūnChún mǎi le WénChūn ròu dūndūn de chūnsǔn.
孙纯买了文春肉墩墩的春笋。

NUXIAOLU
女小吕

Zhè tiān tiān xià yǔ, tǐyù yùndòng wěiyuánhuì chuān lǜ yǔyī de nǚ Xiǎo Lǚ qù
这天天下雨，体育运动委员会穿绿雨衣的女小吕去

zhǎo jìhuà shēngyù wěiyuánhuì bù chuān lǜ yǔyī de nǚ Lǎo Lǐ, tǐyù yùndòng wěiyuán
找计划生育委员会不穿绿雨衣的女老李，体育运动委员

会的穿绿雨衣的女小吕没找着计划生育委员会不穿绿雨衣的女老李,计划生育委员会的不穿绿雨衣的女老李,也没见着体育运动委员会穿绿雨衣的女小吕。

(3)语段训练

三十年代初,胡适在北京大学任教授。讲课时他常常对白话文大加称赞,引起一些只喜欢文言文而不喜欢白话文的学生的不满。

一次,胡适正讲得得意的时候,一位姓魏的学生突然站了起来,生气地问:"胡先生,难道说白话文就毫无缺点吗?"胡适微笑着回答说:"没有。"那位学生更加激动了:"肯定有!白话文废话太多,打电报用字多,花钱多。"胡适的目光顿时变亮了。轻声地解释说:"不一定吧!前几天有位朋友给我打来电报,请我去政府部门工作,我决定不去,就回电拒绝了。复电是用白话写的,看来也很省字。请同学们根据我这个意思,用文言文写一个回电,看看究竟是白话文省字,还是文言文省字?"胡教授刚说完,同学们立刻认真地写了起来。

十五分钟过去,胡适让同学举手,报告用字的数目,然后挑了一份用字最少的文言电报稿,电文是这样写的:

"才疏学浅,恐难胜任,不堪从命。"白话文的意思是:学问不深,恐怕很难担任这个工作,不能服从安排。

胡适说,这份写得确实不错,仅用了十二个字。但我的白话电报却只用了五个字:

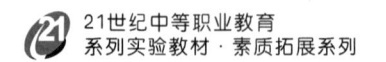

"Gàn·bùliǎo, xièxie!"
"干不了，谢谢！"

Hú Shì yòu jiě shì shuō: "Gàn·bùliǎo" jiù yǒu cái shū-xué qiǎn, kǒng nán shèng rèn de yì
胡适又解释说："干不了"就有才疏学浅、恐难胜任的意
si; "Xièxie" jì // duì péng you de jiè shào biǎo shì gǎn xiè, yòu yǒu jù jué de yì si. Suǒ yǐ, fèi huà
思；"谢谢"既//对朋友的介绍表示感谢，又有拒绝的意思。所以，废话
duō·bùduō, bìng bù kàn tā shì wén yán wén hái shì bái huà wén, zhǐ yào zhù yì xuǎn yòng zì cí,
多不多，并不看它是文言文还是白话文，只要注意选用字词，
bái huà wén shì kě yǐ bǐ wén yán wén gèng shěng zì de.
白话文是可以比文言文更省字的。

Jié xuǎn zì Chén Zhuó Zhǔ biān 《Shí yòng Hàn yǔ Zhōng jí Jiào chéng》(shàng) zhōng《Hú
节选自陈灼主编《实用汉语中级教程》（上）中《胡
Shì de Bái huà Diàn bào》
适的白话电报》

Zhōng guó xī bù wǒ men tōng cháng shì zhǐ Huáng Hé yǔ Qín Lǐng xiāng lián yī xiàn yǐ xī,
中国西部我们通常是指黄河与秦岭相连一线以西，
bāo kuò xī běi hé xī nán de shí'èr gè shěng、shì、zì zhì qū. Zhè kuài guǎng mào de tǔ dì miàn jī
包括西北和西南的十二个省、市、自治区。这块广袤的土地面积
wéi wǔ bǎi sì shí liù wàn píng fāng gōng lǐ, zhàn guó tǔ zǒng miàn jī de bǎi fēn zhī wǔ shí qī; rén
为五百四十六万平方公里，占国土总面积的百分之五十七；人
kǒu èr diǎn bā yì, zhàn quán guó zǒng rén kǒu de bǎi fēn zhī èr shí sān.
口二点八亿，占全国总人口的百分之二十三。

Xī bù shì Huá xià wén míng de yuán tóu. Huá xià zǔ xiān de jiǎo bù shì shùn zhe shuǐ biān zǒu
西部是华夏文明的源头。华夏祖先的脚步是顺着水边走
de: Cháng Jiāng shàng yóu chū tǔ guo Yuán móu rén yá chǐ huà shí, jù jīn yuē yī bǎi qī shí wàn
的：长江上游出土过元谋人牙齿化石，距今约一百七十万
nián; Huáng Hé zhōng yóu chū tǔ guo Lán tián rén tóu gài gǔ, jù jīn yuē qī shí wàn nián. Zhè liǎng
年；黄河中游出土过蓝田人头盖骨，距今约七十万年。这两
chù gǔ rén lèi dōu bǐ jù jīn yuē wǔ shí wàn nián de Běi jīng yuán rén zī gé gèng lǎo.
处古人类都比距今约五十万年的北京猿人资格更老。

Xī bù dì qū shì Huá xià wén míng de zhòng yào fā yuán dì. Qín huáng Hàn wǔ yǐ hòu, dōng
西部地区是华夏文明的重要发源地。秦皇汉武以后，东
xī fāng wén huà zài zhè·lǐ jiāo huì róng hé, cóng'ér yǒu le sī chóu zhī lù de tuó líng shēng shēng,
西方文化在这里交汇融合，从而有了丝绸之路的驼铃声声，
fó yuàn shēn sì de mù gǔ chén zhōng. Dūn huáng Mò gāo kū shì shì jiè wén huà shǐ·shàng de yī gè
佛院深寺的暮鼓晨钟。敦煌莫高窟是世界文化史上的一个
qí jì, tā zài jì chéng Hàn Jìn yì shù chuán tǒng de jī chǔ·shàng, xíng chéng le zì jǐ jiān shōu
奇迹，它在继承汉晋艺术传统的基础上，形成了自己兼收
bìng xù de huī hóng qì dù, zhǎn xiàn chū jīng měi jué lún de yì shù xíng shì hé bó dà jīng shēn de wén
并蓄的恢宏气度，展现出精美绝伦的艺术形式和博大精深的文
huà nèi hán. Qín shǐ huáng Bīng mǎ yǒng、Xī xià wáng líng、Lóu lán gǔ guó、Bù dá lā gōng、Sān
化内涵。秦始皇兵马俑、西夏王陵、楼兰古国、布达拉宫、三

xīng duī、Dà zú shí kè děng lì shǐ wén huà yí chǎn, tóng yàng wéi shì jiè suǒ zhǔ mù, chéng wéi
星 堆、大 足 石 刻 等 历 史 文 化 遗 产, 同 样 为 世 界 所 瞩 目, 成 为
Zhōng huá wén huà zhòng yào de xiàng zhēng.
中 华 文 化 重 要 的 象 征。

　　Xī bù dì qū yòu shì shǎo shù mín zú jí qí wén huà de jí cuì dì, jī hū bāo kuò le wǒ guó suǒ yǒu
　　西 部 地 区 又 是 少 数 民 族 及 其 文 化 的 集 萃 地,几 乎 包 括 了 我 国 所 有
de shǎo shù mín zú. Zài yī xiē piān yuǎn de shǎo shù mín zú dì qū, réng bǎo liú // le yī xiē jiǔ yuǎn
的 少 数 民 族。在 一 些 偏 远 的 少 数 民 族 地 区, 仍 保 留 // 了 一 些 久 远
shí dài de yì shù pǐn zhǒng, chéng wéi zhēn guì de "Huó huà shí", rú Nà xī gǔ yuè、xì qǔ、jiǎn zhǐ、
时 代 的 艺 术 品 种, 成 为 珍 贵 的 "活 化 石",如 纳 西 古 乐、戏 曲、剪 纸、
cì xiù、yán huà děng mín jiān yì shù hé zōng jiào yì shù. Tè sè xiān míng、fēng fù duō cǎi, yóu rú
刺 绣、岩 画 等 民 间 艺 术 和 宗 教 艺 术。特 色 鲜 明、丰 富 多 彩,犹 如
yī gè jù dà de mín zú mín jiān wén huà yì shù bǎo kù.
一 个 巨 大 的 民 族 民 间 文 化 艺 术 宝 库。

　　Wǒ men yào chōng fèn zhòng shì hé lì yòng zhè xiē dé tiān dú hòu de zī yuán yōu shì, jiàn lì
　　我 们 要 充 分 重 视 和 利 用 这 些 得 天 独 厚 的 资 源 优 势,建 立
liáng hǎo de mín zú mín jiān wén huà shēng tài huán jìng, wèi xī bù dà kāi fā zuò chū gòng xiàn.
良 好 的 民 族 民 间 文 化 生 态 环 境,为 西 部 大 开 发 做 出 贡 献。

Jié xuǎn zì《Zhōng kǎo yǔ wén Kè wài Yuè dú Shì tí Jīng xuǎn》
节 选 自《中 考 语 文 课 外 阅 读 试 题 精 选》
Zhōng《Xī bù Wén huà hé Xī bù Kāi fā》
中《西 部 文 化 和 西 部 开 发》

(四)综合训练

1. 对话训练(注意加点字韵母的读音)

(1) 　　Nín hǎo, huān yíng guāng lín, qǐng wèn nín xū yào diǎn shén me?
——您 好, 欢 迎 光 临,请 问 您 需 要 点 什 么?
　　Nǐ hǎo, xiǎo jiě. kě yǐ bǎ nà píng xiāng shuǐ ná gěi wǒ kàn kan ma?
——你 好, 小 姐。可 以 把 那 瓶 香 水 拿 给 我 看 看 吗?
　　Hǎo de. gěi nín, qǐng nín kàn kan zhè shì fǒu hé shì?
——好 的。给 您, 请 您 看 看 这 是 否 合 适?
　　Xiè xie.
——谢 谢。

(2) 　　Ō, wǒ yào mǎi tào yī fu, xiǎng bì nǐ men yǒu xiàn chéng de ba?
——噢,我 要 买 套 衣 服,想 必 你 们 有 现 成 的 吧?
　　Tā huì jiē dài nǐ de.
——他 会 接 待 你 的。
　　Wǒ yào yī tào yī fu, yī tào píng cháng chuān de yī-fu.
——我 要 一 套 衣 服,一 套 平 常 穿 的 衣 服。
　　Xiàn chéng fú zhuāng ma? dào lóu xià qu.
——现 成 服 装 吗?到 楼 下 去。
　　Xiè xie.
——谢 谢。

—— 对不起，打扰你啦，请你给我看些现成衣服好吗？

—— 行。我想我们会让你穿得合身的，先生，请这边来。

—— 我想你们可能有些给别的顾客做好的而顾客还没来领取的衣服吧！

—— 噢，我们可不干这样的买卖，先生。到了，就是这些衣服。

—— 这是英国时下流行穿的衣服吗？

—— 噢，是的，最流行的了，穿穿裤子试试看。

—— 稍微花哨了些，对吗？

—— 都给你想到家了，先生，你再挑不出更好的了。你要知道，配你的尺寸不太容易。

—— 原来是这样。好吧，暂时应付还行，我买下了。

2. 看图说话

请看下图，猜猜它指的是哪句成语，并请给老师和同学讲讲这句成语的故事以及它的深刻含义。

思考与练习

(一) 请注出下面这首诗的韵母,反复诵读这首诗。

捕鱼歌

人远江空夜,浪滑一舟轻。
网罩波心月,竿穿水面云。
儿咏欸唷调,橹和嗳啊声。
鱼虾留瓮内,快活四时春。

(二) 听辨。

教师念下列词语,学生边听边辨,说出词义。

阵势—正式	陈旧—成就	身世—声势
真诚—征程	枕套—整套	振作—正座
珍异—争议	人参—人生	辛勤—心情
信服—幸福	频繁—平凡	公民—功名
寝室—请示	亲生—轻生	金鱼—鲸鱼
阴文—英文	禁止—静止	市镇—市政
深思—生丝	木盆—木棚	金银—经营
经过—惊愕	潜力—权利	夜色—月色

(三) 读一读,找一找,记住一些常用的代表字。

1. 找出下列音节中韵母是 in 的字。

丁 今 因 禽 禁 营 辛 亭 民 心 侵 宾 兵 婴 林 定 令 尽

2. 下列音节中不是 en 韵的字有哪些?

分 刃 孟 风 正 辰 肯 甚 成 亨 奉 贞 本 呈 申 曾 刃 蒙 壬 朋 乘 珍 彭 艮 庚 更 真

(四) 唱一唱。

唱一唱《中国,中国,鲜红的太阳永不落》这首歌,仔细体会歌词中的 o、e、uo 等韵母字的准确发音。

(五) 听一听。

请先将下面绕口令中不易分辨的字注音,然后同学间相互朗读,听音,听听发音是否正确,互相指正。

满天星

天上看,满天星。地下看,有个坑。坑里看,有盘冰。
坑外长着一老松,松上落着一只鹰,鹰下坐着一老僧。
僧前点着一盏灯,灯前搁着一部经,墙上钉着一根钉。钉上挂着一张弓。
说刮风,就刮风,刮得那男女老少难把眼睛睁。
刮散了天上的星,刮平了地下的坑,刮化了坑里的冰,刮断了坑外的松。
刮飞了松上的鹰,刮走了鹰下的僧,刮灭了僧前的灯。
刮乱了灯前的经,刮掉了墙上的钉,刮翻了钉上的弓。
只刮得:星散、坑平、冰化、松倒、鹰飞、僧走、灯灭、经乱、钉掉、弓翻的一个绕口令。

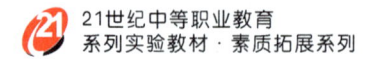

(六)录音分析。

录音前先将不易读准的字注音,然后运用朗诵技巧,反复练习,体会如何字正腔圆地进行诗歌朗诵。录音后全班或分组进行分析。

沁园春·长沙

毛泽东

独立寒秋,湘江北去,橘子洲头。

看万山红遍,层林尽染;漫江碧透,百舸争流。

鹰击长空,鱼翔浅底,万类霜天竞自由。怅寥廓,问苍茫大地,谁主沉浮?

携来百侣曾游。

忆往昔峥嵘岁月稠。

恰同学少年,风华正茂;书生意气,挥斥方遒。

指点江山,激扬文字,粪土当年万户侯。

曾记否,到中流击水,浪遏飞舟?

第二部分 演讲常识及技能训练

演讲是培养和提高人们口头表达能力的一种积极有效的手段。演讲,又同时作为信息传播中的一条重要途径,在当今社会信息交流中具有特殊的作用。随着时代的发展,社会对人们说与听的要求有一个很大的提高。所以,演讲已越来越普遍地引起人们的关注。

一、演讲常识

(一)演讲的概念与特点

演讲是一门集众家之长的语言表述形式,是向他人发表具有说理性、抒情性和鼓动性的讲话。它要求表述语言规范化、标准化,一般还有时间限制方面的要求,并要求在表述中语言、动作、表情等诸方面要有机统一。

由此可知,当我们进行演讲能力训练时,其实训练的是一个人在一定时间内,独自面对听众充分表达自己对某一特定话题的认识和看法,并同时展示自己在表述观点时思维、语言、表情、动作等方面的综合能力。

"说理性"是演讲最突出的一个特点。演讲者要通过演讲让听众接受一定的观念、论点或态度、行为,这就要求"说理"本身语言简洁流畅、态度明朗,说理内容具有很强的层次感。也就是说演讲的"说理性"特点要求演讲者思维逻辑严密、清晰流畅。

"抒情性"给演讲提出了更高的要求。它使演讲不致流于干巴的说教,而是声情并茂,充分发挥语言的优势,加强演讲者与听众的交流,充分调动听众的审美意识,使演讲更具鲜明个性。

"鼓动性"事实上是演讲的终极目标,它要求演讲者要激起听众的热情和力量。那么,演讲内容的趣味性,演讲者本身的睿智就至关重要。另外,内容的通俗化、语言的口语化也是关键。

任何优秀的演讲,都一定具备这三个特点。

(二)演讲的类别

演讲的形式多种多样,因此,给演讲分类的角度也可以是多种多样的。这里,我们主要从训练的角度对演讲进行形式分类。

1. 有稿演讲

即以文字底稿为依托的演讲。这类演讲有较为宽裕的准备时间,要求演讲者首先要在演讲稿上下功夫,谋篇布局,从思想深度和艺术高度着手,观点明确,说理透彻,结构合理,文辞优美,言语流畅。然后再考虑从书面向口头表达转化,设计语调和态势语,使演讲达到最佳效果。

2. 无稿即兴演讲

即无文字底稿且准备时间十分有限的一类演讲。这类演讲往往是突然袭击式,演讲者无法利用任何有形文字资料,只能凭头脑中的既存材料迅速组合,边想边说,边说边想,不仅要巧妙地挖掘题意,力求讲出一点新内容,还要务求结构上的短小精悍。因此,即兴演讲不仅对演讲者的表述能力提出了要求,而且也对其知识广度和思想深度提出了明确的要求。

显而易见,即兴演讲与有稿演讲相比,其要求更高,难度更大。

二、演讲技能训练

(一)基础训练

1. 复述训练

复述是口语表达的基础,也是演讲训练的基础。我们将复述分为详细复述、简要复述、变式复述、扩展式复述四类进行训练。

复述要求:一、准确完整。要忠实于原始材料,准确把握中心,不得歪曲原意,不能去掉、改换主要内容、主要观点和主要情节。要根据要求适当地处理详略,突出重点。二、语脉清晰。要线索分明,前后连贯,层次内容清楚。三、语言流畅、自如、洗练。要态势语协调自然。针对复述的要求,我们提出了复述的三级标准:

初级标准:
① 能作完整的背诵式复述,重复、支吾少;
② 语言比较流畅、自然;
③ 能有一定的态势动作。

中级标准:
① 能准确地复述文字内容,无重复、支吾;
② 能自我设计出与表达内容相应配套的态势动作,运用自如适度;
③ 有一定的应变能力,能对表述中的意外情况或事故作有效的掩饰或补救。

高级标准:
① 能准确无误地复述文字底稿,且对语音抑扬顿挫、语调轻重缓急、抒情起伏幅度把握准确,表述中句式感、段落感、层次感强;
② 能主动积极地与听众保持交流,且能根据听众情绪对表述内容作不损害原意的适当的增删调整;
③ 具有相当的应变能力,对多种意外情况进退自如,应付从容。

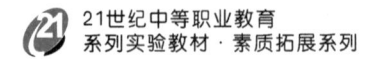

(1)详细复述

提示:① 认真阅读二至三遍,思考一下再开始复述。

② 复述记叙性材料,叙述要生动些,让读者如闻其声,如见其人,如临其境。

③ 复述说明性材料,要讲清原理,若是议论性材料,则要讲清观点及论证过程。

请在老师指导下复述下面几则材料:

① **毛泽东的幽默**

1976年元旦,美国客人戴维拜访了毛泽东主席。在会见中,他们有一段对话,很能反映毛泽东的幽默和机智。

毛:"你在看什么?"

"我在看您的脸,"戴维说,"您的上半部很……很出色。"

听完译员的翻译,毛说:"我生着一副中华脸孔。"

戴维觉得这话挺有趣,想笑,但忍住了。

毛泽东又说:"中国人的脸孔,演戏最好,世界第一。中国人什么戏都演得,美国戏、苏联戏、法国戏,因为我们鼻子扁,外国人就不成了,他们演不了中国戏。他们鼻子太高了。演中国戏又不能把鼻子锯下去!"

戴维终于控制不住自己,放声大笑。

② **黑板上的解剖图**

纪 直

自从上生理课的第一天开始,黑板的左上角就挂着一幅人体解剖图,上面标有重要骨骼肌肉的名称和部位。整整半个学期,那幅解剖图一直挂在那里,不过老师从没有提起它。

生理卫生课要测验了,同学们一进教室,就看见黑板擦得干干净净,那幅图也不见了。黑板上面写了道试题:"写出人体主要骨骼的名称和部位。"全班同学异口同声说:"我们从没学过这个。"

"这不是理由!"老师说,"那些知识已经挂在黑板上好几个月了。"大家没有办法,只好勉强地答了一些,有些同学甚至把白卷交到老师手里。

这时,只见老师收起试卷,非常严肃地讲了一句话:"永远记住——要学习的不只是老师告诉你们的东西。"

③ **夜景拍摄方法**

常用的有多次曝光法和一次曝光法。多次曝光法,即用三脚架固定相机,用快门线控制曝光。天未黑时作第一次曝光,曝光量比正常情况略少些,待灯光亮后进行第二次曝光。一次曝光就是固定相机作长时间曝光。

④ **别出心裁的广告艺术**

精明的企业家善于捕捉日常生活中的宣传机遇,实现广告效果。某天,一大群飞鸽偶然栖落在美国联合炭化钨公司总部大楼的一间空房内。鸽子、羽毛一片狼藉,令人生厌。然而,该公司公共顾问闻讯后喜上眉梢,他一面命令紧闭门窗,一面电告"动物保护委员会"及新闻界:"公司将发生一件有趣而有意义的保护鸽子事件。"于是,几十家新闻单位蜂拥而至。在3天时间中,从小心翼翼捕捉首只鸽子到最后一只鸽子受到"保护",有声有色的现场新闻令人瞩目。公司经理还不失时机,充分利用镜头借题发挥,着力宣传公司的宗旨,创造了出色的公众形象,从而产生了促销的轰动效应。

(2)简要复述
①请用简略的语言复述下面这则新闻的内容。

美英空袭伊拉克

据新华社巴格达1月25日电 据伊拉克通讯社报道,伊拉克南部巴士拉省人口密集的"共和国城"当地时间25日上午9时30分(北京时间当日下午2月30分)遭到美国和英国的导弹袭击。

报道说,美英导弹袭击的目标并不是伊拉克的军事设施,而是人口密集的居民住宅区。据估计,美英导弹已造成人员伤亡,一些居民住宅被导弹摧毁。伊拉克民防人员仍在现场进行抢救和清理工作。但报道没有说明人员伤亡的具体数字。

伊通社援引当地目击者的话说,导弹是从西部沙特阿拉伯方向发射过来。这是自去年12月中旬美英对伊发动4天空袭后,首次对伊拉克的城市进行导弹袭击。

此前,美英在结束"沙漠之狐"军事行动后,已对伊拉克南北两个"禁飞区"内的军事设施进行了10次轰炸,但伊官方对轰炸其军事目标和损失情况保持沉默。

②作"一句话新闻"练习。先认真听或看中央台的新闻节目,然后摘其主要新闻,各作"一句话"复述。

③请讲述一部你新近看过的电影或电视剧的情节梗概。

④请将下列这则材料作简要复述。

寄贺年卡的人

新年将至,他却没有快乐。也就在这时,他收到了一张贺年卡。这令他意外。

妻子去世一个月来,他始终无法从痛苦中挣脱。他冷漠地对待这个世界,消极地生活。人们劝他振作,他却冷冷丢给人家一句"我心已死!"人走屋空后,他孤寂地坐着,一口一口地喝烈性酒。

他不知道,在他日日冷漠地对待的这个世界上,有谁还会给他寄贺年卡。

贺年卡的封面图案很简单,洁白的纸上画着一片绿色的叶子,叶子上方印着五个字:"默默的祝福"。打开贺年卡,他却没找到寄卡人的姓名,只在像封面一样洁白的纸上,有钢笔写着几行字——"别去猜我是谁,也不必去寻找,只要你知道,这世界上有人在默默地祝福你。生活依然美好,依然充满热情,依然充满爱。新年与你同在!"

这几行字,他看了一遍又一遍。心中悄悄潜入一丝暖意。是谁送来的这温暖呢?他极力去辨认那钢笔字,但这隐去姓名的祝福者显然是要真正隐去他自己。字,一笔一画,横平竖直,是标准的仿宋体,根本看不出一点个人风格。谁呢?我一定要找出来。

第二天上班,他仔细观察他的同事。他冲他们微笑点头。妻子去世以来,这是他第一次露出微笑。同事们也分别向他回报以微笑。微笑充满了温馨。他分辨不出,他觉得每个人都像是那祝福者。

在美好的微笑与轻声的祝福声中,他感到生活真的充满了爱。有什么东西在他心底悄悄融化。他冰封已久的情感被解冻了。他的心尚未死。

"别去猜我是谁。也不必去寻找。"他想起了这句话,他知道他是找不到那人的。他郑重地从信封中抽出贺年卡,珍惜地抚摸着。突然,他看到信封上的邮戳:贺年卡是挂号寄来的,为什么不去问问邮局呢?他来到邮局。

邮局的人说:"噢,这个办挂号邮贺年卡的人我们记得非常清楚。两个月前,来了一个女人,很瘦,因为病态,她的嘴唇几乎没有血色。她说她得了绝症,将不久于人世。她请求我们

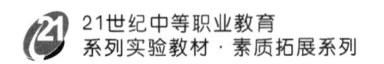

代她在年前寄出这张贺年卡……我们知道她已经死了,因为,她临走前说,如果她能将生命熬到年底,她将亲自来寄这张贺年卡。"

听完这些,他已知道了这寄贺年卡的人。他深深地,不知是向这告诉他谜底的人,还是向那已长眠的妻子,鞠了一躬。

(3)变式复述

第一,变换人称。请用第一人称复述《卖炭翁》。

卖炭翁
白居易

卖炭翁,伐薪烧炭南山中。满面尘灰烟火色,两鬓苍苍十指黑。卖炭得钱何所营,身上衣裳口中食。可怜身上衣正单,心忧炭贱愿天寒。夜来城外一尺雪,晓驾炭车碾冰辙。牛困人饥日已高,市南门外泥中歇。翩翩两骑来是谁?黄衣使者白衫儿。手把文书口称敕,回车叱牛牵向北。一车炭,千余斤,宫使驱将惜不得。半匹红纱一丈绫,系向牛头充炭直。

第二,变换文体。请将下面诗词以散文风格复述。

念奴娇
苏轼
赤壁怀古

大江东去,浪淘尽,千古风流人物。故垒西边,人道是,三国周郎赤壁。乱石穿空,惊涛拍岸,卷起千堆雪。江山如画,一时多少豪杰!

遥想公瑾当年,小乔初嫁了,雄姿英发。羽扇纶巾,谈笑间,樯橹灰飞烟灭。故国神游,多情应笑我,早生华发。人生如梦,一樽还酹江月。

第三,变换顺序。要求:(1)顺叙的顺序是起因→经过→结局,倒叙的顺序是结局→开端→发展。(2)变换顺序要注意衔接,同时也要注意前后照应过渡以及内在的逻辑关系。

题目:A. 请用倒叙方式复述《群英会蒋干中计》片断

B. 请用倒叙方式复述《桃花源记》

桃花源记
陶渊明

晋太元中,武陵人捕鱼为业。缘溪行,忘路之远近。忽逢桃花林,夹岸数百步,中无杂树,芳草鲜美,落英缤纷。渔人甚异之,复前行,欲穷其林。

林尽水源,便得一山,山有小口,仿佛若有光,便舍船从口入。初极狭,才通人。复行数十步,豁然开朗。土地平旷,屋舍俨然,有良田美池桑竹之属。阡陌交通,鸡犬相闻。其中往来种作,男女衣着,悉如外人。黄发垂髫,并怡然自乐。

见渔人,乃大惊,问所从来,具答之。便要还家,设酒杀鸡作食。村中闻有此人,咸来问讯。自云先世避秦时乱,率妻子邑人来此绝境,不复出焉,遂与外人间隔。问今是何世,乃不知有汉,无论魏、晋。此人一一为具言所闻,皆叹惋。余人各复延至其家,皆出酒食。停数日,辞去。此中人语云:"不足为外人道也。"

既出,得其船,便扶向路,处处志之。及郡下,诣太守说如此,太守即遣人随其往,寻向所志,遂迷不复得路。

南阳刘子骥,高尚士也,闻之,欣然规往。未果,寻病终。后遂无问津者。

(4)扩展式复述

提示:复述时要围绕材料提供的意境,展开联想要合情合理,忠于原意,不牵强附会,自然合理。
①根据下面几首诗所提供的语境,各扩展成一则小故事。

渭城曲·送元二使安西
王 维
渭城朝雨浥轻尘,客舍青青柳色新。
劝君更尽一杯酒,西出阳关无故人。

江南春绝句
杜 牧
千里莺啼绿映红,水村山郭酒旗风。
南朝四百八十寺,多少楼台烟雨中。

清 明
杜 牧
清明时节雨纷纷,路上行人欲断魂。
借问酒家何处有,牧童遥指杏花村。

②将下列成语扩展成小故事。
1)狐假虎威 2)完璧归赵 3)掩耳盗铃 4)滥竽充数 5)三顾茅庐 6)七步之才
③将下面两则小故事扩展成内容更丰富、情节更生动的故事。

农夫和蛇
从前,一个很冷的冬天,有个农夫在路上看见一条冻僵了的蛇。农夫可怜这条蛇,就解开自己的衣服,把它放在怀里。
蛇得到了温暖,苏醒了。它一醒来就咬了农夫一口,农夫中了毒,临死的时候说:"蛇是害人的东西,我不该怜惜它"。

富翁·农夫
人们在我面前称颂富翁洛希尔德,他从自己的巨额收入中拨出成千上万的钱来教育儿童、医治病人、救济老人——这时,我赞扬,并且深为感动。
然而当我赞扬和感动时,我不禁想起一个贫困的农民家庭,这家人收养了一个孤苦的侄女,把她带到自己的破烂的小屋里。
"若是收下卡吉尔,"老太婆说,"我们最后的几个钱也要为她花了——就没法买盐,汤里就没有咸味了……"

2. 演讲基础训练
(1)下定义
提示:言简意赅地给概念以阐释,注意抓住事物本质特征,注意用语简练、准确。
快速给下列概念下定义:①下岗 ②高考 ③炒股 ④因特网 ⑤肯德基 ⑥北约
(2)解说
提示:注意内容明晰,条理清楚,表述生动,运用分解、举例、比较等方法阐明事物。
①说说体育锻炼的好处
②男女之间的差别是客观存在的
③说说目前交通事故日益增多的原因
④介绍一条学习或生活经验
⑤介绍一处旅游景点

(3)扩展

提示:①要有中心,有层次,首尾呼应,结构完整。

②文句通顺,逻辑性强。

将下列句子扩展成语段(可先写文稿)。

题目:①理解万岁

②中学生的美是自然之美

③考试制度应该改一改

④生命在于运动

⑤懂得尊重自己的人才知道尊重他人

⑥落后就要挨打

⑦上帝关上了门又在别处打开窗

⑧我们只有一个地球

⑨知识可以改变命运

⑩人之初,性本善

(4)续句续段训练

提示:开头和结尾是演讲的关键。常见的开头方法有悬念式、提问式、名诗警句式、开门见山式等,而结尾的方法也多种多样,有总结式、启发式、鼓动号召式、抒情式、引用名诗名句式等等。

①根据下面的题目,设计出新颖精彩的开头。

示例:《青年与祖国》

我想提个问题,谁能用一个字来概括青年和祖国的关系呢?我认为,概括起来,就是一个"根"字。

题目:《幸福是什么》

《人权的思考》

《我说尊严》

《走进职高……》

《"手足"情深》(独生子女与友谊)

《"自私"与"自我"》

《走出青春的困惑》

②给下面演讲加上恰当的结尾。

A.……王羲之练字入迷了,拿馍馍沾了墨汁往嘴里塞,还对夫人说好吃;爱迪生刚举行完婚礼,就一头扎进试验中,把新娘、吃喜酒全忘了,一直干到半夜12点;地质学家李四光思考问题入了神,竟然问站在面前的亲生女儿:"你是谁家的小姑娘?""力学之父"牛顿专心致志搞实验,竟忘掉了自己请的客人,甚至连自己吃没吃饭也搞不清;"天才"音乐家莫扎特喜欢边走路边构思乐曲,回家时经常走错门……

B.……一天,别说在历史的长河中像闪电似的一瞬,就是在一年当中,甚至在一个月之中也是很短暂的。可是,就在这短短的一天之中就有巨大的财富被创造出来。以1988年为标准,我国每天可产煤274万吨,原油40万吨,钢16.4万吨,水泥55万吨,发电近15亿度。如果是战争年代,在抢渡大渡河,争夺泸定桥时;在抢占凤凰山、摩天岭时;在冲锋号响起后,董存瑞炸碉堡时,别说一天的时间,就是一分一秒也关系到千百人的生命,关系到战争的胜败。

C.……在现代社会中,人与人之间除了经济关系之外,还应该有一种更崇高、更可贵的社会交往,这就是"人人为我,我为人人"的奉献精神,这就是中国共产党和中国人民创造和提倡的雷锋精神。我们可以设身处地想一想,假如你是一位商人,当你的商店惨遭一场大火威胁时;假如你是一位银行家,当你所经营的银行面临歹徒抢劫时,假如你是一位旅行者,当你的钱不幸遗失时……

D.……为了大多数人的幸福,不惜牺牲个人幸福,这是无产阶级的幸福观。李大钊为了"赤旗的世界"视死如归;陈铁军、周文雍为了大众的自由献出了"诚可贵"的生命,"价更高"的爱情;江姐为了后代不再坐牢,"甘愿把牢底坐穿"。在新中国,又有多少英雄模范体现着无产阶级的幸福观。"王铁人"为了祖国富强,"宁可少活20年,也要拿下大庆油田";戍边的勇士为了人民的安宁,在罕无人迹的地方喊出了"吃亏不要紧,只要国安宁。亏了我一个,幸福十亿人"的豪言壮语……

训练要求:根据不同的演讲类型和演讲内容,配以恰当的结尾,以求"画龙点睛",加深听众印象,深化演讲主题。

训练方法:独立完成,组内交流、评议。

(二)提高训练

1.模拟仿说训练

(1)观摩演讲录像资料,当场默记模仿,学习口语与态势语处理的技巧。

(2)根据材料,体会、把握作者心境、思想内容,设计语调与态势语。可先由小组讨论,集体设计,然后在班内交流、评议。

材料:

在18岁成人仪式上的发言
青海 裴生学

尊敬的校领导、老师、亲爱的同学们:

在这春暖花开、草长莺飞的美好季节里,我们迎来了我校首届18岁成人仪式,首先让我代表全体已经跨入神圣的"成人大门"的同学,向为培育我们成才而耗费了心血的校领导和老师致以崇高的敬意和衷心的感谢(敬礼);向已经迈入庄严的成人殿堂的朋友们表示深深的祝福。(鼓掌)

光阴荏苒,岁月如梭。转眼间,我们已匆匆告别了天真烂漫的童年时代,跨过了充满无数次遐想的鲜花季节——美好的少年时代,肩负着生活和岁月,饱尝了18度春秋冬夏的风霜雨雪,浏览了18个365里路的七彩异景,终于静悄悄地迈向青春的江畔,奔入了人生最明媚的季节——火热的青年时代。

18岁,这是一个多么令人神往而又充满魅力的年龄,它标志着我们美妙青春的开始,也标明了我们已经成了社会真正的"主人",象征着我们人生的日历又掀开了崭新的一页。中国共产党的创始者之一李大钊先生曾说:"青年者,人生之王,人生之春,人生之华也!"人们历来把青春时代视为鲜花一样美丽、黄金一般珍贵。因为它蕴藏着勃勃的生机,包含着崇高的追求,凝聚着不竭的活力;它是热血和激情浇铸的丰碑,是理想、信念、奋发向上的精神和无穷创造力所谱写的最美妙的交响乐章。

诚然,每个人的青春都是一方丽日下的沃土,但如果没有精心的播种和辛勤的劳作,便不会得到金秋累累的硕果。因此,我们这些刚刚跨入青春殿堂的青年们,更应该牢记:把天真幼稚的童年游戏和美妙纯洁的少年时光,存入人生历史的档案,不必哀惋"年华似水"一去

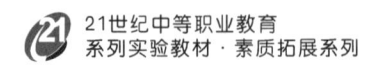

不复返,也不必感叹"岁月如梭"梭梭催人老。立足于"青春"这块处女地,以"科学知识"为良种,用"勤奋"作犁锄,施上"意志"凝结成的肥料,去再创秋后的金黄和芳香。

社会是一汪大洋,人生似一叶小舟。朋友们,请驾起我们青春的小舟,在18岁的港湾,加足马力,开大油门,以崭新的姿态,勇敢地挂起奋进者的风帆,荡开我们智慧的双桨,摇动我们勤奋之橹,去探索,去开拓人生的航道,寻找生命的真谛吧!

2. 散点连缀训练

提示:即兴演讲要求演讲者思维敏捷,善于抓住事物的内在本质,迅速找到事物之间的内在联系,信手拈来一切可利用的材料。这个训练就是为了训练同学们思维的迅速发散能力。注意找准"点"与"线"的关系。

小组活动,每人在三张小纸上各写一个词,然后混在一起。练习时,每人任意抽一张,然后将这三个似乎毫无关联的词用几句话连缀起来,组成一段有意思的话。开始阶段可以给几分钟,以后则应逐步减少时间,达到拿到题目就要讲的地步。在训练到一定程度的基础上,将全班的小纸条集中起来,任意抽取三张,由全班同学练习。

[示例1]三个词是:"校友会、咖啡、遭遇"。有人是这么说的:

一次校友会后,几个老同学在某同学家里碰头,主人问我喝什么饮料,我说,来杯咖啡吧。咖啡,加点方糖,甜中有苦,苦中带甜,二者混杂在一起,有一股令人难忘的味道。我想,它正好与我们这一代的遭遇相似,与我们对人生的回味相同。

[示例2]三个词是:"春天、衣服破了、环境保护"。有人是这么回答的:

人的衣服破了,可以补,也可以处理掉,换新衣服。地球母亲的衣服是臭氧层,现在也破了一个大洞。这件衣服补起来很难,更无法处理掉再换新。所以我们必须注意环境保护,不然,再让臭氧层破坏下去,地球必然受到严重的伤害,地球上将永远没有春天。

3. "续句接龙"训练

小组活动,先由组长确立一中心话题,由一人先开始说第一句,下面的一个接一个地围绕中心话题接着说。开始练习时,间隔的时间可长一些,但不可以用笔准备,否则,失去了训练的意义。遇到特别难的地方,可适当允许自告奋勇出面解围。

在训练到一定程度的基础上,可征求一些较难的中心话题在全班续句接龙。

练习应始终围绕中心话题,对练习中的情况应加互评或讲评。

[示例]中心话题:"天将降大任于斯人也,必先苦其心志,劳其筋骨。"

学生甲:许多有成就的人不仅有着学习中的艰苦,而且受着贫穷生活的磨难。

学生乙:但他们并没有像一般人那样被压垮,困难越多反而进取心越强,他们在逆境中奋斗。

学生丙:我国六朝时代的南齐,有个叫江沁的人,家里很穷,只能白天谋生,夜里学习,因无钱买灯油,只好炎夏、寒冬都借月光读书。

学生丁:宋代的范仲淹以"先天下之忧而忧,后天下之乐而乐"的绝句闻名天下,可他年轻时只能寄宿在和尚庙里,靠每天两顿粥米奋发读书。

学生戊:俄国的高尔基也是饱尝艰辛、历尽苦难,在"社会大学"里奋斗不止,顽强地自学,从而成了一代文豪。

学生己:可见逆境可以使人消沉,也可以催人奋发向上。意志顽强的人能迎着困难上顶着风浪行,在逆境中磨炼意志,增长才干攀登高峰,直至光辉的顶点。

话题：

(1)青少年追星现象中存在着误区，追星不能只追港台歌星，应正确引导。

(2)在商品经济的大潮下，金钱并非万能，至少有钱不等于幸福。

(3)改革的时代呼唤奉献精神，应大力提倡"我为人人"。

(4)"机不可失，时不我待"，"莫等闲白了少年头"。

(5)尊师重教，人人有责；重在行动，贵在落实。

(6)勤工俭学，有利于提高学生素质，应该提倡。

(7)目前中学盲目追求升学率的现象，不能任其发展。

(8)学生"下海"，利少弊多，不宜提倡。

4．命题即兴演讲训练

[示例]请根据如下的题目和素材，构思一篇即兴演讲。

题目：《当你被误解的时候》

素材："万事开头难"，第一个走上即兴演讲赛的讲台

▲七分钟前抽到赛题《当你被误解的时候》。

▲人总有被误解的时候，如张海迪、曲啸。

▲在行动中被理解。

▲把误解变成动力。

▲我被误解过。

▲警告铃响了，出示了黄牌。

▲结尾，在奋斗中寻找理解。

熊焰波用上述素材，在1986年"全国十城市青少年演讲邀请赛"上作即兴演讲，荣获一等奖。

当你被误解的时候

有一句老掉牙的话，叫做（用四川方言讲）"万事开头难"。演讲如此，即兴演讲更是如此。不过，我总感觉到万事结束更难。我们在座的很多同志都知道《诗经》上有这样一句话："靡不有初，鲜克有终"，也就是说任何事物都有一个开头，但很难得到一个圆满的结尾。但好的开头也是很难的，所以我庆幸我第一个走上了即兴演讲的讲台。（热烈鼓掌）

大家看到，7分钟以前，我在在座的百余双眼睛的监视之下抽到这个题。当我们的主持人用他那浑厚的声音宣布这个题的时候，我因紧张而凝固的血液沸腾了，因激动而僵化的思维活跃了。7分钟里，我在思考这样一个问题：人总有被误解的时候，何必为误解发愁！我们的南疆英烈被误解过，张海迪被误解过，我们的曲啸老师被误解过，我们辛勤耕耘的教师们被误解过……但是，怎样从误解中找出理解呢？可以这样说，理解的大门只向那些心胸开阔、勇于进取的人敞开着，理解的金钥匙只属于那些有头脑的人。我们的战士从他们在前线的英勇奋斗中，从他们血染疆场的行动中找到了理解。曲啸老师以他的演讲和他自身的行动获得了理解。我们的教师以他们辛勤培养祖国劳动者的劳动获得了理解……所以说，朋友，要寻求理解，守株待兔吗？不行！唯有那些心胸开阔、奋发进取的人，才有资格获得真正的理解，在时间与空间、必然与偶然的辩证关系中得到理解。

我们寻求理解，当我们得到理解的时候，我们就会把误解变成一种真正的动力，用它去

推动我们更好地理解别人,让别人再来理解自己。我不知道在座的各位有没有被误解过,但我肯定地说,我是被误解过。我在大学读书的时候,干社会工作,曾被误解;我参加演讲活动,也被人误解过。就是这次到北京来的时候,有人还风言风语,说我参加演讲比赛是想出风头。我何尝不希望得到理解呢?(这时铃声响了)可是,大家都听到了,警铃响了,它在向我出示黄牌。它对我说:"小伙子,你要寻求理解吗?那就少说空话,多干实事。到实践中去,到自己的奋斗中去寻求理解吧!"

在这里,我还要对那些被误解的正在寻求理解的朋友们说上一句:"敲响警告铃出示这个黄牌,在奋斗中寻找理解吧!"

(热烈鼓掌)

话题1:

训练内容:题目:《竞选班长的演讲》

素材:

▲为什么要竞选班长

▲我的条件

▲我的目标:

　　形成一个团结的集体

　　提高全班的学习成绩

　　主动与团支部合作

　　搞好兄弟班级的关系

　　丰富同学们的业余生活

▲我的希望

训练方法:可先按上述思路开展即兴演讲,然后扩展到其他方面,甚至竞选寝室长、科代表之类。

话题2:设想你面对应聘公司的总经理,告诉他你是怎样一个人。请自己设计提纲。

附:演讲比赛评分表

有稿演讲比赛评分表

编号	姓名	演讲题目	得分			合计	简评
^	^	^	内容 50%	表达 40%	风度、仪表及其他 10%	^	^

注:表中的"内容"指演讲的主题、材料、结构等;"表达"指口语和态势语等;"风度、仪表及其他"中的"其他"指是否超时,是否卡壳等。

即兴演讲比赛评分表

编号	姓名	演讲题目	得分				合计	简评
			内容 30%	反应 30%	表达 30%	其他 10%		

注：表中"反应"是指思维是否敏捷。

具体表现在能否迅速立意，迅速组织材料、语言；是否机智灵活；能否善于发现和利用现场的情况。

思考与练习

（一）演讲这种语言表达形式有些什么特点？为什么？

（二）为什么说即兴演讲要求更高、难度更大？

（三）即兴演讲同有稿演讲的主要区别在哪里？

（四）为什么说复述训练是演讲训练的基础？

（五）变式复述主要指的什么？

（六）人们对在台上照稿宣读或背诵讲稿的演讲一般都不满意，为什么？

（七）你参加过演讲活动或演讲比赛吗？有什么切身体会？

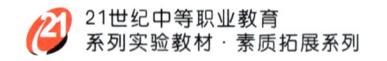

> 我们言说,因为言语是我们的本性。……无论如何,语言属于人之存在最亲密的邻居,我们到处遇到语言。
>
> ——海德格尔

第四单元

内容提要

一、方言与普通话的声调差异及其正音训练;
二、日常交际用语的常识及训练。

第一部分　普通话声调及训练

一、方言区人说普通话声调容易出现的问题

方言与普通话在声调方面的差异主要体现在三个方面:一是调值上;二是调类上;三是古入声字的归类上。

(一)调值上的差异

调值指的是一个字或一个音节的高低升降变化形式,通俗地说就是一个字音的实际念法。如"职业中专"四个字,"职"的声调从中音升到高音,叫"中升"调,"业"的声调从高音降到低音,叫"高降"调,"中专"的声调自始至终比较高,没有显著的升降变化,叫"高平"调。这里的"中升"、"高降"、"高平"说的就是声调的调值。调值能区别意义。

调值高低升降的表示方法一般有两种:一是用线条表示。即一声:—,二声:/,三声:∨,四声:\;二是用五度数字表示,最高5度,最低1度。即一声:55,二声:35,三声214,四声:51。

西南大部分地区的语音在调值上同普通话的差异是一声相同或相似,二三四声高低升降不同。如"多读几遍"这四个字,"多"字在普通话里与在西南成都、重庆、云南、贵州等大部分地区读音基本一样,是高平调。而"读几遍"三个字在普通话里与在方言里就各不相同了。

西南方言区的人学习普通话,只要把二三四声的声调高低改成普通话的高低样子就行了。

改读的方法是,先学会普通话二三四声的读法(可以与一声一块儿练)。即:ā、á、ǎ、à、ī、í、ǐ、ì……相对来说,普通话的第四声调值容易掌握,二声和三声是学习的难点和重点。学习时,可以参照下面这首口诀,仔细体会其音高变化形式,学准学好。

第一声:起音高平莫低昂,气势平匀不紧张。

第二声:从中起音向上扬,用气弱起逐渐强。

第三声:上声先降转上挑,降时气稳扬时强。

第四声:高起直送向低唱,强起到弱要通畅。

(二)调类上的差异

调类指的是声调的分类。声调分类是根据调值的相同与否来进行的,也就是说,高低升降长短曲直读音相同的归为一类,不同的分属别类。一个方言中有几种不同的念法,就有几个调类。

调类的表示方法一般也有两种:一是用数字,即大家熟知的"一声二声三声四声"的叫法;二是用学名(学名的来历涉及古汉语音韵学知识,在此不赘述),即:阴平(一声)、阳平(二声)、上声(三声)、去声(四声)。一些方言字音的高低升降不止四种念法,就依次续排数字或再沿用一些学名。如有的方言在四声之外还有一种又短又急、音高在中度3的念法,被称之为第五个调类或沿用"入声"这个学名。

西南大部分地区的调类与普通话调类的数量是相同的,即都是四个调类,所以,这些地区的人说普通话只需像前面谈到的那样,改读调值——照普通话的字音高低来读即可。北方方言区的西南官话区在调类上与普通话不同的往往是多出一个调类——入声。这就是下边要谈到的问题。

(三)古入声字归类的差异

入声,是古汉语中以塞音(b、d、g等)收尾的与舒声(平、上、去)相对的一种声调。它的特点是声音短促。明释真空《玉钥匙门法歌诀》描述古声调时说:"平声平道莫低昂、上声高呼猛烈强,去声分明哀远道,入声短促急收藏。"可见,入声是古汉语中一个独立的调类,有自己特有的念法。

普通话已没有入声念法和相应的调类了,那些属于古入声调类的字今天分别归入阴平、阳平、上声或去声里了。但现代汉语的一些方言里,还有保留入声念法、入声独立成为一个调类的情况,如重庆綦江、江津、四川乐山、西昌等地;也有古入声字的归并与普通话不一致的情况,例如重庆、成都等地把古入声字归入了阳平调类。对于保留入声念法、入声字自成一类的方言区,学习普通话时,只需把入声这一类的字按照普通话的调值发音即可;而对于入声归类与普通话不相同的地区,则先要弄清入声字在自己方言里的去向,把它们从所属调类中找出来,然后记住它们的普通话声调。由此可见,识别古入声字、掌握古入声字在普通话里的声调读音是学习普通话的又一个难点。

下面是一些识别古入声字的方法。

1. 偏旁类推

白——柏伯泊帛铂粕迫魄拍("怕"、"帕"例外)

出——绌黜咄屈拙茁("础"例外)

屈——掘崛倔窟

滴——嫡镝摘

蝶——谍碟喋堞牒叶(葉)

蕚——愕腭颚鹗鄂鳄

复——腹蝮馥覆愎

各——胳格骼阁客恪貉烙酪洛骆赂略("路"例外)

合——盒颌鸽蛤答洽恰给拾("哈"、"氃"例外)

曷——喝褐渴葛揭竭碣羯蝎歇谒遏

及——汲级极圾岌芨吸

吉——髻洁诘秸结桔

夹——浃荚颊蛱峡狭硖挟

甲——钾胛匣狎押鸭闸

厥——撅噘蕨獗蹶("鳜"例外)

乐——烁铄砾栎

力——历沥雳勒肋

列——咧洌冽烈裂例

鹿——漉麓辘

末——抹沫袜

聂——嗫蹑镊摄慑

切——窃沏砌彻

乞——讫迄屹疙圪纥吃

失——秩跌迭铁佚轶

叔——淑菽寂督

蜀——触独烛浊镯

屋——握渥龌幄喔

析——晰淅蜥

译——驿绎泽择释铎

则——侧厕恻铡测

直——植殖值置

2. 根据普通话语音来判断

(1)普通话韵母是 üe 的字(只有"瘸、靴"例外),全是古入声字。例如:月、跃、岳、越、悦、曰、约、雪、穴、学、薛、阙、鹊、确、却、缺、掠、略、疟、虐。

(2)普通话声母是 b、d、g 或 j、zh、z 且声调是阳平的字大都是古入声字。例如:

声母是"b"的阳平字:鼻、拔、伯、勃、驳

声母是"d"的阳平字:敌、笛、读、独、毒

声母是"g"的阳平字:国、格、革、阁、隔

声母是"j"的阳平字:及、级、吉、急、局

声母是"zh"的阳平字:直、植、侄、职、竹

声母是"z"的阳平字:足、族、卒、杂、昨

(3)音节为 de、te、le 的是古入声字。例如:德、特、忑、肋以及"欢乐"的"乐","勒令"的"勒"等。

(4)音节为 ze、ce、se 的是古入声字。例如:仄、厕、测、恻、策、册、涩、瑟、啬。

(5)音节为 za、ca 的是古入声字。例如:咂、砸、杂、擦。

(6)音节为 fa、fo 的是古入声字。例如:发、伐、罚、乏、法、砝、佛。

(7)音节为 gei、hei、zei 的是古入声字。例如:给、黑、贼。

(8)音节为 bie、pie、mie、die、tie、nie、lie 的是古入声。例如:憋、瘪、撇、灭、蔑、跌、贴、帖、捏、镍、聂、列、烈、裂、猎、劣。只有个别字音例外,如"爹"。

(9)音节为 zhuo、chuo、shuo、ruo 以及 kuo 的是古入声字。例如:桌、捉、拙、茁、酌、啄、戳、绰、辍、说、硕、烁、朔、若、弱、阔、括、扩。

(10)音节是 xí 或 zhǎi、shú、shuā 的是古入声字。例如:席、袭、媳、习、檄、窄、孰、塾、赎、刷。

3. 分清古入声字在普通话"四声"中的不同归属

常用的入声字有 400 个左右,在普通话中将近一半归入去声,将近 1/3 归入阳平,剩下约 100 个字分别归入阴平和上声,其中归入上声的字很少。我们可以先记住这少数字,再记住归入阳平的字,把其余的入声都读成去声,就可以基本掌握古入声字在普通话中的读音了。

古入声字在普通话归类中有一条比较明显的规律就是:声母 m、l、n 和零声母的古入声字绝大部分在普通话中念去声。例如:

(1)m 声母字:末、沫、抹、茉、漠、墨、没、寞;密、蜜、秘;目、木、幕、牧、睦、苜;麦、脉;灭、蔑。

(2)l 声母字:腊、辣、瘌;乐、勒;肋;烙、酪;力、历、雳、立、粒、砾、栗、溧;六、陆、录、鹿、戮;洛、骆、络;律、率、绿、氯;掠、略。

(3)n 声母字:呐、纳、捺;逆、溺;聂、镍、蘖;诺;虐、疟。

(4)零声母字:亦、译、抑、邑、佚、役、易、益、逸、翼;轧(轧棉花);叶、业、页、液、谒、靥;药、钥(钥匙);勿、物;袜;沃、握;玉、育、郁、狱、浴、域、毓、鹬;月、乐、岳、悦、阅、跃、钺、粤、越。

二、声调训练

总的要求是:阴平高,阳平升,上声降升,去声降。

(一)单音节练习

1. 四声传递练习

第一轮由甲先读阴平,乙接阳平,甲再接上声,乙再接去声;第二轮由甲先读去声,乙接上声,甲再接阳平,乙再接阴平,在相互传递中纠正声调不准确的错误。

亏 kuī	葵 kuí	跬 kuǐ	愧 kuì
书 shū	熟 shú	蜀 shǔ	术 shù
汤 tāng	糖 táng	淌 tǎng	烫 tàng
知 zhī	值 zhí	址 zhǐ	志 zhì
妈 mā	麻 má	马 mǎ	骂 mà

2. 同部位单音节练习

b：	包 bāo	雹 báo	饱 bǎo	抱 bào
	巴 bā	拔 bá	靶 bǎ	耙 bà
p：	偏 piān	蹁 pián	谝 piǎn	骗 piàn
	飘 piāo	瓢 piáo	瞟 piǎo	漂 piào
m：	眯 mī	迷 mí	米 mǐ	秘 mì
	喵 miāo	描 miáo	渺 miǎo	庙 miào
f：	风 fēng	缝 féng	讽 fěng	凤 fèng
	分 fēn	汾 fén	粉 fěn	份 fèn
d：	滴 dī	嫡 dí	底 dǐ	帝 dì
	多 duō	夺 duó	朵 duǒ	剁 duò
t：	通 tōng	同 tóng	捅 tǒng	痛 tòng
	突 tū	途 tú	吐 tǔ	兔 tù
n：	拈 niān	鲇 nián	碾 niǎn	念 niàn
	妞 niū	牛 niú	扭 niǔ	拗 niù
l：	捞 lāo	劳 láo	老 lǎo	涝 liào
	撩 liāo	僚 liáo	了 liǎo	料 liào
g：	锅 guō	国 guó	果 guǒ	过 guò
	旮 gā	轧 gá	尕 gǎ	尬 gà
k：	颗 kē	壳 ké	渴 kě	客 kè
	诓 kuāng	狂 kuáng	夼 kuǎng	框 kuàng
h：	咳 hāi	孩 hái	海 hǎi	骇 hài
	攉 huō	活 huó	伙 huǒ	霍 huò
j：	积 jī	辑 jí	挤 jǐ	稷 jì
	浃 jiā	颊 jiá	胛 jiǎ	稼 jià
q：	期 qī	棋 qí	杞 qǐ	气 qì
	侵 qīn	琴 qín	寝 qǐn	沁 qìn
x：	先 xiān	贤 xián	显 xiǎn	现 xiàn
	腥 xīng	形 xíng	醒 xǐng	性 xìng
zh：	咋 zhā	炸 zhá	眨 zhǎ	蚱 zhà
	猪 zhū	烛 zhú	渚 zhǔ	箸 zhù
ch：	痴 chī	踟 chí	尺 chǐ	炽 chì
	出 chū	雏 chú	础 chǔ	绌 chù
sh：	诗 shī	识 shí	始 shǐ	试 shì
	艄 shāo	韶 sháo	少 shǎo	哨 shào
r：	嚷 rāng	瓤 ráng	壤 rǎng	让 ràng
z：	簪 zān	咱 zán	攒 zǎn	赞 zàn
	遭 zāo	凿 záo	澡 zǎo	躁 zào
c：	猜 cāi	财 cái	彩 cǎi	菜 cài
	骖 cān	蚕 cán	惨 cǎn	灿 càn

s： 松 sōng　　　　　尿 sóng　　　　　耸 sǒng　　　　　送 sòng
　　荽 suī　　　　　　绥 suí　　　　　　髓 suǐ　　　　　　碎 suì

(二)双音节练习

1. 双音节衔接练习

为纠正声调发音不准,可采用做游戏的方法,做"夸张声调"传递练习。夸张,就是鲜明地读出声调的特点来,如阳平调,调值是35,读时可以把声调拖长,上升,收尾应收在5的高度,甚至还高一些。这种方法听起来也许有些失真,但阳平调的特点"上升"却明显地读出来了。由甲发起,"夸张声调"给乙,要求乙首先对甲的声调作一种肯定评价回传给甲,然后乙再以新的"夸张声调"传递给丙,以此类推,遍及全体,在欢快气氛中,纠正声调不准的错误。例如:

(1)虽然 suīrán—然而 rán'ér—而且 érqiě—且慢 qiěmàn
(2)花园 huāyuán—园艺 yuányì—艺术 yìshù—术语 shùyǔ
(3)挺进 tǐngjìn—进军 jìnjūn—军队 jūnduì—队伍 duìwǔ
(4)起身 qǐshēn—身体 shēntǐ—体育 tǐyù—育花 yùhuā
(5)人才 réncái—才干 cáigàn—干部 gànbù—部署 bùshǔ
(6)隔离 gélí—离别 líbié—别集 biéjí—集体 jítǐ
(7)动画 dònghuà—画押 huàyā—押送 yāsòng—送行 sòngxíng
(8)意外 yìwài—外公 wàigōng—公共 gōnggòng—共同 gòngtóng

2. 双音节组合练习

(1)阴+阴
阿公 āgōng　　　　吃惊 chījīng　　　　登基 dēngjī　　　　拘押 jūyā
(2)阴+阳
阿姨 āyí　　　　　吃粮 chīliáng　　　登极 dēngjí　　　　拘留 jūliú
(3)阴+上
阿斗 ādǒu　　　　　吃紧 chījǐn　　　　登载 dēngzǎi　　　拘管 jūguǎn
(4)阴+去
阿嚏 ātì　　　　　　吃进 chījìn　　　　登记 dēngjì　　　　拘禁 jūjìn
(5)阳+阴
皮包 píbāo　　　　穷酸 qióngsuān　　球拍 qiúpāi　　　　研究 yánjiū
(6)阳+阳
皮层 pícéng　　　　穷愁 qióngchóu　　球迷 qiúmí　　　　研磨 yánmó
(7)阳+上
皮尺 píchǐ　　　　　穷苦 qióngkǔ　　　球场 qiúchǎng　　研讨 yántǎo
(8)阳+去
皮蛋 pídàn　　　　　穷困 qióngkùn　　　球赛 qiúsài　　　研制 yánzhì
(9)上+阴
领班 lǐngbān　　　　打工 dǎgōng　　　语音 yǔyīn　　　　组织 zǔzhī
(10)上+阳
领航 lǐngháng　　　打磨 dǎmó　　　　语词 yǔcí　　　　组合 zǔhé

(11)上＋上
领导 lǐngdǎo　　　打靶 dǎbǎ　　　语法 yǔfǎ　　　组曲 zǔqǔ
(12)上＋去
领事 lǐngshì　　　打猎 dǎliè　　　语汇 yǔhuì　　　组建 zǔjiàn
(13)去＋阴
钻机 zuànjī　　　最初 zuìchū　　　望风 wàngfēng　　　路标 lùbiāo
(14)去＋阳
钻石 zuànshí　　　最为 zuìwéi　　　望门 wàngmén　　　路程 lùchéng
(15)去＋上
钻塔 zuàntǎ　　　最美 zuìměi　　　望板 wàngbǎn　　　路轨 lùguǐ
(16)去＋去
钻戒 zuànjiè　　　最后 zuìhòu　　　望月 wàngyuè　　　路线 lùxiàn

(三) 三音节练习

rù hǔ xué	dé hǔ zǐ	qín shí jiàn	dé zhēn zhī
入虎穴	得虎子	勤实践	得真知
fā huí shuǐ	chéng céng ní	jīng huí shì	zēng huí zhì
发回水	澄层泥	经回事	增回智
shū kào dú	quán kào liàn	qiú zhēn lǐ	kào shí jiàn
书靠读	拳靠练	求真理	靠实践
láo dòng zhōng	chū zhì huì	shí jiàn zhōng	zhǎng cái gàn
劳动中	出智慧	实践中	长才干
jīng de shǎo	bù zhī xiǎo	jīng de duō	wù zhēn quán
经得少	不知晓	经得多	悟真诠
kào jiāng hé	shàn yóu yǒng	kào shān luán	shàn dēng pān
靠江河	善游泳	靠山峦	善登攀
cháng guò tān	bù pà jiāo	cháng dēng shān	tuǐ bù ruǎn
常过滩	不怕礁	常登山	腿不软
shēn xià shuǐ	zhī shēn qiǎn	kǒu cháng lí	zhī suān tián
身下水	知深浅	口尝梨	知酸甜
qín jiāo lóng	xià dà hǎi	dǎ měng hǔ	jìn shēn shān
擒蛟龙	下大海	打猛虎	进深山
kàn shān jìn	shàng shān yuǎn	kàn xì yì	zuò xì nán
看山近	上山远	看戏易	做戏难
jiǎng zài kǒu	zuò zài shǒu	xiǎng cháng yuǎn	gàn dāng qián
讲在口	做在手	想长远	干当前
chī yī qiān	zhǎng yī zhì	jīng cuò zhé	zhǎng jiàn shí
吃一堑	长一智	经挫折	长见识
bù shàng dàng	bù shí xiàng	shàng huí dàng	xīn míng liàng
不上当	不识相	上回当	心明亮
lù hǎo zǒu	kào rén cǎi	shù zhē yīn	kào rén zāi
路好走	靠人踩	树遮阴	靠人栽

chángchángzǒu 常 常 走	bùmílù 不 迷 路	chángchángzuò 常 常 做	bùshēngshū 不 生 疏
dǎlièrén 打 猎 人	shíshòuxìng 识 兽 性	dǎyúrén 打 鱼 人	zhīyúqíng 知 鱼 情
shèshēnshuǐ 涉 深 水	zhuōjiāolóng 捉 蛟 龙	shèqiǎnshuǐ 涉 浅 水	déyúxiā 得 鱼 虾
fēixiángzhōng 飞 翔 中	shíjùnniǎo 识 俊 鸟	bēnchízhōng 奔 驰 中	xiàngjùnmǎ 相 骏 马
chūnjiāngnuǎn 春 江 暖	yāxiānzhī 鸭 先 知	xiàngyánghuā 向 阳 花	zǎoféngchūn 早 逢 春
guānqiānjiàn 观 千 剑	kěshíqì 可 识 器	cāoqiānqǔ 操 千 曲	néngzhīyīn 能 知 音
jīngchángshuō 经 常 说	kǒulǐshùn 口 里 顺	jīngchángzuò 经 常 做	shǒubùbèn 手 不 笨
shuǐdījí 水 滴 集	chéngdàhǎi 成 大 海	jīnglìduō 经 历 多	chéngxuéwèn 成 学 问

（四）四字词组练习

1. 四字成语衔接练习

画虎类犬 huàhǔlèiquǎn——犬牙交错 quǎnyájiāocuò——错综复杂 cuòzōngfùzá——杂七杂八 záqīzábā——八面威风 bāmiànwēifēng——风流千古 fēngliúqiāngǔ——古色古香 gǔsègǔxiāng——香车宝马 xiāngchēbǎomǎ——马到成功 mǎdàochénggōng——功德无量 gōngdéwúliàng——量力而行 liànglìérxíng——行将就木 xíngjiāngjiùmù——木人石心 mùrénshíxīn——心直口快 xīnzhíkǒukuài——快人快语 kuàirénkuàiyǔ——语不投机 yǔbùtóujī——机不可失 jībùkěshī——失而复得 shīérfùdé——得寸进尺 décùnjìnchǐ——尺寸千里 chǐcùnqiānlǐ

2. 四声同调练习

(1) 阴阴阴阴

声东击西 shēng dōng jī xī　　卑躬屈膝 bēi gōng qū xī
休戚相关 xiū qī xiāng guān　　居安思危 jū ān sī wēi
息息相关 xī xī xiāng guān　　忧心忡忡 yōu xīn chōng chōng
春天花开 chūn tiān huā kāi　　江山多娇 jiāng shān duō jiāo

(2) 阳阳阳阳

竭泽而渔 jié zé ér yú　　名存实亡 míng cún shí wáng
食言而肥 shí yán ér féi　　全国人民 quán guó rén mín
含糊其辞 hán hú qí cí　　穷极无聊 qióng jí wú liáo
文如其人 wén rú qí rén　　违时绝俗 wéi shí jué sú

(3) 上上上上

岂有此理 qǐ yǒu cǐ lǐ　　引领企踵 yǐn lǐng qǐ zhǒng
马马虎虎 mǎ mǎ hǔ hǔ　　扭手扭脚 niǔ shǒu niǔ jiǎo
举手可采 jǔ shǒu kě cǎi　　尺有所短 chǐ yǒu suǒ duǎn

举止典雅 jǔ zhǐ diǎn yǎ　　　　　有板有眼 yǒu bǎn yǒu yǎn
(4) 去去去去
浴血奋战 yù xuè fèn zhàn　　　　信誓旦旦 xìn shì dàn dàn
自怨自艾 zì yuàn zì yì　　　　　对症下药 duì zhèng xià yào
背信弃义 bèi xìn qì yì　　　　　意气用事 yì qì yòng shì
变幻莫测 biàn huàn mò cè　　　　跃跃欲试 yuè yuè yù shì
3. 四声顺序训练
风调雨顺 fēng tiáo yǔ shùn　　　山明水秀 shān míng shuǐ xiù
千锤百炼 qiān chuí bǎi liàn　　　兵强马壮 bīng qiáng mǎ zhuàng
深谋远虑 shēn móu yuǎn lǜ　　　光明磊落 guāng míng lěi luò
阴阳上去 yīn yáng shǎng qù　　　高扬转降 gāo yáng zhuǎn jiàng
区别显著 qū bié xiǎn zhù　　　　都能掌握 dōu néng zhǎng wò
4. 四声逆序训练
凤舞龙飞 fèng wǔ lóng fēi　　　　奋武扬威 fèn wǔ yáng wēi
奋起直追 fèn qǐ zhí zhuī　　　　大显神通 dà xiǎn shén tōng
视死如归 shì sǐ rú guī　　　　　破釜沉舟 pò fǔ chén zhōu
桂子兰孙 guì zǐ lán sūn　　　　　妙手回春 miào shǒu huí chūn
覆海移山 fù hǎi yí shān　　　　　字里行间 zì lǐ háng jiān
沸反盈天 fèi fǎn yíng tiān　　　　过眼云烟 guò yǎn yún yān
5. 四声混合训练
未来社会 wèi lái shè huì　　　　　知识经济 zhī shí jīng jì
交流广泛 jiāo liú guǎng fàn　　　职校学生 zhí xiào xué shēng
脚踏实地 jiǎo tà shí dì　　　　　勤学苦练 qín xué kǔ liàn
全面发展 quán miàn fā zhǎn　　　既重知识 jì zhòng zhī shí
又重技能 yòu zhòng jì néng　　　一专多能 yī zhuān duō néng
建设家乡 jiàn shè jiā xiāng　　　报效祖国 bào xiào zǔ guó

(五) 读谐联

1. Héshang zhèngfǎ, tí tāng shàng tán, dà yì shī shǒu, tāng tǎng tàng tán.
   和尚　正法, 提汤　上　坛, 大意失手, 汤　淌　烫　坛。
   Cáifeng Lǎo Xú, yǔ qī xià qí, bù jué lòu yǎn, qī qǐ qì qí.
   裁缝　老徐, 与妻下棋, 不觉漏眼, 妻起弃棋。

2. Tóng zǐ dǎ tóng zi, tóng zi luò, tóng zǐ lè.
   童子打桐子, 桐子落, 童子乐。
   Yātou kěn yātóu, yātóu xián, yātou xián.
   丫头　啃鸭头, 鸭头　咸, 丫头　嫌。

3. Māma qí mǎ, mǎ màn, māma mà mǎ.
   妈妈骑马, 马慢, 妈妈骂马。
   Niūniu hǒng niú, niú nìng, niūniu níng niú.
   妞妞　哄牛, 牛　拧, 妞妞　拧牛。

4. { Sǎo sǎo luàn chái hū shū shù.
    嫂 扫 乱 柴 呼 叔 束。
    Yí yí pò tǒng jiào gū gū.
    姨 移 破 桶 叫 姑 箍。

（六）读绕口令

1. Bèibei bēishuǐ, shuǐ sǎ bèibei yī bèi shuǐ; Mèimei tiān méi, méi mǒ mèimei liǎng méi méi.
   贝贝背水，水洒贝贝一背水；妹妹添煤，煤抹妹妹两眉煤。

2. Báimāo shǒu li yǒu yī dǐng báimào, báitù shǒu zhōng yǒu yī bǎ báimáo, báimāo xiǎng ná shǒu li de báimào, qù huàn báitù shǒu zhōng de báimáo. Báitù bù yuàn ná shǒu zhōng de báimáo, qù huàn báimāo shǒu zhōng de báimào.
   白猫手里有一顶白帽，白兔手中有一把白毛，白猫想拿手里的白帽，去换白兔手中的白毛。白兔不愿拿手中的白毛，去换白猫手中的白帽。

（七）读诗歌

Guó pò shānhé zài, chéng chūn cǎomù shēn.
国 破 山 河 在， 城 春 草 木 深。
Gǎn shí huā jiàn lèi, hèn bié niǎo jīng xīn.
感 时 花 溅 泪，恨 别 鸟 惊 心。
Fēnghuǒ lián sānyuè, jiāshū dǐ wàn jīn.
烽 火 连 三 月，家 书 抵 万 金。
Báitóu sāo gèng duǎn, hūn yù bù shèng zān.
白 头 搔 更 短， 浑 欲 不 胜 簪。

（八）入声字普通话读音训练

1. 单音节传递练习（下面的字都是入声字）

逼 bī	鼻 bí	笔 bǐ	必 bì
击 jī	疾 jí	脊 jǐ	绩 jì
瞌 kē	咳 ké	渴 kě	客 kè
叔 shū	赎 shú	黍 shǔ	束 shù
歇 xiē	协 xié	血 xiě	屑 xiè
薛 xuē	学 xué	雪 xuě	血 xuè

2. 入派四声练习

(1) 入派上声词语练习（加点的字是入声字）

①上＋阴

北方 běifāng   抹黑 mǒhēi   雪花 xuěhuā
乙炔 yǐquē   撒播 sǎbō   嘱托 zhǔtuō
法规 fǎguī   匹夫 pǐfū

②上＋阳

塔台 tǎtái   柏油 bǎiyóu   甲鱼 jiǎyú

铁拳 tiěquán　　　　乞求 qǐqiú　　　　索赔 suǒpéi
钾肥 jiǎféi　　　　　卜辞 bǔcí

③上＋上

撇嘴 piězuǐ　　　　砝码 fǎmǎ　　　　给以 gěiyǐ
谷雨 gǔyǔ　　　　　眨眼 zhǎyǎn　　　脚癣 jiǎoxuǎn
骨髓 gǔsuǐ　　　　　百感 bǎigǎn

④上＋去

笃厚 dǔhòu　　　　　窄缝 zhǎifèng　　笔记 bǐjì
渴望 kěwàng　　　　褶皱 zhězhòu　　辱骂 rǔmà
曲艺 qǔyì　　　　　角度 jiǎodù

(2) 入派阴平词语练习（加点的字是入声字）

①阴＋阴

剥削 bōxuē　　　　织机 zhījī　　　　摘花 zhāihuā
捉摸 zhuōmō　　　瞎说 xiāshuō　　突出 tūchū
鞠躬 jūgōng　　　押金 yājīn

②阴＋阳

惜时 xīshí　　　　剔除 tīchú　　　　失眠 shīmián
缺席 quēxí　　　　积极 jījí　　　　忽然 hūrán
脱贫 tuōpín　　　托福 tuōfú

③阴＋上

吸取 xīqǔ　　　　凸顶 tūdǐng　　　　缩影 suōyǐng
抹脸 māliǎn　　　喝水 hēshuǐ　　　　割草 gēcǎo
搁浅 gēqiǎn　　　发狠 fāhěn

④阴＋去

汁液 zhīyè　　　　膝盖 xīgài　　　　熄灭 xīmiè
湿润 shīrùn　　　黑色 hēisè　　　　瞌睡 kēshuì
哭泣 kūqì　　　　掐算 qiāsuàn

(3) 入派阳平词语练习（加点字是入声字）

①阳＋阴

鼻腔 bíqiāng　　　拮据 jiéjū　　　　轴心 zhóuxīn
熟悉 shúxī　　　　服帖 fútiē　　　　节拍 jiépāi
学说 xuéshuō　　　滑冰 huábīng

②阳＋阳

执行 zhíxíng　　　格局 géjú　　　　职员 zhíyuán
睫毛 jiémáo　　　殖民 zhímín　　　仆人 púrén
抉择 juézé　　　　十足 shízú

③阳＋上

峡谷 xiágǔ　　　　攫取 juéqǔ　　　　妯娌 zhóulǐ
汲水 jíshuǐ　　　拂晓 fúxiǎo　　　　崛起 juéqǐ

局长 júzhǎng　　　　　侄女 zhínǚ
④阳＋去
跋涉 báshè　　　　　别墅 biéshù　　　　　驳斥 bóchì
涤荡 dídàng　　　　　灼热 zhuórè　　　　　宅院 zháiyuàn
茁壮 zhuózhuàng　　　逐步 zhúbù

(4) 入派去声词语练习（加点的字是入声字）
①去＋阴
碧波 bìbō　　　　　　簇拥 cùyōng　　　　　仄声 zèshēng
朔风 shuòfēng　　　　塞音 sèyīn　　　　　　入侵 rùqīn
必修 bìxiū　　　　　　阅兵 yuèbīng
②去＋阳
祝福 zhùfú　　　　　　鲫鱼 jìyú　　　　　　促成 cùchéng
猝然 cùrán　　　　　　掠夺 lüèduó　　　　　越级 yuèjí
洽谈 qiàtán　　　　　　确实 quèshí
③去＋上
恻隐 cèyǐn　　　　　　掣肘 chèzhǒu　　　　　扼守 èshǒu
灭火 mièhuǒ　　　　　沃野 wòyě　　　　　　拓展 tuòzhǎn
逆反 nìfǎn　　　　　　劣等 lièděng
④去＋去
惬意 qièyì　　　　　　瀑布 pùbù　　　　　　旭日 xùrì
作业 zuòyè　　　　　　虐待 nüèdài　　　　　客气 kèqì
魄力 pòlì　　　　　　　僻静 pìjìng

3. 三音节练习（加点字是入声字）

mǎn zhāo sǔn　　qiān shòu yì　　jiāo bì bài　　mǎn bì yì
满　招　损　　谦　受　益　　骄　必　败　　满　必　溢

yuè mǎn quē　　gōng mǎn zhé　　chéng yóu qiān　　bài yóu shē
月　满　缺　　弓　满　折　　成　由　谦　　败　由　奢

shù pà dǎo　　wū pà tā　　yǒu gōng rén　　pà zì kuā
树　怕　倒　　屋　怕　塌　　有　功　人　　怕　自　夸

hǎo míng niǎo　　bù zuò cháo　　hào jiào māo　　bǔ shǔ shǎo
好　鸣　鸟　　不　做　巢　　好　叫　猫　　捕　鼠　少

ài jiào zhū　　bù zhǎng ròu　　ài dòu jī　　bù zhǎng máo
爱　叫　猪　　不　长　肉　　爱　斗　鸡　　不　长　毛

bǎo gǔ suì　　wǎng xià chuí　　biě gǔ suì　　cháo tiān qiào
饱　谷　穗　　往　下　垂　　瘪　谷　穗　　朝　天　翘

qiān xū rén　　bù jiāo'ào　　jiāo'ào zhě　　qiào de gāo
谦　虚　人　　不　骄　傲　　骄　傲　者　　翘　得　高

yǒu zhì zhě　　zuì qiān xùn　　wú zhī rén　　zuì gāo'ào
有　智　者　　最　谦　逊　　无　知　人　　最　高　傲

qiān xùn zhě　　dà huà shǎo　　gāo'ào zhě　　ài chǎo nào
谦　逊　者　　大　话　少　　高　傲　者　　爱　吵　闹

qiǎnjiànzhě	hàorāngrang	bóxuézhě	bùshēngzhāng
浅见者	好嚷嚷	博学者	不声张
shòumáolǘ	sǎngménjiān	kōngguànzi	xiǎngshēngyuǎn
瘦毛驴	嗓门尖	空罐子	响声远
zìdàzhě	bùzhíqián	xūxīnzhě	shòurénzàn
自大者	不值钱	虚心者	受人赞
rénxūxīn	duǎnbiàncháng	rénzìmǎn	chángbiànduǎn
人虚心	短变长	人自满	长变短
xūxīnzhě	shìshìtōng	jiāo'àozhě	shìshìkōng
虚心者	事事通	骄傲者	事事空
bùshíxīn	bùchéngshì	bùxūxīn	bùzhīshì
不实心	不成事	不虚心	不知事
xuéréncháng	bǔjǐduǎn	yǐjǐduǎn	bǐréncháng
学人长	补己短	以己短	比人长
yǒukùnnan	zhēngzheshàng	yǒuróngyù	hùxiāngràng
有困难	争着上	有荣誉	互相让

4. 对话练习（注意句中加点字的声调）

—— Zhù lǎoshī, wǒ xiǎng zài bìyè qián cānjiā pǔtōnghuà cèshì, qǐng nín gěi wǒ fǔdǎo yīxià, hǎo ma?
祝老师，我想在毕业前参加普通话测试，请您给我辅导一下，好吗？

—— Dāngrán kěyǐ, nǐ de yǔyīn miànmào mán bùcuò de ma.
当然可以，你的语音面貌蛮不错的嘛。

—— Wǒ zhǔyào shì nòng bùzhǔn rùshēng zì de shēngdiào, suīrán báitiān hēiyè dōu zài xué, jiùshì méi zhǎngjìn.
我主要是弄不准入声字的声调，虽然白天黑夜都在学，就是没长进。

—— Bié zháojí, zhǐyào nǐ kèkǔ liànxí, jiù yǒu bànfǎ jiějué zhège wèntí.
别着急，只要你刻苦练习，就有办法解决这个问题。

—— Zhēn de?
真的？

—— Qǐng dì gěi wǒ yī zhī bǐ, wǒ xiě gěi nǐ kàn:
请递给我一支笔，我写给你看：

—— "Qiā pū piē pāi niē mā sā tuō yā yī zhā zhāi zhē zhē zhuō zhuō jiē jiē jū juē gē duō cuō chāi chā cā" zhèxiē dōu shì rùshēng zì, tāmen yǒu shénme gòngtóng diǎn ma?
"掐扑撇拍捏抹撒托押揖扎摘折蜇拙捉接揭掬撅搁掇撮拆插擦"这些都是入声字，它们有什么共同点吗？

—— Tāmen dōu shì dài "tíshǒupáng" de dòngcí, zài pǔtōnghuà zhōng dōu niàn yīnpíng.
它们都是带"提手旁"的动词，在普通话中都念阴平。

——对,还不到一分钟你就轻易地识记了二十六个入声字,还怕什么呢。

5. 读下面的绕口令(注意加有着重号字的声调)

陆笛在屋外扫积雪,郭洁在屋里做作业。郭洁见陆笛在屋外扫积雪,急忙放下手里做的作业,到屋外帮助陆笛扫积雪;陆笛扫完了积雪,立即进屋帮助郭洁做作业。二人一起扫积雪,二人一起做作业。

6. 语篇朗读训练。

(1)

两个同龄的年轻人同时受雇于一家店铺,并且拿同样的薪水。

可是一段时间后,叫阿诺德的那个小伙子青云直上,而那个叫布鲁诺的小伙子却仍在原地踏步。布鲁诺很不满意老板的不公正待遇。终于有一天他到老板那儿发牢骚了。老板一边耐心地听着他的抱怨,一边在心里盘算着怎样向他解释清楚他和阿诺德之间的差别。

"布鲁诺先生,"老板开口说话了,"您现在到集市上去一下,看看今天早上有什么卖的。"

布鲁诺从集市上回来向老板汇报说,今早集市上只有一个农民拉了一车土豆在卖。

"有多少?"老板问。

布鲁诺赶快戴上帽子又跑到集上,然后回来告诉老

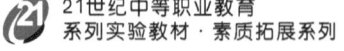

板一共四十袋土豆。

"价格是多少?"

布鲁诺又第三次跑到集上问来了价格。

"好吧,"老板对他说,"现在请您坐到这把椅子上一句话也不要说,看看阿诺德怎么说。"

阿诺德很快就从集市上回来了。向老板汇报说到现在为止只有一个农民在卖土豆,一共四十口袋,价格是多少多少;土豆质量很不错,他带回来一个让老板看看。这个农民一个钟头以后还会弄来几箱西红柿,据他看价格非常公道。昨天他们铺子的西红柿卖得很快,库存已经不//多了。他想这么便宜的西红柿,老板肯定会要进一些的,所以他不仅带回了一个西红柿做样品,而且把那个农民也带来了,他现在正在外面等回话呢。

此时老板转向了布鲁诺,说:"现在您肯定知道为什么阿诺德的薪水比您高了吧!"

节选自张健鹏、胡足青主编《故事时代》中《差别》

(2)

在达瑞八岁的时候,有一天他想去看电影。因为没有钱,他想是向爸妈要钱,还是自己挣钱。最后他选择了后者。他自己调制了一种汽水儿,向过路的行人出售。可那时正是寒冷的冬天,没有人买,只有两个人例外——他的爸爸和妈妈。

他偶然有一个和非常成功的商人谈话的机会。当他对商人讲述了自己的"破产史"后,商人给了他两个重要的建议:一是尝试为别人解决一个难题;二是把精力集中在你知道的、你会的和你拥有的东西上。

这两个建议很关键。因为对于一个八岁的孩子而言,他不会做的事情很多。于是他穿过大街小巷,不停地思考:人们会有什么难题,他又如何利用这个机会?

一天,吃早饭时父亲让达瑞去取报纸。美国的送报员总是把报纸从花园篱笆的一个特制的管子里塞进来。假如你想穿着睡衣舒舒服服地吃早饭和看报纸,就必须离开温暖的房间,冒着寒风,到花园去取。虽然路短,但十分麻烦。

当达瑞为父亲取报纸的时候,一个主意诞生了。当天他就按响邻居的门铃,对他们说,每个月只需付给他一美元,他就每天早上把报纸塞到他们的房门底下。大多数人都同意了,很快他有了七十多个顾客。一个月后,当他拿到自己赚的钱时,觉得自己简直是飞上了天。

很快他又有了新的机会,他让他的顾客每天把垃圾袋放在门前,然后由他早上运到垃圾桶里,每个月加一美元。之后他还想出了许多孩子赚钱的办法,并把它集结成书,书名为《儿童挣钱的二百五十个主意》。为此,达瑞十二岁时就成了畅销书作家,十五岁有了自己的谈话节目,十七岁就拥有了几百万美元。

节选自[德]博多·舍费尔《达瑞的故事》,刘志明译

思考与练习

(一)读准下列同音异调词语的声调,并说说声调的作用:

治理 zhìlǐ—智力 zhìlì　　　煎蛋 jiāndàn—简单 jiǎndān
荨麻 qiánmá—牵马 qiānmǎ　　房屋 fángwū—防务 fángwù
住处 zhùchù—主厨 zhǔchú　　嘱咐 zhǔfù—祝福 zhùfú
姨父 yífù—衣服 yīfu　　　　单干 dāngàn—胆敢 dǎngǎn
汇兑 huìduì—灰堆 huīduī　　清醒 qīngxǐng—庆幸 qìngxìng
尖端 jiānduān—简短 jiǎnduǎn　倾倒 qīngdǎo—请到 qǐngdào
消化 xiāohuà—笑话 xiàohua　降服 xiángfú—享福 xiǎngfú

(二)拼读下列词语并写上汉字,注意它们之间的异同:

dǐzhì——dìzhǐ　　　　　　gūlì——gǔlì
jiěchú——jiēchū　　　　　bāowéi——bǎowèi
xiāngyān——xiāngyàn　　shīshēn——shīshén
hǎiwān——hǎiwǎn　　　　bǎituō——bàituō
fánxīng——fǎnxīng　　　　xiǎoshù——xiǎoshǔ

(三)下列语句中加有着重号的古入声字,普通话归入哪个调类?

1. 甲骨文通行于商代,是商代刻在龟甲兽骨上的文字。
2. 现代汉民族的共同语就是"以北京语音为标准音,以北方话为基础方言,以典范的现代白话文著作为语法规范的普通话"。
3. A:约定何时出发?
   B:六月十日八点一刻。

(四)给诗歌中加有着重号的古入声字注音,指出各字音的调类:

江雪

千山鸟飞绝,　　万径人踪灭。
孤舟蓑笠翁,　　独钓寒江雪。

花赞

一月　　亭亭玉立有水仙　　二月　　傲霜斗雪梅为先
三月　　桃花灼灼红满天　　四月　　国色天香数牡丹
五月　　艳丽夺目称芍药　　六月　　玫瑰花开粉蝶翻
七月　　荷花出泥而不染　　八月　　风姿绰约看凤仙
九月　　桂花香飘十里外　　十月　　芙蓉怒放火一般
十一月　金菊香阵透长安　　十二月　山茶满山不畏寒

(五)给下面的文章注音。

21世纪人们穿什么

不少服装设计师预测,到21世纪,人们将更加讲究穿着,服装也会有更为突出的变化。人们将普遍利用电脑和人工智能定做衣服,以激光进行剪裁,借助永久性黏合剂把布料接合起来,这样衣服就不必用线缝制了。

由于世界时装流行信息的加速传播,甚至在当天便可以了解到世界各地流行式样的变化致使时装流行的周期大为缩短。

科学家预测,21世纪会出现一种既可御寒又能防热的衣服。它实际上是一种热反应纤维制成的,这种纤维在寒冷时节会膨胀起来变得蓬松绵密,具有极好的保温性能;暑热时节纤维又能够收缩使孔眼舒张,衣服则变得通风凉爽。

21世纪的纺织业将获得飞速发展,神奇的变色纤维将应运而生。这种纤维,当温度相差到一定程度时,会由一种颜色变成另一种颜色,如粉红色变成白色、蓝色变为橙色等。用这种材料制作的衣服,在阳光下是银装素裹,进入室内却变成了姹紫嫣红;早晨是一种颜色,到了中午又变成了另一种颜色,真可谓丰富多彩!

同样,用一种能够散发香味的纤维制作的时装,也一定会大受欢迎。这是用类似于制造尿素的化学成分加工生产的特殊纤维,在它的外表镀上一层芳香油,便可发出薄荷味或茉莉香味。它们将首先用来制作那些不太需要洗涤的衣服,如头巾、发结、领带、手帕、眼镜布等。

第二部分　日常交际用语及训练

日常交际用语就是我们在日常生活和交际中使用的口头语言。它包括交谈、商量、劝说、介绍和礼貌用语等。日常交际用语因其在生活中使用自然广泛、普通寻常,往往被人们忽略。实际上,一个人语言素质的优劣、口语水平的高低首先还是从日常用语中反映出来的,所以青年学生进行日常用语训练是很有必要的。"会说的惹人笑,不会说的惹人跳",日常用语训练就是帮助我们从"不会说"逐渐变得"会说",从而提高我们的口语水平。

一、交谈

交谈是两人或两人以上以对话为基础形式相互交流思想感情或传递信息的口语活动,是日常用语中最基本的口语表达方式。

交谈能促进双方感情交流,增进友谊,但交谈要达到"情投意合"的效果,却不是容易的事。要想使交谈成功,还需注意以下几点:

1. 态度要诚恳

以诚相待,实话实说,能使人感到坦率自然,交谈容易顺利进行。如果虚情假意,搞欺骗,说套话,就会出现"话不投机半句多"的尴尬局面。所以交谈时要注意避免装腔作势,言不由衷,不要盲目地恭维别人,也不要吹嘘夸耀自己。

2. 要给别人说话的机会

交谈,就是互相交换谈话,而不是一个人发表看法。所以,交谈中不能只管自己说得痛快,让别人插不上话,而应该不时地听听对方的意见。这既是对对方的尊重,也是交谈得以顺利进行的前提。

3. 双方都应有谈话的热情

交谈中,不但要听,而且要讲。要坦率陈述自己的看法,不要把自己放在"听众"的位置,更不要一味"嗯嗯嗯"地敷衍。当然,如遇到自己不熟悉的谈话内容,则可以坦率表示自己愿意多听对方的看法。

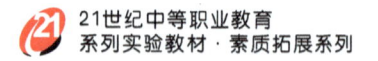

交谈训练:
1. 比较下面两种交谈方式,看看哪种方式好,为什么?
(1) A:昨天那个关于"知识经济"的报告你觉得怎样?
　　B:讲得很精彩。
　　A:那可是一个新领域啊。
　　B:是啊,刚有点明白市场经济是怎么回事,现在又兴起知识经济了。
　　A:可21世纪是知识经济时代,不跟上不行啊。
　　B:对了,听了昨天的报告,我也对"知识经济"有所认识了。
(2) A:你知道什么是"知识经济"吗?我来告诉你。知识经济里的"知识",其含义已经不是传统意义上的知识,而是包括了四个方面:一是知道是什么的知识,二是知道为什么的知识,三是知道怎么做的知识,四是知道是谁的知识。总之,这里的知识包括:科学、技术、能力、管理等等,其中,更强调知识中的能力部分。
　　B:我好像什么也不知道。
2. 以香港回归和澳门回归对祖国的重要意义为话题,两人一组进行交谈练习。
3. 如果你在宾馆住宿,怎样和同住一室的人(先前并不认识)进行交谈?
4. 假设你乘火车从重庆到成都,该怎样与邻座的旅客交谈?
5. 下面的交谈有什么不足,请提出并予以纠正:
A:读职业中学真没有什么前途。
B:你胡说。
A:目前下岗职工都找不到工作,我们就业肯定也难。
B:你没看见绝大多数中职生都靠自己的一技之长走上了工作岗位。真没见识。
A:你别教训我。
B:人要有志气嘛……
A:你以为你是谁,博士?科学家?

二、商量

商量是一种交换意见与看法并力求使双方意见趋于一致的口语方式。在日常生活中,往往为了统一行动,顺利完成某项任务,许多具体事项需要商量再作决定。商量时应尊重各方面意见,做到语气和缓,态度诚恳,互敬互谅,平等友好,切不可固执己见,凌驾于他人之上,更不能指手画脚,发号施令。

商量训练:
1. 比较下面两种商量方式,说说为什么一种效果好,一种效果不好。
(1) A:我们一起去参加电脑操作培训班,好吗?
　　B:我很想去,可我要自学外语。
　　A:在电脑上学外语,你试过没有?
　　B:还没有。
　　A:我姐姐在电脑上学外语,进步可快了,你不妨试试。
　　B:那我们快走吧。
(2) A:喂,下午一起去看球赛。

B：我没空。
　　A：今天下午是2008年北京奥运会预选赛中国队对越南队,你不去看就是没有爱国精神。
　　B：真没空,我要完成一份实验报告。
　　A：算了吧,书呆子,我自己去就是了。
2. 几个同学商量本班举行"走进新时代"主题班会的有关事宜。
3. 试与班主任商量在适当的时候去某地旅游事宜。
4. 试与同桌商量假期中去附近农村调查中小学素质教育情况的有关事宜。
5. 几个同学一起商量怎样去联系毕业实习问题。

三、劝说

　　劝说就是说服他人放弃己见、接受规劝,从而与自己观点达成一致的口语方式。劝说包含劝解和说服两层意思,劝解有用适当的语言阻止某种争议的含义,说服则是用对方易于接受的语言使其放弃自己的观点。所以,劝说需要一定的语言技巧,宜设身处地,以理服人,以情动人,让别人在不知不觉中听从你的劝导。切忌草率从事,盲目劝说,更不能抱薪救火,扩大事态。

　　劝说训练：
　　1. 比较下面两种劝说方式,看哪种方式好,为什么？
(1)A：听说你特别喜欢电子游戏？
　　B：是的。
　　A：电子游戏的确有趣,从前我也特爱玩,可后来觉得太浪费时间,并且为此耽误了功课,所以,现在我坚决不玩了。
　　B：谢谢你的劝告,我也不能再沉迷在电子游戏里了。
(2)服务员 A：你别跟顾客争了,顾客就是上帝。
　　服务员 B：可顾客误解了我,我总该作些解释吧。
　　服务员 A：上帝你懂吗？就是想怎样就怎样。
　　顾　　客：我是那样的人吗？我只求公道。
　　服务员 A：对,我知道,他错没错都要向你道歉！
　　顾　　客：你说,你说,他怎么没错！不说清不行！
　　服务员 B：我错在哪里？明明是你故意刁难！
　　服务员 A：这……
　　2. 练习下面的劝说语,看A的劝说有什么特点：
A：听说顶天建筑公司聘你当施工员,你不愿意？
B：我想干图纸设计,不想作现场施工,因为流动性太大了。
A：我劝你去。施工员更能锻炼人,再说顶天公司在全城来说也是数一数二的建筑企业。
B：我再想想……
A：我们好几个同学都认为这是个机会,希望你能把握住。
B：那好,我去。

3. 请你劝说一名性格内向、不善言谈的同学去参加演讲会。
4. 一名游客与某风景区管理员因误会发生争执,你作为实习导游,应怎样去劝说他们?
5. 假如你是平安保险公司的推销员,怎样劝说你的邻居购买平安保险?

四、介绍

介绍是一种将人、事、物通过适当方式进行客观性解说的口语表达方式。在介绍人时表现为引见、推荐、自荐等形式,能使不相识的双方相互了解、熟悉、沟通,达到交往熟识、求职应聘、推销自我的目的。在介绍事物时,表现为说明、解说、推销等形式,能使人们涉猎新的领域,认识了解新鲜事物,增长见识。因此,应当恰当地掌握介绍尺度,正确评价介绍对象,准确清楚、简明扼要、实事求是地介绍人、事、物。

介绍训练:

1. 比较下面两种介绍方式看哪种方式好,为什么?

(1)招聘者:把你的情况说一说。

应聘者:我叫王强,今年20岁,巴蜀烹饪学校应届毕业生。我是一名共青团员,爱学习,多次被学校评为三好学生。我曾得到名师指点,有一定的烹饪操作技能,在学校举办的川菜制作大赛中,创作的"霸王别姬"获得了一等奖;身体健康,没有传染病,符合国家饮食卫生要求。我的业余爱好是工艺美术,我想这也许会对制作工艺菜有所帮助。我的理想是成为星级饭店的一流厨师,让所有用餐的顾客满意而归。

(2)顾　客:请介绍一下长虹空调的保修情况。

推销商:欢迎你购买长虹空调。长虹空调具有噪音小、功率大、制冷制热效果好、价格合理等特点,我们还有送货上门、免费安装服务。长虹空调是你炎夏的好朋友、寒冬的好伙伴;购买长虹是你最佳的选择,她将伴你度过美好人生。

顾　客:我问的是保修情况。

推销商:"长虹"公司很讲信誉,放心吧,保修没问题。

2. 如果你前往某公司应聘会计,应作怎样的自我介绍?
3. 试介绍你所熟悉的一种电器产品。
4. 全班同学上讲台轮流作自我介绍。
5. 请向新同学介绍学校微机室的有关规定。

五、礼貌用语

在交往接触中,礼貌是人与人之间相互表示敬意和友好的行为规范,礼貌用语就是说话人的语言要表达出对受话人的尊重和自我谦让。在现代社会乃至未来社会中,交际领域将越来越广泛,礼貌用语使用的频率也会越来越高。所以,我们在日常用语表达中要记住:礼貌第一。

(一)称呼语

称呼语是待人接物时的见面礼。得体的称呼,让对方感到亲切自然,心灵便会相容,交往便有了基础。称呼不得体,难免引起对方的不快,交往便不易进行。因此,使用称呼语要根据对方的不同年龄、性别、职业和交往的场合来决定。

1. 对年长者,要呼尊称。如:"老先生"、"大娘"、"大伯"、"老师傅"等,不可随便喊"老头子"、"老太婆",更不可用鄙称。

2. 对不同职业的人要有不同的称呼。教师称"老师"或"教师",医生称"大夫"或"老师",农民称"大叔"、"大爷",国家公务员、军人和警察最好称"同志",不可笼统称"师傅"。

3. 在与多人同时打招呼时,要注意亲疏远近及主次关系。一般说应先长后幼,先上后下,先女后男,先疏后亲。

4. 不要随便叫绰号。

称呼训练:

1. 下列称呼语是否得体,为什么?

(1)干活的,你们乡政府在什么地方?

(2)矮子,从这个洞钻进去,帮我把钥匙取出来。

(3)窜脸胡,跑快点,车快开了。

(4)喂,到杨家坪怎么乘车?

(5)同志,你找谁?

2. 下面几种情形,应如何使用称呼语:

(1)同寝室同学的父母亲来寝室时。

(2)周末因故回校很晚,校大门已关,应如何称呼门卫,请他开门。

(3)在餐厅就餐,你需要添加餐具时。

(4)在街上向一名小孩问路。

3. 下面的称呼有何不妥,试加以改正:

一职校毕业生初到山城求职,想到人才市场去应聘,但不知路线。他便问一位三十岁左右的女同志:"大婶,到人才市场怎么走?"女同志看了他一眼,转身走开。他又问旁边一位军人:"小伙子,上人才市场怎么走?"军人瞪了他一眼,什么也没说。他见旁边有一位老人,便干脆走上去拍着老人胳膊说:"喂!上人才市场有多远?"老人没好气地说:"五里。"(无礼)

(二)客套话

客套话,就是对人所说的问候起居、关心寒暖、客套寒暄和道别恭送的客气话。契诃夫说:"不能用温和语言征服的人,用严肃的语言更不能征服。"客套话决不是虚伪的敷衍,而是人与人之间交往的润滑剂,是表达感情、促进交流的一种方式,一般作为开场白、插入语或道别话来使用。常见的客套话有"精神好多了"、"见到你真高兴"、"恭候你多时了"、"走好"、"请留步"、"恕不远送"以及"久仰"、"包涵"、"拜托"、"借光"、"打扰"、"甭客气"等。当然,这里的客套话也是谦敬词。

客套话训练:

1. 比较下面几段话,看使用客套话与没使用客套话的表达效果有何不同?

(1)A:老同学,你好!什么风把你吹来了?我可想你了!

B:是故乡的风吧。

A:从职校毕业后这两年你在深圳还好吧!

B:恐不如你吧?山城成为直辖市后发展真快,你可能比我有作为吧!

(2)A:你来干什么?

B:我找你有事。

A：有事赶快讲，我没有空。
　　B：我想请你引荐优势企业兼并我们厂。
　　A：没有办法。
　　B：那我就告辞了。
　　A：你自个儿下楼吧，我不送了。
（3）A：你好，老同学！请坐，请坐。
　　B：我想求你办件事。
　　A：你先喝茶，再慢慢讲。
　　B：我想请你引荐优势企业来兼并我们厂。
　　A：对不起，我没这方面的关系。
　　B：那我就告辞了。
　　A：你走好。再见。

2. 一对老战友分别50年后，在北京庆祝建国五十周年活动中意外相见，试设想一段客套话并做模拟练习。

3. 下列情形应怎样使用客套话。
(1) 宾客来到时
(2) 中途先走时
(3) 等候客人时
(4) 欢迎购买时
(5) 归还原物时
(6) 询问老人年龄时

(三)祝福语

祝福语是向人表示良好愿望，祝人平安和幸福的吉祥语。在全国人民齐力建设小康社会的新时代里，国家繁荣富强，人民脱贫致富，盛事、大事、喜事接踵而至。祝福语的使用范围很广，祝贺开业、祝贺生日、祝贺结婚、祝贺竣工、祝贺升学、祝贺事业成功、欢庆佳节……都免不了要相互祝愿，祝福时态度要真诚。常见的祝福语有："祝……"、"恭祝……"、"祝贺……"、"祝愿……"、"愿……"、"恭喜……"等。

祝福语训练：

1. 比较下面两段对话，看哪段话恰当地使用了祝福语。
(1) A：听说你应聘于外资企业公关部？
　　B：是的。
　　A：恭喜！恭喜！
　　B：谢谢，谢谢。
　　A：大家都羡慕你呢！愿你好好工作，事业有成！
　　B：请代我向大家表示感谢。
(2) A：今天是你的生日？
　　B：嗯。
　　A：你才生得怪哩！生在"14"日这个不吉利的日子。
　　B："生"不由己嘛！

2.你的一名至交从职校毕业后在机场作售票员,由于工作出色,最近分到一间单身宿舍,你前去道喜,应怎么讲?

3.两名职校生毕业后,即将奔赴就业岗位,在老师举行的毕业生聚会上,双方举杯致祝福语。请做模拟练习。

(四)请求语

请求语是一种表达某种愿望并期盼实现这种愿望时使用的礼貌用语。无论请求别人做什么,都应该礼貌当先。请求语的使用范围很广,可在请求帮助、邀请参与、询问事情、劝阻别人等时候使用。使用请求语时语气宜轻缓自然,情真意切,忌颐指气使或低声下气。常见的请求语有:"请……"、"求……"、"求求……"、"请问……"、"请教……"、"请勿……"、"别……"、"好吗?"、"有劳你了"等。

请求语训练:

1.比较下面两段对话,看哪段话表达效果好,为什么?

(1)职校生:您好!请您给我们讲一堂企业资产重组课,好吗?

企业家:对不起,我太忙。

职校生:您的课很重要,我们太需要这方面的知识了。两百名师生等着请教您呢。

企业家:那我叫秘书给你们讲讲。

职校生:那也行。不过,如您能亲自来大家会更高兴的。

企业家:这……那好吧。

(2)A:走,跟我去!

B:有什么事?

A:问什么?跟我走就是了。

B:不说清楚做什么,我是不会去的。

A:不去你要后悔!

B:哦?是什么重要的事?

A:跟我去下馆子,让你大饱口福。

B:那我就不必去了。

A:这……

2.某驾驶学校教练车陷入泥潭,驾校生向路人求助,请就此作请求语训练。

3.某企业濒临破产,作为企业主管部门的领导,恳请某外资企业老板前来洽谈收购事宜。两人一组作模拟练习。

(五)致谢语

致谢语是向别人表示感谢的礼貌语。生活在现代社会里,需要得到别人帮助的情况是经常存在的,无论何时何地,只要别人为你提供了帮助,为你付出了时间、精力或劳动,你都应该给予真诚的感谢,即使这种帮助是微乎其微的。傅勒说,"好话不费钱,但价值却很大。"适时应用致谢语,能使别人感受到虽有所付出,却很值得。常见的致谢语有"谢谢"、"非常感谢"、"不胜感激"、"多谢"、"有劳你了"、"麻烦你了"等。

致谢语训练:

1.比较下面几组对话,看哪些使用了致谢语。

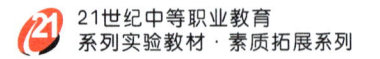

(1)A:先生,请喝茶。
　　B:谢谢。
(2)A:小敏,送你一本《电脑操作大全》。
　　B:非常感谢。
(3)A:同学,这是不是你的学生证?
　　B:就是,太谢谢你了。
(4)A:请你告诉我,澳门特区首任行政长官的名字。
　　B:何厚铧。
　　A:谢谢你。

2.当一职校生得到一个同学的帮助后,到一家公司应聘上班,这位职校生应怎样感谢他的同学?

3.两名学生作购物训练,购物者不断请售货员拿货物,购物者终于选定满意的商品,应怎样向售货员表示谢意?

(六)道歉语

道歉语是由于打扰了别人,给别人带来了不便或造成了某种伤害而表示歉意的礼貌语。道歉是一个人襟怀坦白、深明事理、真挚诚恳和具有勇气的表现。使用道歉语往往能使人与人之间即将产生冲突的气氛缓和下来,成为化干戈为玉帛的缓冲剂。常用的道歉语有"对不起"、"请原谅"、"很抱歉"、"打扰了"、"给你添麻烦了"、"不好意思"、"很遗憾"等。

道歉语训练:

1.比较下面两段话,看哪段话使用了道歉语,其表达效果有何不同?

(1)一职校学生为了在八点钟准时赶往实习单位上班,骑着单车飞奔,一不小心,将一位大爷挂了一个趔趄。实习生立即停下来,对大爷致歉:"对不起,大爷,伤着你了?"大爷摇摇头。"要不去医院看看?""不用。""那只好抱歉了!我还得赶路。"

(2)A:你踩着我的脚了。
　　B:车上挤,又不是我想踩你的脚。
　　A:你怎么这样说话?
　　B:我就这样说话,你想怎样?
　　A:你……

2.某航空公司客机准备降落时,机场密布大雾,只好改降临时机场,试着扮演一名空姐,向客人致歉。

3.某职校旅游专业实习生小李带队旅游,因突遇暴雨,小李既不解释,也不道歉,径自宣布解散团队。请问:如果是你在带队,你是否应该道歉? 如是,应怎样使用道歉语?

思考与练习

(一)什么叫日常用语,为什么要进行日常用语训练?

(二)日常用语包括哪些方面?

(三)下列几组对话分别属于日常用语的不同方面,请说说它们各自的特点。

1.A:毕业后,你想干什么? 想不想到南方打工?
　　B:我想留在重庆,我喜欢这座城市。

A:我也想留下来,不过留下来干什么?

B:我们一起到宾馆当服务员,好不好?

A:好啊,我们一起给客人留下山城人的热情吧。

B:好,一言为定。

A:一言为定。

2.A:我想了解一下"诺基亚的'第三代'"。

B:这是一部诺基亚出品的W-CDMA制式第三代移动电话,巨大显示屏上两个通话者的形象正在展示第三代手机的重要特征之一:在移动基础上实现可视通话。

3.A:你好!好久没见你了。

B:你好!我也想念你啊。

A:你毕业后在哪里高就?

B:在一家报社当校对工。

A:那和你的文秘专业对路了。我就惨了,学了专业没有用,现在给一家公司当保安。

B:还不是一样?都是一种职业嘛。

4.A:先生,我想请您回家乡看看投资环境。

B:家乡?五十多年了,我的确很想念。

A:您的小伙伴现在都老了,可能您见面也认不出了。

B:是啊,是该去看看他们了。

A:那您什么时候能成行?

B:那就下个月吧。

(四)指出下列对话中的礼貌用语。

1.A:你好!好久没见了,怪想你的。

B:你好!我也一样啊,一日不见,如隔三秋嘛!

2.A:听说你被一家外资公司聘为公关小姐,我送你一本《公关礼仪大全》。

B:我正需要呢,太感谢你了!

3.A:先生,您需要什么?

B:一杯咖啡,一个三明治。

4.A:请你一起观看"跨世纪文艺汇演",好吗?

B:很抱歉,我有事无法与你同行。

(五)下列对话是否适当,如不适当,请改正。

1.A:喂!"天天超市"怎么走?

B:哼!自己没长眼睛吗?

2.A:喂!你毕业后在哪儿上班?

B:在"豪华宾馆"当会计。

A:工作这么好,走哪门歪路子找到的?

B:应聘的。

A:该你请客,走,想吃你一顿。

3.A:找我干什么,我这么忙!

B:老同学嘛,不找你找谁?

A:有事快讲!

　　B:你是五交化公司经理,想找你买台质优价廉的"西门子"电冰箱。

　　A:街上不是有卖嘛,自己去谈价!

4. A:哎哟! 你踩着我的脚了。

　　B:看甲A足球赛人太多了,踩一脚有啥了不起?

　　A:踩了脚还说风凉话?

　　B:那你还想要做啥?

(六)试给下面几种场合设计礼貌用语:

1. 两名职校生已毕业一年,一天在某体育馆观看"百米飞人"短跑决赛时意外相见,双方热情地寒暄起来。原来一人已是私营企业化妆品推销员,另一人则是时装公司模特儿。请为二人设计适当的客套话。

2. 一驾校刚毕业的学员驾驶一辆汽车,由于操作不够熟练,把旁边一骑自行车的中年人挤向路边土沟摔倒。学员停车查看,中年人和车完好无损。请问,这位学员应说出怎样的致歉话,方能使对方不再介意?

3. 小王初到快捷通讯公司上班,公司经理觉得小王的电脑水平还不能适应公司需要,但认为他很有潜质,便决定派他到城市网络中心进修。小王对经理的关照很感激,恰到好处地说了一番感谢的话。请问,如果你是小王应该怎样说致谢语?

4. 某职校烹饪专业一毕业生一年来在豪城酒店工作取得了成功,他的女朋友在某旅游公司当导游,也干得相当不错,最近两人都得到了老板的奖励,见了面相互表示祝贺。请为其考虑适当的祝福语。

"口语表达"既然开口,自然脱离不了语音。语音有表示情态的功能,特别是普通话标准音,在语调、儿化、轻声等方面,更能增添语感。"修辞"不应止于纸面文字,出语发声,也有修辞的讲究。声音的运用,关系到"语言美",关系到"文明礼貌"。

——徐世荣

第五单元

> **内容提要**
>
> 一、普通话音变知识及训练;
> 二、主持人语言的基本要求、形式特点及主持人语言训练。

第一部分 普通话音变知识及训练

一、音变知识

掌握了普通话的声、韵、调之后,我们可以很规范地发准每一个音节的读音,但这并不说明我们就可以自然流畅地说普通话了,因为我们在说话时,不可能是一个字一个字地等速度地发音,而是一连串地说出由音节组成的词或句子。语言的这种现象,在语言活动中,被称为"语流"。在语流中,前后相连的一些音节、音素或声调会互相影响,从而使语音发生一些变化,这就叫"音变"。我们要想使自己的普通话不仅说得准确、规范,还说得纯熟地道,就必须掌握好普通话的音变规律。常见的普通话音变规律主要表现在以下几个方面。

(一)变调

字和字连起来读,前一个音节的声调受后一个音节声调的影响,不照它原来的声调读就叫"变调"。普通话里最常见的变调现象有上声的变调、"一、不"的变调和形容词重叠形式的变调。

1. 上声的变调

上声是一个曲折调,也是个最长调。这种声调发音比较费事,所以在实际发音过程中,很少有把上声调值214读完整的时候。一般只在单独念或词句末尾时才读全调,在其他时

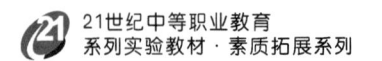

候上声往往会发生音变。如：

(1)上＋上，变直上

上声与上声相连，前一个上声变得像阳平(24调)，即读时不拐弯，只升不降。如"美好"读得像"梅好"、"粉笔"读得像"焚笔"。

∨ ＋ ∨ ──→ ／ ＋ ∨
(214)　　　　(24)

美满　指导　简短

(2)上＋非上，变半上

上声在非上声(阴平、阳平、去声)前面变成半上声(21调)，即只读上声的前半截，只降不升。

∨ ＋ ／ ──→ ½∨ ＋ ／
(214)　　　　(21)

北京　首都　火车
旅行　祖国　海洋
美术　五岁　北碚

(3)三个或三个以上的上声相连时，先要根据语句的意义，将其划分为若干个语言片断，再分别进行变调处理。例如：

｜²¹ 党委　²⁴ 草稿｜²¹⁴ 纸　²⁴ 永远｜²¹ 友好　²⁴ 我想买｜²⁴ 五把｜²¹⁴ 纸伞

在快速连读时，也可将前面的音节一律读成24调，只有最后一个音节保留原调。

2."一、不"变调

(1)"一"的变调

①在单念、词句末尾以及在表示序数时，读原调(阴平)。例如：

一　十一　统一　大年初一　一楼　一班　一级水平
三一六型产品　一〇一号房间

②在去声前变阳平

yī＋＼──→yí＋＼

一个　一样　一定

③在非去声前变去声

yī＋ ─ / ∨ ──→yì＋ ─ / ∨

一天　一边　一间
一年　一回　一条
一起　一把　一碗

④夹在两个相同的动词中间时变轻声。如：

想一想　等一等　看一看

(2)"不"的变调

①在单念、词句末尾和非去声前均读原调去声。例如：

不，我偏不！　不多　不如　不理

②在去声前变阳平

不对　不错　不够　不去

③夹在词语中间读轻声

差不多　好不好　数不清

3.形容词重叠形式的变调

(1)AA式：单音节形容词重叠，若后一音节为儿化时，则该音节变读为阴平。

hǎohāor　　　yuǎnyuānr　　　bǎobāor
好好儿（的）　　远远儿（的）　　饱饱儿（的）

（2）ABB式：该重叠形式中的第二三个音节应变读为阴平。

lǜ yōuyōu　　　xiělīnlīn　　　mínghuānghuāng
绿油油　　　血淋淋　　　明晃晃

（3）AABB式：双音节形容词重叠时，第二个音节变读为轻声，第三四个音节变读为阴平。

piāopiaoliāngliāng　　lǎolaoshīshī　　qīngqingchūchū
漂漂亮亮　　　老老实实　　　清清楚楚

形容词的变调并不是绝对的。一般在书面语或比较庄重严肃的场合不变调；话说得慢或口语色彩不是很浓的时候也可以不变调。

（二）轻声

轻声是普通话一个重要的语音现象。汉语里每个音节都有自己的声调，但有的音节在跟其他音节连读时，会失去原有的声调变成一种既轻又短的调子，这就是轻声。比如"子(zǐ)"这个音节，本来是上声，但在"日子"中，它就是轻声了。轻声的存在，可以增强语言的节奏感，使语言更加生动、活泼。同学们要想把普通话说得更地道，掌握好轻声是很重要的。

1. 轻声的作用

（1）轻声可以区别词义，例如：

废物 fèiwù（失去使用价值的东西）
废物 fèiwu（无用的东西，骂人的话）

下场 xiàchǎng（演员或运动员退场）
下场 xiàchang（人的结局）

（2）轻声可以区分词性，例如：

花费 huāfèi（因使用而消耗掉）　［动词］
花费 huāfei（消耗的钱）　［名词］

地道 dìdào（地下的坑道）　［名词］
地道 dìdao（真正的、纯粹的）　［形容词］

2. 轻声的读法

轻声的读音取决于它前面那个音节的声调。简单地说，大致有两种：

（1）轻声在上声后面，读音较高，调值约为4度。如："你们、斧头、点心、跑了"。

（2）轻声在非上声（阴平、阳平、去声）后面，读音稍低，调值约为2度。如："妈妈、桌子、棉花、萝卜、弟弟、大的"。

西南方言区的人学习普通话的轻声，容易出的问题是"轻声不轻"。为了克服这个毛病，我们可以稍夸张地朗读轻声前面的那个音节，把它读得重一些、长一些。而后面的轻声音节只需轻轻地带出就行了。我们应尽量把轻声音节读得轻一些、短一些。

3. 常读轻声的字

（1）语气词
去吧　好吗　你呢　来呀　行啊

（2）助词
黄的　慢慢地　说得对　想着　洗了　去过

(3)名词后缀
刷子　砖头　他们　嘴巴
(4)某些表示方位的语素
天上　地下　怀里　东边
(5)某些表示趋向的词
走来　出去　叫起来　说下去
(6)叠音词的后一个音节
娃娃　星星　看看　谢谢
(7)某些双音节词语的第二个音节
月亮　窗户　玻璃　咳嗽　相声　故事　利落　头发　明白
伙计　眼睛　商量　风筝　朋友　早晨　道理　便宜　灯笼

(三)儿化

普通话里的儿(er)韵常跟它前面的音节连接成一个音节,从而改变那个音节韵母的读音,使它成为一个卷舌的韵母,这种现象就叫"儿化"。这种卷舌韵母就叫儿化韵。儿化韵用拼音来表示,就是在原来音节的后面加写一个 r 字母,用以表示卷舌动作。如 huābànr(花瓣儿)、guāzǐr(瓜子儿)。

1. 儿化的作用

(1)儿化可以区别词义,例如:

白面 báimiàn(面粉)
白面儿 báimiànr(指毒品)

眼 yǎn(眼睛)
眼儿 yǎnr(小窟窿)

(2)儿化可以区分词性,例如:

刺 cì(尖东西穿进物体)　[动词]
刺儿 cìr(尖锐像针的东西)　[名词]

破烂 pòlàn(残破)　[形容词]
破烂儿 pòlànr(破烂的东西;废品)　[名词]

(3)儿化可以表示喜爱、温和、亲切的语感,例如:

小刘儿　小孩儿　脸蛋儿　小曲儿　小鸡儿　宝贝儿　心肝儿

(4)儿化可以形容细小、轻微的性质和状态,例如:

小棍儿　药丸儿　树枝儿　门缝儿　粉末儿
头发丝儿　喝口水儿　办点儿事儿

2. 儿化韵的读法

由于卷舌音的舌位在口腔的中央部分,所以那些原来舌位太高或太前的音都不便于卷舌,因此在把韵母转读为儿化韵时,会使原韵母的发音产生一些变化,有的要去掉韵尾,有的要加上央元音 e[ə],目的只有一个:使舌位尽量居于口腔中部,以便于卷舌。主要变化规律见下表:

韵　母	儿化规律	儿化词例
韵母或韵尾音素为 a o e ê u	直接卷舌	浪花儿 huār　山坡儿 pōr 小车儿 chēr　主角儿 juér 台阶儿 jiēr　水珠儿 zhūr
i ü	后面加 er	眼皮儿 piér　小米儿 miěr 金鱼儿 yuér　有趣儿 quèr
-i(后) -i(前)	原韵丢失 加 er	树枝儿 zhēr　大事儿 shèr 写字儿 zèr　没词儿 cér
韵尾是 i 或 n	丢掉韵尾 再卷舌	刀背儿 bèr　没味儿 wèr 满分儿 fēr　快板儿 bǎr
韵尾是 ing	丢掉韵尾,韵 腹鼻化并卷舌	翅膀儿 bǎr　板凳儿 děr 天窗儿 chuār　没空儿 kǒr

西南方言区的人学习儿化韵的主要难点有两个,一是后缀"儿"常与前边音节的韵母分离,在读韵母的同时没有卷舌的意识,把儿化韵读成了两个音节。如鸟儿"niǎor"读成了"niǎo'ér"。二是丢掉了韵母,声母直接卷舌。如坡儿"pōr"念成"pr",格儿"gér"念成"gr"。关于这一点,主要应注意保持住韵母发音时的外部口型,并在发韵母的同时加上卷舌动作就可以了。

(四)"啊"的音变

"啊"字在充当句尾的语气词时,由于受前面那个音节末尾音素的影响,往往发生音变。变化后的"啊"字,根据实际读音,可以写成"呀、哇、哪"等。"啊"的音变规律如下:

1. a、o、e、ê、i、ü＋a ——→ya(呀)

说话啊　真多啊　唱歌啊　节约啊　别急啊　有雨啊

2. u(ao、iao)＋a ——→wa(哇)

打球啊　真好啊　吃药啊

3. -n＋a ——→na(哪)

难办啊　白云啊　苍天啊

4. -ng＋a ——→nga(啊)

阳光啊　游泳啊　快上啊

5. -i(后)、er 或儿化韵＋a ——→ra(啊)

作诗啊　悦耳啊　快点儿啊

6. -i(前)＋a ——→[za](啊)

写字啊　一次啊　周四啊

语气词"啊"音变的口诀:

鼻音韵后读 na(哪),nga(啊);舌尖韵后读 ra(啊),[za](啊);

u、ao、iao 后,要读 wa(哇),其他韵后都读 ya(呀)。

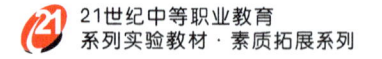

二、音变训练

（一）变调训练

1. 上声变调训练

上声＋上声

美好 měihǎo	手掌 shǒuzhǎng	水果 shuǐguǒ
岛屿 dǎoyǔ	场景 chǎngjǐng	采取 cǎiqǔ
笔挺 bǐtǐng	把守 bǎshǒu	野草 yěcǎo
恼火 nǎohuǒ	胆敢 dǎngǎn	阻止 zǔzhǐ
洒水 sǎshuǐ	窈窕 yǎotiǎo	小鸟 xiǎoniǎo
酩酊 mǐngdǐng	扭转 niǔzhuǎn	耳语 ěryǔ

上声＋轻声

在原为上声后读为轻声的音节前面，上声有两种变读法，一种是24调，一种是21调。

水手 shuǐshou	想法 xiǎngfa	哪里 nǎli
打扫 dǎsao	洗洗 xǐxi	老鼠 lǎoshu
打点 dǎdian	小姐 xiǎojie	找找 zhǎozhao
耳朵 ěrduo	椅子 yǐzi	姐姐 jiějie
马虎 mǎhu	爪子 zhuǎzi	里脊 lǐji
婶婶 shěnshen	影子 yǐngzi	痒痒 yǎngyang

上声＋非上声

指标 zhǐbiāo	美声 měishēng	烤鸭 kǎoyā
始终 shǐzhōng	普通 pǔtōng	老师 lǎoshī
小说 xiǎoshuō	展开 zhǎnkāi	买单 mǎidān
果汁 guǒzhī	损失 sǔnshī	港湾 gǎngwān
武生 wǔshēng	晚安 wǎn'ān	许多 xǔduō
导游 dǎoyóu	版图 bǎntú	美容 měiróng
好人 hǎorén	小刘 xiǎoliú	语言 yǔyán
改良 gǎiliáng	古文 gǔwén	拱门 gǒngmén
赶忙 gǎnmáng	摆台 bǎitái	守门 shǒumén
打折 dǎzhé	海蜇 hǎizhé	守则 shǒuzé
妥善 tuǒshàn	法制 fǎzhì	感谢 gǎnxiè
岗哨 gǎngshào	朗诵 lǎngsòng	晚报 wǎnbào
翡翠 fěicuì	准确 zhǔnquè	解放 jiěfàng
统计 tǒngjì	炒菜 chǎocài	散客 sǎnkè
奶酪 nǎilào	努力 nǔlì	午睡 wǔshuì

混合训练

远方 yuǎnfāng	假如 jiǎrú	鼓舞 gǔwǔ
铁腕 tiěwàn	恐龙 kǒnglóng	反省 fǎnxǐng
奖金 jiǎngjīn	网罗 wǎngluó	垄断 lǒngduàn
辗转 zhǎnzhuǎn	给养 jǐyǎng	崭新 zhǎnxīn
管辖 guǎnxiá	把戏 bǎxì	口吻 kǒuwěn
躲闪 duǒshǎn	惋惜 wǎnxī	赌博 dǔbó
冶金 yějīn	耻辱 chǐrǔ	凛冽 lǐnliè
彼此 bǐcǐ	引申 yǐnshēn	铁轨 tiěguǐ
匪徒 fěitú	举止 jǔzhǐ	磊落 lěiluò
匕首 bǐshǒu	哑剧 yǎjù	傀儡 kuǐlěi

上声＋上声＋上声……

选举法 xuǎnjǔfǎ	蒙古语 měnggǔyǔ
老保守 lǎobǎoshǒu	小拇指 xiǎomǔzhǐ
纸老虎 zhǐlǎohǔ	展览馆 zhǎnlǎnguǎn
拱手礼 gǒngshǒulǐ	很勇敢 hěnyǒnggǎn
手写体 shǒuxiětǐ	母女俩 mǔnǚliǎ
岂有此理 qǐyǒucǐlǐ	产品展览 chǎnpǐnzhǎnlǎn
采访厂长 cǎifǎngchǎngzhǎng	彼此了解 bǐcǐliǎojiě
板起脸孔 bǎnqǐliǎnkǒng	满口讨好 mǎnkǒutǎohǎo
准保可口 zhǔnbǎokěkǒu	洗海水澡 xǐhǎishuǐzǎo

Nǐ chǎng chǎnpǐn hěn hǎo.
你 厂 产品 很 好。

Lǚ xiǎojiě shǒu li yǒu liǎng bǎ yǔsǎn.
吕 小姐 手 里 有 两 把 雨伞。

Zhǒngmǎ chǎng yǎng yǒu wǔbǎi pǐ hǎo mǔmǎ.
种马 场 养 有 五百 匹 好 母马。

Wǒ zhǐ hǎo miǎnqiǎng gěi nǐ xiě jiǎngyǎngǎo.
我 只 好 勉强 给 你 写 讲演稿。

Qǐng nǐ zhuǎn zuǒshǒu zhǎo Wǔ chǎngzhǎng.
请 你 转 左手 找 伍 厂长。

Gěi wǒ dǎ xǐliǎnshuǐ.
给 我 打 洗脸水。

Wǒ xiǎng qǐng Liǔ zǔzhǎng gěi wǒ dǎ jiǔ bǎ tiěsuǒ.
我 想 请 柳组长 给 我 打 九 把 铁锁。

2."一、不"变调训练

"一、不"＋去声

一律 yílǜ	一半 yíbàn	一道 yídào
一并 yíbìng	一度 yídù	一片 yípiàn
一再 yízài	一贯 yíguàn	一切 yíqiè

一致 yízhì	一向 yíxiàng	一共 yígòng
不幸 búxìng	不论 búlùn	不愧 búkuì
不但 búdàn	不肖 búxiào	不适 búshì
不必 búbì	不用 búyòng	不愿 búyuàn

"一、不"＋非去声

一筐 yìkuāng	一家 yìjiā	一杯 yìbēi
一般 yìbān	一生 yìshēng	一心 yìxīn
不光 bùguāng	不通 bùtōng	不知 bùzhī
不听 bùtīng	不甘 bùgān	不高 bùgāo

一直 yìzhí	一齐 yìqí	一头 yìtóu
一行 yìháng	一时 yìshí	一连 yìlián
不然 bùrán	不乏 bùfá	不和 bùhé
不宜 bùyí	不行 bùxíng	不陪 bùpéi

一手 yìshǒu	一种 yìzhǒng	一捆 yìkǔn
一桶 yìtǒng	一早 yìzǎo	一组 yìzǔ
不朽 bùxiǔ	不许 bùxǔ	不妥 bùtuǒ
不管 bùguǎn	不好 bùhǎo	不敢 bùgǎn

混合训练

一盏 yìzhǎn	不懂 bùdǒng	一次 yícì
不屑 búxiè	一些 yìxiē	不可 bùkě
一碟 yìdié	一样 yíyàng	不该 bùgāi
一件 yíjiàn	不妙 búmiào	一层 yìcéng
不巧 bùqiǎo	一家 yìjiā	一段 yíduàn
不限 búxiàn	不良 bùliáng	一批 yìpī
一朵 yìduǒ	不变 búbiàn	一匹 yìpǐ
不逊 búxùn	一身 yìshēn	不凡 bùfán
一例 yílì	不满 bùmǎn	一国 yìguó
不容 bùróng	不像 búxiàng	一缸 yìgāng

"一、不"变读轻声训练

走一走 zǒuyizǒu	瞧一瞧 qiáoyiqiáo	尝一尝 chángyicháng
会不会 huìbuhuì	热不热 rèburè	肯不肯 kěnbukěn
看不见 kànbujiàn	死不了 sǐbuliǎo	了不起 liǎobuqǐ
来不及 láibují	点不着 diǎnbuzháo	想不到 xiǎngbudào
吃不下 chībuxià	瞧不起 qiáobuqǐ	赶不上 gǎnbushàng

短语朗读训练

一板一眼 yìbǎnyìyǎn　　　　一朝一夕 yìzhāoyìxī
一手一脚 yìshǒuyìjiǎo　　　一草一木 yìcǎoyímù

一老一少 yìlǎoyíshào	一丝一毫 yìsīyìháo
一针一线 yìzhēnyíxiàn	一窍不通 yíqiàobùtōng
不可一世 bùkěyíshì	不偏不倚 bùpiānbùyǐ
不见不散 bújiànbúsàn	不即不离 bùjíbùlí
不伦不类 bùlúnbúlèi	不折不扣 bùzhébúkòu
不痛不痒 bútòngbùyǎng	不屑一顾 búxièyígù

朗读下列句子，注意"一、不"的变调（在"一、不"变调的专项训练中，为方便学习，"一、不"标变调，其他情况下则一律标原调。）

(1) Bú kàn bù zhīdào, yí kàn xià yí tiào.
   不看不知道，一看吓一跳。

(2) Bú shì bù xíng, shì tā bú yuàn yì bù dǎ zhāohu jiù zǒu.
   不是不行，是他不愿意不打招呼就走。

(3) Duì zhèzhǒng bùsān búsì de rén, kě bù néng bùwén búwèn na!
   对这种不三不四的人，可不能不闻不问哪！

(4) Xiǎng yi xiǎng, nǎ yì nián de yī yuè yī rì wǒmen yí kuàir qù yī lóu jiǎngyǎn tīng kāi le yí cì nánwàng de liánhuān- huì.
   想一想，哪一年的一月一日我们一块儿去一楼讲演厅开了一次难忘的联欢会。

(5) Zhèyàng bù hǎo, nǐ bù shuō、bù jiǎng、bú wèn, tāmen yě bú huì bù zhīdào.
   这样不好，你不说、不讲、不问，他们也不会不知道。

(6) Yíwèi gùkè yì tiān qù yì jiā fàndiàn chī le yì wǎn chǎo fàn, búdàn méi chī bǎo, fǎn'ér mǎilái yí dùn mà, rě le yí dùzi qì.
   一位顾客一天去一家饭店吃了一碗炒饭，不但没吃饱，反儿买来一顿骂，惹了一肚子气。

(7) Bú pà kǔ, bú pà sǐ, bú wèi míng, bú wèi lì; bú jìjiào gōngzuò tiáojiàn hǎo huài, bú zàihu bàochou duōshǎo; bù jiǎng fènnèi fènwài, bù fēn qiánfāng hòufāng, dōu shì wèi le gémìng gōngzuò.
   不怕苦，不怕死，不为名，不为利；不计较工作条件好坏，不在乎报酬多少；不讲分内分外，不分前方后方，都是为了革命工作。

(8) Gàn gōngzuò yào yì xīn yí yì, yán xíng yí zhì, biǎo lǐ rú yī. Qíngxù bù néng yí gāo yì dī, yì hǎo yí huài. Yǒu le chéng jì bù jiāo'ào, yùdào kùnnan bú qì něi.
   干工作要一心一意，言行一致，表里如一。情绪不能一高一低，一好一坏。有了成绩不骄傲，遇到困难不气馁。

3. 形容词重叠变调训练

早早儿 zǎozāor	暖暖儿 nuǎnnuānr	慢慢儿 mànmānr
圆圆儿 yuányuānr	渐渐儿 jiànjiānr	狠狠儿 hěnhēnr
胖胖儿 pàngpāngr	乖乖儿 guāiguāir	满满儿 mǎnmānr

沉甸甸 chéndiāndiān	懒洋洋 lǎnyāngyāng	水淋淋 shuǐlīnlīn
笑吟吟 xiāoyīnyīn	红彤彤 hóngtōngtōng	绿油油 lǜyōuyōu

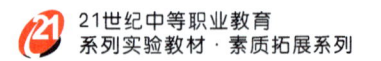

软绵绵 ruǎnmiānmiān　　慢腾腾 màntēngtēng　　胖乎乎 pànghūhū
亮堂堂 liàngtāngtāng　　香喷喷 xiāngpēnpēn　　火辣辣 huǒlālā

慢慢腾腾 mànmantēngtēng　　平平安安 píngping'ān'ān
磨磨蹭蹭 mómocēngcēng　　正正派派 zhèngzhengpāipāi
马马虎虎 mǎmahūhū　　　　热热闹闹 rèrenāonāo
大大咧咧 dàdaliēliē　　　　痛痛快快 tòngtongkuāikuāi
整整齐齐 zhěngzhengqīqī　　稳稳当当 wěnwendāngdāng
鼓鼓囊囊 gǔgunāngnāng　　　甜甜蜜蜜 tiántianmīmī
客客气气 kèkeqīqī　　　　　清清楚楚 qīngqingchūchū
明明白白 míngmingbāibāi　　欢欢喜喜 huānhuanxīxī
规规矩矩 guīguijūjū　　　　唠唠叨叨 lāolaodāodāo
绕口令

SONG GONGLIANG
送　公　粮

Wáng lǎohàn shǒu ná yì gēn bùcháng bùduǎn de biānzi, gǎnzhe yí liàng bù xīn bú
王　老汉　手　拿　一　根　不长　不短　的　鞭子，赶着　一辆　不新　不
jiù de dà mǎchē, lā zhe yì chē bùduō bùshǎo de gōngliáng, bēnchí zài yì tiáo bùkuān bù
旧的大马车，拉着一车不多不少的公粮，奔驰在一条不宽不
zhǎi de dàdào shang. Dào le liángkù ménkǒu, tā bùhuāng bùmáng de tíngxià le nà
窄的大道上。到了粮库门口，他不慌不忙地停下了那
liàng bù xīn bújiù de dà mǎchē, bùshēng bù xiǎng de fàngxià le nà gēn bùcháng bùduǎn
辆不新不旧的大马车，不声不响地放下了那根不长不短
de biānzi, bù yí yú lì de káng qi yì bāobāo gōngliáng, bùgāo bùdī de hēngzhe fēng
的鞭子，不遗余力地扛起一包包公粮，不高不低地哼着丰
shōu xiǎodiàor, bǎ gōngliáng sòngjìnle dà liángcāng.
收　小调儿，把公粮　送进了大粮仓。

（二）轻声训练

1. 朗读以下带有轻声音节的词和短语

双音节训练

凉快 liángkuai　　　　暖和 nuǎnhuo　　　　东西 dōngxi
咳嗽 késou　　　　　认识 rènshi　　　　　便宜 piányi
漂亮 piàoliang　　　　黄瓜 huánggua　　　　耽搁 dānge
刺激 cìji　　　　　　萝卜 luóbo　　　　　　事情 shìqing
石榴 shíliu　　　　　玫瑰 méigui　　　　　伙计 huǒji
芝麻 zhīma　　　　　裁缝 cáifeng　　　　　苍蝇 cāngying
哑巴 yǎba　　　　　畜牲 chùsheng　　　　玻璃 bōli
踏实 tāshi　　　　　把式 bǎshi　　　　　活泼 huópo
凑合 còuhe　　　　　收拾 shōushi　　　　体面 tǐmian
机灵 jīling　　　　　佩服 pèifu　　　　　云彩 yúncai

好处 hǎochu	结实 jiēshi	脑袋 nǎodai
相声 xiàngsheng	新鲜 xīnxian	恶心 ěxin

三音节训练

不在乎 búzàihu	讲交情 jiǎngjiāoqing
穷折腾 qióngzhēteng	打官司 dǎguānsi
不含糊 bùhánhu	签合同 qiānhétong
装糊涂 zhuānghútu	操家伙 cāojiāhuo
长见识 zhǎngjiànshi	冰窟窿 bīngkūlong
拉痢疾 lālìji	瞎念叨 xiāniàndao
不明白 bùmíngbai	讲体面 jiǎngtǐmian
扭秧歌 niǔyāngge	摸钥匙 mōyàoshi
搬行李 bānxíngli	没意思 méiyìsi
别张罗 biézhāngluo	打招呼 dǎzhāohu
穷秀才 qióngxiùcai	真窝囊 zhēnwōnang
弹琵琶 tánpípa	守规矩 shǒuguīju
闹别扭 nàobièniu	没出息 méichūxi

四音节训练

心里舒坦 xīnlishūtan	说个笑话 shuōgexiàohua
打着灯笼 dǎzhedēnglong	不识抬举 bùshítáiju
不听使唤 bùtīngshǐhuan	骆驼祥子 luòtuoxiángzi
出去溜达 chūquliūda	拜见师傅 bàijiànshīfu
怎么称呼 zěnmechēnghu	打个比方 dǎgebǐfang
为人厚道 wéirénhòudao	凑合过吧 còuheguòba
巴结奉承 bājiefèngcheng	浑身疙瘩 húnshēngēda
秋后蚂蚱 qiūhòumàzha	不能动弹 bùnéngdòngtan
背着包袱 bēizhebāofu	刻意打扮 kèyìdǎban

2. 朗读句子,注意加"·"的字应读轻声。

(1) Duì diàn qì wǒ men yì diǎnr yě bù shú xi, qǐng nín gěi wǒ men jiè shao jiè shao,
对电器我们一点儿也不熟悉,请您给我们介绍介绍,
dāngdang cānmou hǎo ma?
当当参谋好吗?

(2) Zhè jiā de shēng yi yì zhí hěn hónghuo, zuò gōng jiǎng jiu, jià gé gōngdao, zán men
这家的生意一直很红火,做工讲究,价格公道咱们
jìnqu kànkan zěnmeyàng?
进去看看怎么样?

(3) Kàn, zhèr shì jiān bing guǒ zi, rè hu zhe ne! Hái yǒu bāo zi、jiǎo zi、hún tun、
看,这儿是煎饼果子,热乎着呢!还有包子、饺子、馄饨、
shāobing、táng'ěrduo, míngtang kě duō le. Yàobu yào lái wǎn chángchang?
烧饼、糖耳朵,名堂可多了。要不要来碗尝尝?

(4) Shì bó yuán li kāimǎn le huār, mǔdan、yuè ji、zhī zi、sháoyao、méigui、mò li,
世博园里开满了花儿,牡丹、月季、栀子、芍药、玫瑰、茉莉,

shénme dōu yǒu. Hóng de、huáng de、bái de、fěn de, zhēn shì piàoliang jí le
　　什么 都 有。 红 的、 黄 的、 白 的、粉 的, 真 是 漂 亮 极 了。

　　(5) Kùnnan xǐhuan jiāo péngyou, tā zǒng shì dǎng zài nǐ miànqián, shì shi nǐ de nàixīn、
　　　 困难 喜欢 交 朋友, 它 总 是 挡 在 你 面前, 试试 你 的 耐心、
yǒngqì hé lìliang. Rúguǒ nǐ bìng bù duǒkai tāmen, tā jiù huì gěi nǐ yuè lái yuè duō de zhī-shi
勇气 和 力量。 如果 你 并 不 躲开 它们, 它 就 会 给 你 越 来 越 多 的 知识
hé dǎnliàng. Péngyoumen, yǒnggǎn de qù miànduì kùn-nan ba!
和 胆量。 朋友们, 勇敢 地 去 面对 困难 吧!

　　3. 绕口令

LIAN SHETOU
练 舌 头

Tiānshang yǒu ge rìtou,
天 上 有 个 日 头,

Dìxia yǒu kuài shítou,
地 下 有 块 石 头,

Zuǐ li yǒu ge shétou,
嘴 里 有 个 舌 头,

Shǒu shang yǒu wǔ ge shǒuzhǐtou.
手 上 有 五 个 手 指 头。

Bùguǎn shì tiānshang de rè rìtou,
不 管 是 天 上 的 热 日 头,

Dìxia de yìng shítou,
地 下 的 硬 石 头,

Zuǐ li de ruǎn shétou,
嘴 里 的 软 舌 头,

Shǒu shang de shǒuzhǐtou,
手 上 的 手 指 头,

Hái shì rè rìtou、yìng shítou、ruǎn shétou、shǒuzhǐtou,
还 是 热 日 头、 硬 石 头、 软 舌 头、手 指 头,

Fǎnzheng dōu shì liàn shétou.
反 正 都 是 练 舌 头。

XIAZI HE MAZI
瞎子 和 麻子

Hé dōng tóur yǒu ge xiā zi,
河 东 头 儿 有 个 瞎 子,

Yǎng le yī qún yā zi.
养 了 一 群 鸭 子。

Hé xī tóur yǒu ge má zi,
河 西 头 儿 有 个 麻 子,

Zhòng le liǎng mǔ dì de là zi.
种 了 两 亩 地 的 辣 子。

Hé dōng tóur xiā zi de yā zi,
河 东 头 儿 瞎 子 的 鸭 子,

Yào qù chī hé xī tóur má zi de là zi.
要 去 吃 河 西 头儿 麻 子 的 辣 子。
Hé xī tóur má zi,
河 西 头儿 麻 子,
Bù zhǔn hé dōng tóur xiā zi de yā zi,
不 准 河 东 头儿 瞎 子 的 鸭 子,
Tōu chī là zi.
偷 吃 辣 子。
Yā zi tōu chī le là zi,
鸭 子 偷 吃 了 辣 子,
Là zi là huài le yā zi.
辣 子 辣 坏 了 鸭 子。

（三）儿化训练

1. 朗读下列儿化词和带儿化的短语

单音节训练

脸儿 liǎnr	门儿 ménr	纹儿 wénr	铃儿 língr
鼓儿 gǔr	个儿 gèr	角儿 juér	壳儿 kér
圈儿 quānr	这儿 zhèr	子儿 zǐr	馅儿 xiànr
庄儿 zhuāngr	牌儿 páir	劲儿 jìnr	猴儿 hóur
核儿 húr	活儿 huór	勺儿 sháor	桃儿 táor

双音节训练

哥儿们 gērmen	大伙儿 dàhuǒr	纸盒儿 zhǐhér
小孩儿 xiǎoháir	脚印儿 jiǎoyìnr	玩儿命 wánrmìng
份儿饭 fènrfàn	聊天儿 liáotiānr	跳绳儿 tiàoshéngr
花瓶儿 huāpíngr	起头儿 qǐtóur	赶趟儿 gǎntàngr
树叶儿 shùyèr	话把儿 huàbàr	麦穗儿 màisuìr
抓阄儿 zhuājiūr	找茬儿 zhǎochár	人缘儿 rényuánr
娘儿俩 niángrliǎ	走神儿 zǒushénr	绕远儿 ràoyuǎnr

三音节训练

高跟儿鞋 gāogēnrxié	钻被窝儿 zuānbèiwōr
萝卜丝儿 luóbosīr	别出声儿 biéchūshēngr
茶叶末儿 cháyèmòr	花生仁儿 huāshēngrénr
下巴颏儿 xiàbakēr	蓝墨水儿 lánmòshuǐr
小两口儿 xiǎoliǎngkǒur	赶时髦儿 gǎnshímáor
玻璃碴儿 bōlichár	豆腐脑儿 dòufunǎor
打饱嗝儿 dǎbǎogér	顺口溜儿 shùnkǒuliūr
小牛犊儿 xiǎoniúdúr	高鼻梁儿 gāobíliángr

四音节训练

| 小道儿消息 xiǎodàorxiāoxi | 电话号码儿 diànhuàhàomǎr |
| 乒乓球拍儿 pīngpāngqiúpāir | 时装模特儿 shízhuāngmótèr |

心里纳闷儿 xīnlinàmènr   像个雪人儿 xiànggexuěrénr
瞧那傻样儿 qiáonàshǎyàngr   爱吃桑葚儿 àichīsāngrènr
叔叔大婶儿 shūshudàshěnr   满口京味儿 mǎnkǒujīngwèir
彩色胶卷儿 cǎisèjiāojuǎnr   刨根问底儿 páogēnwèndǐr

2. 朗读句子，注意儿化韵的读法。

(1) Zhè jiē biānr yī liùr fúzhuāng huò tānr, nǐ bù xiǎng qù tiāo jǐ jiànr? Shuōbu
这 街 边儿 一 溜儿 服 装 货 摊儿，你 不 想 去 挑 几 件儿？ 说 不
dìng yǒu nǐ xiǎng mǎi de dài huābiānr de bèi xīnr ne.
定 有 你 想 买 的 带 花边儿 的 背心儿 呢。

(2) Yuànr li, yǒu liǎ lǎo tóur zhèng chōuzhe yānjuǎnr zài liáotiānr, páng biānr yǒu
院儿 里，有 俩 老头儿 正 抽着 烟卷儿 在 聊天儿，旁 边儿 有
jǐ ge xiǎo háir tuīzhe wánjù sān lúnr chē zài wánr.
几 个 小 孩儿 推着 玩具 三 轮儿 车 在 玩儿。

(3) Cài tānr shang de cài kě duō le, yǒu xiǎo cōngr、dà-suànr、tǔ dòur、chūn yár、
菜 摊儿 上 的 菜 可 多 了，有 小 葱儿、大 蒜儿、土 豆儿、椿 芽儿、
dòujiǎor, hái yǒu xiǎo báicài hé dòu-fu gānr.
豆 角儿，还 有 小 白菜 和 豆 腐 干儿。

(4) Táo huār kāi le, xiǎo niǎor zài shù zhīr shang chàng-gēr, xiǎo yúr zài shuǐ
桃 花儿 开 了，小 鸟儿 在 树 枝儿 上 唱 歌儿，小 鱼儿 在 水
miànr shang tǔ pàor, dà huǒr láidào shānpōr shang, wàngzhe qīngqīng de xiǎocǎo hé dī
面儿 上 吐 泡儿，大 伙儿 来到 山坡儿 上， 望 着 青青的 小 草 和 滴
dī de lù zhūr, gāoxìng de hébulǒng zuǐr.
滴 的 露珠儿，高 兴 得 合 不 拢 嘴儿。

(5) Zhè ge bǎihuòtiānr shang de dōngxi zhēn bù shǎo, yǒu kǒuzhàor、chuángdānr、
这 个 百货 摊儿 上 的 东西 真 不 少，有 口 罩儿、床 单儿、
bèimiànr, yě yǒu shǒu tàor、wéi bór、sōngjǐn dàir, hái yǒu xiǎo běnr、niǔkòur hé yàoshi
被 面儿，也 有 手 套儿、围 脖儿、松 紧 带儿，还 有 小 本儿、纽 扣儿 和 钥 匙
liànr.
链儿。

3. 绕口令

ZHAO WAN YIR
找 玩 意儿

Xiǎo gǒu huí jiā lái ná pénr,   Pénr li fàngzhe xiǎo wányìr.
小 狗 回 家 来 拿 盆儿，   盆儿 里 放着 小 玩 意儿。
Wányìr sònggěi xiǎo jīnyúr,   Jīnyúr yī jiē mié jiē zháo,
玩意儿 送 给 小 金鱼儿，   金鱼儿 一 接 没 接 着，
Yī diào diàodào shuǐgāng dǐr.   Zhǎo lái zhǎo qù zhǎobuzháo,
一 掉 掉到 水 缸 底儿。   找 来 找 去 找 不 着，
Gāng dǐr jìng shì shítou zǐr,   Jiù shì méiyǒu xiǎo wányìr.
缸 底儿 净 是 石头 子儿，   就 是 没有 小 玩 意儿。

LIAN ZI YINR
练 字 音 儿

Jìn le ménr, dào bēi shuǐr,
进 了 门 儿, 倒 杯 水 儿,
Hē le liǎng kou yùnyun qìr.
喝 了 两 口 运 运 气 儿。

Shùnshǒu ná qi xiǎo chàngběnr,
顺 手 拿 起 小 唱 本 儿,
Chàng le yī qǔr yòu yī qǔr,
唱 了 一 曲 儿 又 一 曲 儿,

Liàn wán le sǎngzi liàn zuǐ pír.
练 完 了 嗓 子 练 嘴 皮 儿。

Rào kǒulìng, liàn zì yīnr,
绕 口 令, 练 字 音 儿,
Hái yǒu dānxiánr pái zi qǔr.
还 有 单 弦 儿 牌 子 曲 儿,

Xiǎo kuàibǎnr, dà gǔ cír,
小 快 板 儿, 大 鼓 词 儿,
Yuè rào yuè chàng wǒ yuè dài jìnr.
越 绕 越 唱 我 越 带 劲 儿。

REXIN RENR
热 心 人 儿

Lè de wǒ tiāntianr hé bushàng zuǐr,
乐 得 我 天 天 儿 合 不 上 嘴 儿,

Máng de wǒ zǎowǎn xiē buzháo tuǐr;
忙 得 我 早 晚 歇 不 着 腿 儿;

Dōngjiār qǐng wǒ qù miáo tú yàngr,
东 家 儿 请 我 去 描 图 样 儿,

Xīyuànr qiú wǒ gěi tiāo tǒng shuǐr,
西 院 儿 求 我 给 挑 桶 水 儿,

Lǎo tàitai duǎnbuliǎo wǒ bāng ge mángr,
老 太 太 短 不 了 我 帮 个 忙 儿,

Xiǎo háir chánzhù wǒ jiǎng gù shìr;
小 孩 儿 缠 住 我 讲 故 事 儿;

Nǎ jiār pó xí bàn ge zuǐr,
哪 家 儿 婆 媳 拌 个 嘴 儿,

Wǒ dōu děi qù dāng ge tiáotíng rénr.
我 都 得 去 当 个 调 停 人 儿。

(四)"啊"音变训练

1. 朗读下列短句,注意读准"啊"的音变

双音节训练

去啊 qù ya	跳啊 tiào wa	冤啊 yuān na
儿啊 ér ra	笑啊 xiào wa	闹啊 nào wa
行啊 xíng nga	是啊 shì ra	天啊 tiān na
吃啊 chī ra	他啊 tā ya	好啊 hǎo wa
娘啊 niáng nga	打啊 dǎ ya	冲啊 chōng nga

三音节训练

学习啊 xuéxí ya   波涛啊 bōtāo wa

真倔啊 zhēnjuè ya   鲜艳啊 xiānyàn na

真像啊 zhēnxiàng nga　　　　好事啊 hǎoshì ra
幸福啊 xìngfú wa　　　　　　彼此啊 bǐcǐ [za]
容易啊 róngyì ya　　　　　　女儿啊 nǚ'ér ra
真悬啊 zhēnxuán na　　　　　不成啊 bùchéng nga

四音节训练

有感情啊 yǒu gǎnqíng nga　　多自私啊 duō zìsī [za]
好老师啊 hǎo lǎoshī ra　　　亲骨肉啊 qīn gǔròu wa
真倒霉啊 zhēn dǎoméi ya　　 不该死啊 bù gāi sǐ [za]
没有用啊 méiyǒuyòng nga　　 不简单啊 bù jiǎndān na

五音节训练

宏伟目标啊 hóngwěi mùbiāo wa　　上等陶瓷啊 shàngděng táocí [za]
可别太迟啊 kě bié tài chí ra　　　有借有还啊 yǒu jiè yǒu huán na
为你着想啊 wèi nǐ zháoxiǎng nga　 多加小心啊 duō jiā xiǎoxīn na
英雄壮举啊 yīngxióng zhuàngjǔ ya　可得挺住啊 kě děi tǐngzhù wa

2. 朗读句子，训练在正常语速中准确读出"啊"的音变。

(1) Měitiān de tiānqì yùbào chàbuduō dōu shì zhèxiē huà, shénme qíng a、yīn a、fēng a、yǔ a、léi a、diàn a, hái yǒu qìwēn duōshǎo dù a děngděng.
每天的天气预报差不多都是这些话，什么晴啊、阴啊、风啊、雨啊、雷啊、电啊，还有气温多少度啊等等。

(2) Shìchǎng shang de dōngxi zhēn duō a, shénme jī a、yú a、ròu a、jiàng a、yán a、cù a、shuǐguǒ a、zòngzi a、fěnsīr a, yīng yǒu jìn yǒu.
市场上的东西真多啊，什么鸡啊、鱼啊、肉啊、酱啊、盐啊、醋啊、水果啊、棕子啊、粉丝儿啊，应有尽有。

(3) Zán jiā xiāng de shān a, lǜlǜ de; shuǐ a, qīngqīng de; tiān a, lánlán de. Nǐ yàoshì qù le a, zhǔn huì zàntàn: "duō měi de fēngguāng a!"
咱家乡的山啊，绿绿的；水啊，清清的；天啊，蓝蓝的。你要是去了啊，准会赞叹："多美的风光啊！"

(4) Xuě tíng le, tàiyángguāng liàng de yàoyǎn. Shān a、tiányě a、fángzi a、wūdǐng a、dà shù a, dōu chuānshang le báisè de wàiyī. Dàrén a、xiǎo háir a, dōu dào yuànr li lái le, dàjiā huáxuě a、duī xuěrénr a、dǎ xuězhàng a, wánr de zhēn gāoxìng a.
雪停了，太阳光亮得耀眼。山啊、田野啊、房子啊、屋顶啊、大树啊，都穿上了白色的外衣。大人啊、小孩儿啊，都到院儿里来了，大家滑雪啊、堆雪人儿啊、打雪仗啊，玩儿得真高兴啊。

3. 绕口令

(1) Jī a、yā a、māo a、gǒu a,　　　Yīkuàir zài yuànr li jiào a!
　　鸡啊、鸭啊、猫啊、狗啊，　　 一块儿在院里叫啊！
　　Niú a、lǘ a、mǎ a、luó a,　　　Yīkuàir zài dì li máng a!
　　牛啊、驴啊、马啊、骡啊，　　 一块儿在地里忙啊！
　　Láng a、hǔ a、lù a、bào a,　　　Yīkuàir zài shān li pǎo a!
　　狼啊、虎啊、鹿啊、豹啊，　　 一块儿在山里跑啊！

Tù a、shǔ a、chóng a、niǎor a, Yīkuàir shàng chuāng táir nào a!
兔啊、鼠啊、虫啊、鸟儿啊，   一块儿 上 窗 台儿 闹 啊！

(2) XIAO HONG MAO
小 红 帽

(L)：　　Shéi a?
(狼)：　　谁 啊？

(X)：　　Shì wǒ a, wǒ shì xiǎo hóng mào a, nǐ shì wàipó ma? Māma ràng wǒ lái
(小红帽)：是 我 啊，我 是 小 红 帽 啊，你 是 外 婆 吗？妈 妈 让 我 来
　　　　　kàn nǐ a.
　　　　　看 你 啊。

(L)：　　Ō, shì wǒ de xiǎo sūn nǚr a, jìnlái ba!
(狼)：　　哦，是 我 的 小 孙 女儿 啊，进来 吧！

(X)：　　Wàipó, nín de shǒu zěnme zhèyàng cháng a?
(小红帽)：外 婆，您 的 手 怎么 这 样 长 啊？

(L)：　　Shǒu cháng néng yōngbào nǐ a.
(狼)：　　手 长 能 拥 抱 你 啊。

(X)：　　Nín de tuǐ zěnme zhèyàng cháng a?
(小红帽)：您 的 腿 怎么 这 样 长 啊？

(L)：　　Tuǐ cháng pǎo de kuài a.
(狼)：　　腿 长 跑 得 快 啊。

(X)：　　Nín de yǎnjing zěnme zhèyàng da a?
(小红帽)：您 的 眼 睛 怎么 这 样 大 啊？

(L)：　　Yǎnjing dà kàn de qīngchu a.
(狼)：　　眼 睛 大 看 得 清 楚 啊。

(X)：　　Nín de yáchi zěnme zhèyàng jiān a?
(小红帽)：您 的 牙 齿 怎么 这 样 尖 啊？

(L)：　　Yáchi jiān cái hǎo chīdiào nǐ a!
(狼)：　　牙 齿 尖 才 好 吃 掉 你 啊！

（五）音变综合训练

1. 会话训练

(1) YONGCAN HUANJING
用 餐 环 境

Jì zhě：Xiānsheng, nín hǎo! nín cháng lái zhèr yòngcān ma?
记 者：先 生，您 好！您 常 来 这儿 用 餐 吗？

Gùkè：Shì de.
顾客：是 的。

Jì zhě：Dà jiē shang yǒu hěn duō miànguǎnr, Lánzhōu lāmiàn la, Běijīng dǎlǔmiàn la,
记 者：大 街 上 有 很 多 面馆儿，兰 州 拉 面 啦，北 京 打 卤 面 啦，
　　　　Sìchuān dàndan miàn la, dōu bǐjiào jīngjì shíhuì. Nín wèi shénme bù qù nà
　　　　四 川 担 担 面 啦，都 比 较 经 济 实惠。您 为 什 么 不 去 那
　　　　xiē dìfang yòngcān ne?
　　　　些 地 方 用 餐 呢？

顾客：Nàxiē miànguǎnr fēngwèir dìdao, jiàqian yě bǐ zhèr piányi, dànshì yòngcān huánjìng bǐ zhèr chà duō le.
那些 面馆儿 风味儿 地道，价钱 也 比 这儿 便宜，但是 用餐 环境 比 这儿 差 多 了。

记者：Nín hěn kànzhòng yòngcān huánjìng ma?
您 很 看 重 用餐 环境 吗？

顾客：Shì de, luànhōnghōng de diàntáng, yóunìnì de zhuōzi, zāngxīxī de gōngzuòfú, niánhūhū de dìbǎn, ràng rén yī kàn jiù dǎo wèikǒu.
是的，乱哄哄 的 店堂，油腻腻 的 桌子，脏兮兮 的 工作服，粘乎乎 的 地板，让 人 一 看 就 倒 胃口。

记者：Zài zhèr yòngcān, nín yǒu hǎo wèikǒu ma?
在 这儿 用餐，您 有 好 胃口 吗？

顾客：Shì de. Zhèr suīrán bǐjiào guì, yào duō huā xiē qián, kě cài de pǐnzhǒng yě tǐng duō. Shénme chǎo tí jīnr、huì xiā rénr a, sōng huār dàn、bàn yā sīr a, hái yǒu qīng dùn dǔ tiáor、mèn guànr jī a děngděng, shénme dōu yǒu, érqiě zuì zhòngyào de shì kěyǐ chī ge wèishēng、qīngjìng、xīnli shūtan.
是的。这儿 虽然 比较 贵，要 多 花 些 钱，可 菜 的 品种 也 挺 多。什么 炒 蹄筋儿、烩 虾仁儿 啊，松花儿 蛋、拌 鸭丝儿 啊，还 有 清炖 肚条儿、焖罐儿 鸡 啊 等等，什么 都 有，而且 最 重要 的 是 可以 吃 个 卫生、清静、心里 舒坦。

记者：Ò, xièxie nín.
哦，谢谢 您。

（2）
MAI XIANGLIAN
买 项 链

（Shǒushì tānr qián）
（首饰 摊儿 前）

顾客：Wa—— zhè gēn xiàngliànr zhēn hǎo kàn. Duōshao qián yī gēn?
哇—— 这 根 项链儿 真 好看。多少 钱 一 根？

老板：385 yuán yī gēn.
385 元 一 根。

顾客：385 yuán? Tài guì le.
385 元？太 贵 了。

老板：Guì? Wǒ zhèr shì zuì piányi de. Bù xìn, nǐ dào biè dìr qù kànkan, yī zhǔnr guò le zhè ge cūnr, jiù méi zhè ge diànr.
贵？我 这 是 最 便宜 的。不 信，你 到 别 地 去 看看，一 准儿 过 了 这 个 村儿，就 没 这 个 店。

顾客：Wǒ kěyǐ dài shang shìshi ma?
我 可以 戴 上 试试 吗？

老板：Kěyǐ, kěyǐ.
老板：可以，可以。

（Gùkè dài shang xiàngliànr, zhào jìngzi）
（顾客 戴 上 项链，照 镜子）

老板：小姐，瞧您戴上就跟时装模特儿一样，多漂亮啊！
顾客：可是……还是太贵了。
老板：小姐，干脆，你还个价吧。
顾客：250元！
老板：那哪成啊！小姐，你要想买，300元，怎么样？
顾客：260元。
老板：再加点吧，我这是小本买卖，你也别让我太亏本啊！
顾客：那就280块吧，再加一分钱我就不买了。
老板：成交了！赔就赔吧，谁让我今天碰上你这号买主，算我倒霉。

2. 短文

（1）

假日到河滩上转转，看见许多孩子在放风筝。一根根长长的引线，一头儿系在天上，一头儿系在地上，孩子同风筝都在天与地之间悠荡，连心也被悠荡得恍恍惚惚了，好像又回到了童年。

儿时的放风筝，大多是自己的长辈或家人编扎的，几根削得很薄的篾，用细纱线扎成各种鸟兽的造型，糊上雪白的纸片，再用彩笔勾勒出面孔与翅膀的图案。通常扎得最多的是"老雕""美人儿""花蝴蝶"等。

我们家前院就有位叔叔，擅扎风筝，远近闻名。他扎得风筝不只体型好看,色彩艳丽,放飞得高远,还在风筝上绷一叶用蒲苇削成的膜片,经风一吹,发出"嗡嗡"的声响,仿佛是风筝的歌唱,在蓝天下播扬,给开阔的天地增添了无尽的韵味,给驰荡的童心带来几分疯狂。

我们那条胡同儿的左邻右舍的孩子们放的风筝几乎都是叔叔编扎的。他的风筝不卖钱,谁上门去要,就给谁,他乐意自己贴钱买材料。

后来,这位叔叔去了海外,放风筝也渐与孩子们远离了。不过年年叔叔给家乡写信,总不忘提起儿时的放风筝。香港回归之后,他在家信中说到,他这只被故乡放飞到海外的风筝,尽管飘荡游弋,经沐风雨,可那线头儿一直在故乡和//亲人手中牵着,如今飘得太累了,也该要回归到家乡和亲人身边来了。

是的。我想,不光是叔叔,我们每个人都是风筝,在妈妈手中牵着,从小放到大,再从家乡放到祖国最需要的地方去啊!

节选自李恒瑞《风筝畅想曲》

(2)

十年,在历史上不过是一瞬间。只要稍加注意,人们就会发现:在这一瞬间里,各种事物都悄悄经历了自己的千变万化。

这次重新访日，我处处感到亲切和熟悉，也在许多方面发觉了日本的变化。就拿奈良的一个角落来说吧，我重游了为之感受很深的唐招提寺，在寺内各处匆匆走了一遍，庭院依旧，但意想不到还看到了一些新的东西。其中之一，就是近几年从中国移植来的"友谊之莲"。

在存放鉴真遗像的那个院子里，几株中国莲昂然挺立，翠绿的宽大荷叶正迎风而舞，显得十分愉快。开花的季节已过，荷花朵朵已变为莲蓬累累。莲子的颜色正在由青转紫，看来已经成熟了。

我禁不住想："因"已转化为"果"。

中国的莲花开在日本，日本的樱花开在中国，这不是偶然。我希望这样一种盛况延续不衰。可能有人不欣赏花，但决不会有人欣赏落在自己面前的炮弹。

在这些日子里，我看到了不少多年不见的老朋友，又结识了一些新朋友。大家喜欢涉及的话题之一，就是古长安和古奈良。那还用得着问吗，朋友们缅怀过去，正是瞩望未来。瞩目于未来的人们必将获得未来。

我不例外，也希望一个美好的未来。

为了中日人民之间的友谊，我将不浪费今后生命的每一瞬间。

节选自严文井《莲花和樱花》

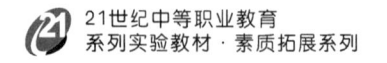

（3）

其实你在很久以前并不喜欢牡丹，因为它总被人作为富贵膜拜。后来你目睹了一次牡丹的落花，你相信所有的人都会为之感动：一阵清风徐来，娇艳鲜嫩的盛期牡丹忽然整朵整朵地坠落，铺撒一地绚丽的花瓣。那花瓣落地时依然鲜艳夺目，如同一只奉上祭坛的大鸟脱落的羽毛，低吟着壮烈的悲歌离去。

牡丹没有花谢花败之时，要么烁于枝头，要么归于泥土，它跨越萎顿和衰老，由青春而死亡，由美丽而消遁。它虽美却不吝惜生命，即使告别也要展示给人最后一次的惊心动魄。

所以在这阴冷的四月里，奇迹不会发生。任凭游人扫兴和诅咒，牡丹依然安之若素。它不苟且、不俯就、不妥协、不媚俗，甘愿自己冷落自己。它遵循自己的花期自己的规律，它有权利为自己选择每年一度的盛大节日。它为什么不拒绝寒冷？

天南海北的看花人，依然络绎不绝地涌入洛阳城。人们不会因牡丹的拒绝而拒绝它的美。如果它再被贬谪十次，也许它就会繁衍出十个洛阳牡丹城。

于是你在无言的遗憾中感悟到，富贵与高贵只是一字之差。同人一样，花儿也是有灵性的，更有品位之高低。品位这东西为气为魂为//筋骨为神韵，只可意会。你叹服牡丹卓而不群之姿，方知品位是多么容易被世人忽略或是漠视的美。

节选自张抗抗《牡丹的拒绝》

思考与练习

(一)下面所列汉字,常被读为轻声,请按例子用这些汉字继续组词,越多越好。

子—筷子、步子、曲子、骗子、胖子、乱子、厨子……

头—甜头、盼头、来头、跟头、风头、苗头、前头……

们—咱们、先生们、哥儿们、同学们……

巴—哑巴、嘴巴、结巴……

着—说着、拿着、走着、等着、闹着……

了—来了、完了、哭了、跑了、算了、懂事了……

过—学过、用过、吃过、听过、做过……

的—我的、盖的、弯的、红的、可爱的……

地—勤奋地、适当地、热烈地、坦率地……

得—觉得、舍得、不由得、怪不得、使不得……

上—楼上、头上、穿上、赶上、舞台上……

下—蹲下、趴下、坐下、躺下、天底下……

里—屋里、碗里、抽屉里、箱子里……

吧—好吧、喝吧、放心吧、开始吧……

啦—错啦、好啦、够啦、别说啦……

起来—站起来、好起来、比较起来……

下去—说下去、干下去……

(二)注音并朗读,体会同一个词轻读和不轻读所表达的不同意思。

1.小王去风光(　　)迷人的夏威夷玩了几天,回来后可风光(　　)了。

2.王女士专做买卖(　　)服装的买卖(　　)。

3.答题时要注意文章大意(　　),可千万不能大意(　　)啊。

4.班会搞得毫无生气(　　),朱老师很生气(　　)。

5.你知道在什么地方(　　)缴纳地方(　　)税吗?

6.这附近有好几户人家(　　),我们行军时可别打扰人家(　　)。

7.王干事(　　)干事非常认真。

8.我是他兄弟(　　),可他根本就不讲兄弟(　　)之情。

9.李大爷(　　)什么都好,就是在家里爱耍大爷(　　)脾气。

10.只要你方法对头(　　),就不怕他俩是对头(　　)。

11.她房间里摆设(　　)着许多小摆设(　　)。

12.村长向来主持公道(　　),他说的都是公道(　　)话。

13.三个月合计(　　)存款一千五百元,大家一合计(　　),决定先买一台电视。

14.她丈夫(　　)的所作所为,完全不像个男子汉大丈夫(　　)。

(三)朗读下列各组词,并根据各词的不同含义作口头造句练习,注意轻重音节的不同读法。

| 东西 dōngxī | 管教 guǎnjiào | 利害 lìhài |
| 东西 dōngxi | 管教 guǎnjiao | 利害 lìhai |

| 惊醒 jīngxǐng | 开通 kāitōng | 丧气 sàngqì |
| 惊醒 jīngxing | 开通 kāitong | 丧气 sàngqi |

| 大人 dàrén | 难处 nánchǔ | 世故 shìgù |
| 大人 dàren | 难处 nánchu | 世故 shìgu |

| 编辑 biānjí | 运气 yùnqì | 眉目 méimù |
| 编辑 biānji | 运气 yùnqi | 眉目 méimu |

(四)先找出下列句子中该读儿化的音节,注意区分儿化与非儿化所表示的不同含义并朗读。

1. 快把锅盖盖上。
2. 笔尖太尖,把纸都刮破了。
3. 他爱听唱,自己也能唱几句。
4. 我来点菜,我们要点炸牛排怎么样?
5. 活太重,张妈感到活得太累。
6. 衣扣开了,赶快扣上。
7. 葡萄干晒干了就不会长霉了。
8. 这幅画画得真不错。
9. 用罩把它罩上就跑不了啦。
10. 他既然说没准,那就准来不了。
11. 花多少钱无所谓,只要花漂亮。
12. 老村长回村来了。
13. 我得赶快把这裤缝缝上。
14. 你给他带个信,就说信已寄出去了。
15. 我就不认这个理,他不理我就算了。

(五)朗读下列各组词,并根据不同词义作口头造句练习,注意读准儿化音节。

| 亮 liàng | 兜 dōu | 头 tóu |
| 亮儿 liàngr | 兜儿 dōur | 头儿 tóur |

| 调 diào | 圈 quān | 弯 wān |
| 调儿 diàor | 圈儿 quānr | 弯儿 wānr |

| 纹 wén | 托 tuō | 带 dài |
| 纹儿 wénr | 托儿 tuōr | 带儿 dàir |

| 心 xīn | 拉练 lāliàn | 没门 méimén |
| 心儿 xīnr | 拉练儿 lāliànr | 没门儿 méiménr |

| 包 bāo | 胆 dǎn | 开伙 kāihuǒ |
| 包儿 bāor | 胆儿 dǎnr | 开火儿 kāihuǒr |

(六)先在下列括号中标出"啊"的实际读音,并写出相应的汉字,然后两人一组朗读对话。

A:你上哪儿去(　　)?
B:报名(　　)。
A:为啥(　　)?
B:上职高(　　)。
A:学什么(　　)?
B:公关(　　)、经贸(　　)、餐饮(　　)、酒店管理(　　),什么都有。就看自己的喜欢(　　)。
A:你可真行(　　),我得向你学习(　　)!

(七)下面是歌曲《小草》中的一段歌词,请写出几个"啊"字的音变,先朗读,再齐唱两遍。

春风啊(　　)春风你把我吹绿,阳光啊(　　)阳光你把我照耀,河流啊(　　)山川哺育了我,大地啊(　　)母亲把我紧紧拥抱。

(八)先找出下面这段文字中该读轻声和儿化的音节,再自然、流利地进行朗读。

正在午后一点的时候,他又拉上个买卖。这是一天最热的时候,又赶上这一夏里最热的一天。刚走了几步,他觉得一点凉风,就像在极热的屋里从门缝进来一点凉气似的。他不敢相信自己,看看路旁的柳枝,的确是微微地动了两下。

第二部分　主持人语言及训练

一、主持人语言的特点

提起节目主持人,人们就会想起那些风度翩翩、语言风趣幽默、思维敏捷、面对众多观众侃侃而谈的人,他们的气质、风度和灵活驾驭语言的能力给人们留下了美好的印象并使许多人产生赞叹、敬佩之情。那么,怎样才能做一名合格的主持人呢?首先,主持人必须具备良好的素质及修养,他不仅应具有敏锐的观察力、广博的知识,还应具有深厚的语言功底。主持人的语言应该是准确、鲜明、生动的,应该有文采、有哲理、有幽默感,它是富有活力的规范化口语。良好的口才,是反映主持人个性和才学的重要方面,而口才,又是通过训练可以得到提高的。在日常生活和学习中,我们也常有担当主持人的机会,比如班上开个班会,小组讨论问题,学校搞个演出等等,都离不开主持人。今天,我们学习和研究主持人的语言技巧,并进行这方面的训练,对提高我们的口语表达能力,为今后走向社会,走上工作岗位是很有帮助的。

主持人语言的基本要求主要有以下几点:

(一)准确

准确是对主持人语言最基本的要求,它包括两方面的内容。首先是指语言表达应发音准确,吐字清晰,用词、语法正确无误。有些主持人片面追求外表形式上的个人风格魅力,忽略了语言的基本功,因而读错字音、生造词语、胡编句子的情况时有发生。比如有文艺节目主持人把"娱(yú)乐"说成 yùlè,"角(jué)色"说成 jiǎosè,"联袂(mèi)演出"说成 liánjuéyǎnchū,另外,有少儿节目主持人把"蒲(pú)公英"说成 pǔgōngyīng,还有个别新闻节目主持人将"违(wéi)章"说成 wěizhāng,"通缉(jī)"说成 tōngjí 等。这些看似无伤大雅的小错误,反映出主持人语言水平的欠缺,同时也使他们的形象在广大观众心目中受到了影响。

准确的第二个方面,是指思想表达的准确性,也就是说要紧扣节目的主旨,主题明确,重点突出,不能或此或彼,偏离话题。比如主持一场主题为"究竟该不该见义勇为"的讨论,可说着说着,最后竟偏离了方向,成了歌颂某人见义勇为英雄事迹的讨论会。所以主持人应具有比较准确的"达意"能力,并善于把握全场受众的情绪走向,从而使整个节目紧凑集中、完整统一。

(二)真诚

主持人的语言是否有生命力,条件之一,得看它是否真诚。有了真实、热诚,才会点燃受众心中的情感之火。不能设想一个冷漠的人会当好节目主持人。靠表演是绝不能取得受众信任的。在主持节目时,声音、语调、情态等都应是自己内在本质的真实流露,而不能去"装",一装就会使人感到虚假。毫无思想感情的夸张表演和故作姿态的媚音媚腔,势必让人

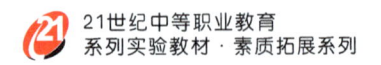

生厌。主持人杨澜说得好:"我不是演员,我不会像演员那样表演,我就是我。""感人心者,莫先乎情",真诚的感情是维系主持人与受众交流的纽带。有一位听众曾写信给中央人民广播电台《午间半小时》节目,谈到听了主持人在一次节目中呼唤离家出走的大学生斌斌时说:"她呼唤的声音那样亲切、感人,斌斌若是听到了,一定会被感动,一定会给母亲打电话告之下落的。"来信称赞主持人带有感情色彩的声音给听众以强烈的感染和震撼。这正是主持人话语中的真情唤起了听众感情上的共鸣。

(三)动听

所谓动听,就是说出的话能给人一种美感。作为主持人,首先应具备嗓音优美、字正腔圆的条件,当然,这同讲究科学的发声方法、吐字归音等语音技巧是分不开的。另一方面,主持者的语言风格也是产生动听效果的重要方面。语音语调、快慢强弱、谈吐方式的不同,都可能形成不同的风格特征。比如中央电视台赵忠祥主持的《动物世界》,充满了文学气息,他那沉稳而又平和的语调表现出一种极富情感和韵律的魅力,即使是讲述那些低级微小生物,也能深深地打动观众。又如节目主持人虹云,她的声音语调甜美动听,体现了东方女性热情、朴实、落落大方的性格特征,给人一种美好的艺术享受。试想,如果主持人空有一副好嗓子,说话平铺直叙而没有深厚的底蕴和内涵,那是不会有人喜欢听的。所以以情发声、以声传情,发挥声音形象和风格的魅力,对主持人来说是很重要的。

(四)得体

得体是指主持人应根据节目的内容、现场环境和受众对象的不同,去选择恰当的词语、句式、语气、语调来进行表达。比如一家电视台组织了一次关于《恋爱·家庭》的现场讨论,一位节目主持人手拿话筒,走下观众席进行现场采访,她对一位穿着朴实、年逾花甲的老太太说:"老同志,您好,承蒙您光临我们的讨论现场,请问您高寿?您的配偶多大年纪了?……"由于老太太的文化水平不高,对主持人所说的"承蒙、光临、高寿、配偶"等词语迷惑不解,幸而旁边一位观众帮她当了一下翻译,才避免了这种尴尬局面。其实很多栏目的节目主持人,都同样有个语言得体的问题。比如新闻类节目,不能简单地认为它就是宣传政策、发布政令,以一种高高在上的身份和口气进行说教,而应考虑受众的接受心理,也同样需要用得体的语言随时与他们进行感情上的交流。有的主持人用儿童化的语言去主持一台成人知识竞赛节目,就显得很不成熟;在一些气氛庄重严肃、品位较高的讨论会上,使用较多太直白、太随便的口语,也是不太恰当的。总之,主持人应尽量周密地考虑多方面的因素,使语言尽量做到适宜、得体、分寸有度,这样才能有的放矢,让受众接受,从而达到传播信息和交流的作用。

(五)机智

有人说,主持是一瞬间的艺术,容不得有丝毫停顿,需要有脱口而出的本领和应付意外情况的心理准备。主持人经常到现场采访和主持节目,那么现场将会出现什么情况,是谁也无法预料的。比如观众可能会突然向你发问,你不能不回答;在特殊情况下,别人要你对某事发表即兴解说或评论,你不可能不谈;在猝不及防的意外情况面前,你还得处变不惊,巧妙应付。据说有一位相声演员在台上说《吹牛》的段子,突然一个顶头灯爆了。正当场内混乱之时,主持人机智地说了一句"吹得多厉害,灯泡都能吹炸了",观众听后笑得前仰后合,随后立即为这位主持人的机智鼓掌叫好。还有一次,一位主持人刚上台,就被麦克风的电线绊倒了,她站定后风趣地对大家说:"我一上台便被大家的热情倾倒了",机智的话语,立刻赢得了观众的好感,使嘈杂的剧场又恢复了安静。其实,语言的机智是与灵活的思维分不开的。在日常生活中,与人交际时,我们应有意识地训练自己对别人所提的话题进行答辩,并培养自己在异常情况下应付自如、出口成章的能力。这样才能逐渐提高自己的语言水平,也才能在主持节目时,做到话锋机敏、幽默诙谐、妙语连珠。

主持人的语言无论是口齿伶俐、言简意赅,还是平淡刻板或词不达意,这都同他的文化素养和学识水平有关。所以,一个成功的节目主持人,需要做很多方面的努力,尤其是语言方面,非下苦功夫不可。一位主持人在谈到她的学习体会时说:"我常挤时间读'杂'书,看'杂'报,浏览杂志、诗词曲目、顺口溜、名言警句……我记了好几大本,走路、吃饭,稍有空闲就往心里记。"她的这种学习方法,对我们也有一定的启发作用,只要有意识地积累,刻苦训练,相信大家也一定能够做到言语生动、表达流畅,使自己的口语水平达到一个新的高度。

附:　　　　　　　　　　**主持人话语摘抄**

主持人的工作是令人钦羡的,然而他们的付出与辛劳也是巨大的。下面是部分节目主持人的话语选段,透过它,能使我们对主持人的语言锤炼有更深的认识和了解。

▲一个好的主持人,当他(她)坐到话筒前时,内心是相当充实的,意念的运动促使他(她)靠感觉去捕捉对方的反应,触摸对方的心灵。似乎他(她)不是坐在话筒前,而是面对着一个实实在在、有血有肉的人在交流,于是情感的闸门打开了,就像那淙淙的泉水流通在语言表达之中。

(沈　力)

▲我经常谈的是经济话题,我对自己有一个要求:经济话题由我来谈,不能让观众觉得很艰涩,主持人如能以平常心去体味,用平常话去表达,就可能深入浅出。

(敬一丹)

▲评判综艺节目主持人定位是否准确,形象成功与否,得看两点:一是看主持人的情绪是否到位,也就是主持人情绪与节目的气氛、观众的感觉是否融为一体。再就是看主持人给观众留下的印象是否深刻、美好,也就是说要有个性风采。

(杨　澜)

▲节目主持人要以人格魅力和思想来主持,主持人的看法要有独到之处,不落俗套。

(赵忠祥)

▲每当主持少儿节目时,我仿佛变得和孩子们一般大了,和他们娓娓而谈,自己的心似乎也变得和孩子一般纯净了。孩子们对我们的喜爱和信任太使我感动了。世界上还有什么比童心更纯洁、更可爱的?我常把孩子看作是我的上帝,只要他们喜欢我,我愿意为他们服务一辈子,从燕子姐姐一直当到燕子奶奶。

(陈燕华)

▲我以为一个主持人首要的是在语言上下功夫,这远远不仅是要求你吐字多么字正腔圆,而是首先要有相当丰富和宽广的语言储存量。这里包含了你的文化知识、文学水平、社会知识面,对人、对社会、对大千世界的了解和认识。其次,就是要有准确地表达语言的能力。

(倪　萍)

▲主持人所需的知识是多方面的。除了直接与节目主持有关的语言知识外,还应具备一定的社会知识、学科知识,其中包括天文地理、史料传记、名人轶事、宗教风俗以及哲学、文学、艺术、伦理学、心理学等,这样才可以使语言左右逢源、丰富生动。

(曹可凡)

二、主持人语言训练

（一）范例模拟训练

1. <center>同　胞</center>

每当我说"同胞"这两个字的时候，我的心就洋溢着一种无比温暖的感情。这种感情像一股热流，流遍全身，使我难以抑制。"同胞"这两个字意味着您我是一"母"所生育。我们的母亲是谁呢？我们的母亲就是我们的祖国，您说是不是？

提示：这是中央人民广播电台《空中之友》"愿同胞同唱民族歌"节目中的一段。由于节目内容和对象的特殊需要，主持人徐曼一反以前对台广播的高腔硬调，她音色甜美，音量柔和，语调缓慢，说出的话情真意切、催人泪下。我们在说这段话时，不能用"读"或"诵"的语言表达方式，而应采用自然的语调和接近生活的口语"说"出来，让人感到她就是在同你面对面地交谈，亲切而充满人情味。另外，适当地注意重音及停顿，可使语意表达得更准确，更感人。如"每当我说"的后面，应稍微停顿一下，以强调后面缓缓说出的"同胞"二字的分量。"温暖"二字宜用重音轻读法，以表现出它感人的内涵。"流遍全身"与后一分句应接得紧一点，以体现"难以抑制"的情绪。总之应调动起自己的内心情感，柔情述说，由衷而发。

2. <center>采访季羡林</center>

也许，了解季羡林可以从这样一个真实的故事开始：几年前，有一个北京大学的新生入校带了大量的行李，他看见路边有一个淳朴得像农民一样的老者，便以为是学校的工友，于是，他让这位老者替自己看行李长达半小时之久。这位老者欣然同意，并尽职尽责地完成了任务。过了几天，北京大学召开新生入学典礼，这位同学惊讶地发现，坐在主席台正中的北京大学副校长正是那一天替自己看行李的老者。

自从先生1946年留学回到北大，到今天为止48年了，先生没有离开过北大。前几天我看到先生写的一篇文章，题目叫《我的心是一面镜子》。那么在您这一面心镜里头照出来的这48年的校园、书斋和自己的生活是什么样子的呢？

提示：季羡林是北大东方语言文学教授，《东方之子》节目主持人对这位学术老人的采访可以说是很艺术的。他没有采用简单的问答式，也改变了过去新闻报道中对模范人物片面拔高的"高、大、全"模式，而是采用了"平视"语言，让人感到亲切、自然。尤其是开头的小故事，拉近了人们跟这位学者的距离。后一段，主持人在看似不经意的叙述中，巧妙地向季老抛出了话题，这种采访形式既消除了采访对象的紧张感，又从实际出发，设法引导季老说出了他潜心治学的奋斗历程，给人以深刻的启示和思考。

表述这段话语，宜用贴近生活的口语，故事的讲述，语调不用过分渲染，关键在于故事的本身，其简洁朴实的语言，足以让人感受到季老独特的人格魅力。需要注意的是，两个自然段的交流对象不同，前面是"一对众"进行交流，后面是"一对一"交流，态势和语气、音高应略有变化。要找准与采访对象相互沟通的感觉，不能目中无人，独自表演。

3. <center>走近"天塔"</center>

啊呀，这么高的电视塔，我还是第一次见到，天津的小朋友真够有福气的！你们知道吗？世界最高的电视塔在加拿大，"天塔"是咱们亚洲最高的电视塔。除了加拿大的多伦多电视塔，莫斯科电视塔，我们天津电视塔数世界第三名。我们的工人叔叔只用三年零一百天就把这么高的电视塔建成了，他们伟大不伟大呀？……

提示：这是中央电视台少儿节目主持人鞠萍带孩子们到矗立津门的"天塔"塔楼瞭望厅

去时说的一段话。由于使用的是儿童化口语,所以词语浅显,句式简单,话语直观形象、生动活泼。说话时,语气要亲切温和,语调要灵活、富于变化,比如第一句,可用稍夸张的上滑调,表现出惊讶、喜悦之情。另外,节奏要舒缓稍慢,以适合儿童的心理特征。最后一句话中,说:"这么高"三个字时,可配上适当的面部表情和必要的手势动作,起到强调的作用,从而激发起孩子们热爱祖国的朴素感情。

4. **如何选购洗衣机**

很多朋友来信说:现在洗衣机种类比较多,不知买哪一种好,让我们给参谋参谋。因为我们不了解您家里的具体情况,这个参谋怕当不好,所以就录制了一个节目叫"洗衣机纵横",向您介绍各类洗衣机的特点,您可以根据自己家里的情况和条件看看买哪种好。目前市场上供应的洗衣机,主要以波轮式为主,而洗衣机的生产则正在向半自动和全自动方向发展……

提示:这是中央电视台节目主持人沈力主持的《为您服务》中的一段话。这种服务性栏目的性质决定了主持人语言的特定风格:质朴无华、和蔼可亲、真诚热情,播讲时,要采用谈话体的口语方式,要设想服务对象就在你面前,他有难题需要你帮助解决,所以在介绍情况、提供服务时,要采取商量的态度和探讨的口吻。语气自然而有生活气息,似乎就是邻居朋友之间在聊天、叙家常一样,充满着为您服务的善意和热情。

5. **珍奇的"石头花"**

你见到过"石头"花吗?近年来,香山北京植物园引种了它后,引起人们极大的兴趣。这种植物的名字叫"生石"花,是一种番杏科的多浆植物。由于它形态很像卵石,而且能够开花,人们还称它为"有生命的石头"。

生石花产于非洲沙漠热带地区,为了适应干旱的沙漠环境,它的体内能贮藏大量的液汁,用以供给自己所需的水分,它的花非常美丽,金黄色,近似我国的黄花秋菊,通常每个植株开一朵花,着生在羊蹄形茎的顶部,但花期较短,只开放四五天就凋谢了。它的花一般是昼开夜合,十分有趣。生石花性喜在阳光充足、排水良好的沙壤土生长。由于它植株形态别致,世界各国植物园和著名公园中,常常栽种以观赏。

提示:知识性节目通常采用说明性的语言,主持人应采用客观、确切、冷静、平实的语调,向受众传播知识,不用绘声绘色的描摹,声音也无需大起大落。传播时,要注意平而不板,给人一种从容感。这段话介绍了石头花的性质、形态、生存环境及生长条件,语言简明、周密而概括,句与句之间的内在逻辑性很强,因而恰当地运用停连十分重要,语速也应适当放慢。一些关键性的词语,要作为重音。这样才能具体、详尽、透彻地揭示事物的本质。

6. **朗诵会串联词**

新春伊始,万象更新,一场白雪,一串脚印,一鞭新柳,一苞花蕾,一声燕啼,一楼新风,一片白云,大千世界,芸芸众生,每每触动了我们敏感的神经,我们都命之为诗。于是你写,他写,我写,在座的各位都想写。可是我们为什么要写诗呢?问你,问他,问我?不!我们还是问一问××同学:"你为什么要写诗?"——(××朗诵《我为什么要写诗》)

哦,要写诗,写人生的美,写人生的丑,写男儿伤口里渗出的血,写少女笑窝里溢出的酒,给弱小者以脊梁,给虚伪者以刀枪,给黑暗以光明,给痛苦以欢畅。我歌、我哭、我狂,这也是生活呀!不信,你问他。——(××朗诵《这也是生活》)

生活,没有固定的轨道,自然,也没有永恒的春光,万物处处都给人以启迪,雪原也蕴着精湛的诗行。——(××朗诵《雪盼》)

雪,覆盖了山,覆盖了地;淹没了河流,淹没了道路。它以严酷的寒冷冻结了显赫,却以温柔的心潮,孕育着希望。看,沃野上微微蠕动的新笋不正是白雪创作的诗行?——(×××朗诵《春笋》)

春笋给我们以启迪,春笋给我们以希望。尽管现在还是严冬,但我们似乎已看到春光;尽管现在还是黄昏,但我们似乎已看到东方冉冉升起的太阳。——(×××朗诵《日出》)

日出东方照千古,千古风流应属谁?望京楼耸立数百载,今有"××"(朗诵者的名字)论功罪。——(××朗诵《望京楼》)

提示:这是在一次朗诵会上,一位主持人所说的串联词。语体风格显得较典雅,正好与朗诵会的浓郁诗情相协调。每段串联词既生动优美,充满诗情画意,又将上下两个节目巧妙地连缀起来。受众在主持人声情并茂的朗诵中,随着节目内容的改变,自然地转换着情绪。而欣赏这些串联词本身,也是一种美的享受。

7. 严处厉罚

广州新大地宾馆"名仕"发廊为顾客烫一次头发,开价竟达763元,激起公愤。日前,一起肆意敲诈上海一位女顾客的事,已有了下文:新大地宾馆被罚6000元,宾馆副总经理黄某被罚款300元,对发廊直接负责人发款500元;"名仕"发廊停业整顿。

对于乱收费,有关部门一直都在兢兢业业地抓,可是抓而无威,"制"而不"止",一些单位和个人的胆子越来越大,消费者的利益在一片"保护"声中不断地受到侵害,其中的原因,恐怕就在于"搔痒"太多,严惩太少。

这次广州市对这起敲诈案的处理,一是罚得严厉,二是罚到了点子上,如此严处厉罚,铭心刻骨,看他下次还敢吗?

乱收费,不仅损害消费者的实际利益,而且败坏社会风气,是群众意见较大的一个问题。有关部门应像这次处理"名仕"发廊敲诈一样,发现一起,严肃处理一起,决不姑息,决不手软。切切实实保护好消费者的"口袋"。

提示:主持节目,在终场时,应对节目内容有一个归结,上面这段《观察与思考》栏目中的主持人语言就采用了评论式的归结。整个节目有述有评,以评为主,以述为辅。叙述部分语言简洁明了;评论部分分析精辟,针对性很强,体现了主持人敏锐的观察力和较强的口头表达能力。全文属于评论文体,节奏应该是紧凑、有力的,要注意句、段之间严密的逻辑性,语言要肯定、果断,做到态度鲜明、观点明确。

8. 爱满天下

红尘有爱,孤儿不孤。正是无数好心人献出了他们赤诚的爱,才使这两名不幸的孤儿度过了难关。爱是人间最美丽的词汇,她能给生活带来浪漫和遐想;爱是一盏明灯,在黑暗中给人类带来希望和光明;爱又是一团熊熊燃烧的烈火,她能驱散人与人之间的隔膜,推倒心与心之间的冰墙。让我们每一个人都献出一点爱吧!让世界充满着爱!

提示:上海东方电视台曾以直播的形式报道了上海新华医院的大夫们为两名孤儿动大手术的情况。当两名孤儿平安度过手术危险期后,主持人几乎是含着热泪说出了上面这段话。主持人为全社会无私奉献爱心的举动深深感动,因而在自己的言语中也饱含着强烈的爱的情感。头两句为"叙",用富有力度的声音、缓慢的语速说出。后面的几个比喻句为"诵",应满怀深情,用渐进的节奏,逐渐加强语势。最后两句是对全场和电视机前的所有观众发出的有力号召,具有强烈的感染力,为节目确定了深沉而热烈的基调。

(二)儿童化口语训练

每人上台为大家讲一个小故事。要求:把受众当作儿童。做到语态亲切、形象生动。句意要力求浅显,普通话要规范。

(三)表演性口语表达训练

掌握相声、电影对白、戏剧台词等口语表达的基本技巧,可以提高自己用不同的语气、语调及态势语来表达语意的能力,从而增强口语的表现力和感染力。下面一则小品,可由几位同学来分别扮演不同的角色进行表演,说的话最好用录音机录下来,表演完后再听,看看效果,并让全班同学评议。

电话中的一出戏

(嘀铃铃——电话铃响了。)
"喂,找谁?"
"官科长在吗?"
"我就是!"
"官科长,是这么回事,我们二车间急需氧气……"
"不行,库房早就没货了。"
"官科长,您能眼看生产受影响吗?"
"我管不了那么多!"
(吭当,电话挂上了。)
(嘀铃铃——电话铃又响了。)
"讨厌,一天不得安宁!"(官科长不耐烦地拿起电话筒。)
"闹什么——什么事?"
"你是老官嘛?"
"……你是……唉,哦,啊呀!您是严局长呀,有啥指示,我听着呐!"
"库房有氧气吗?"
"啊,有,有有,要多少——多少?"
"要两瓶,请马上派人送到二车间去!"
"这个……"
"有困难吗?"
"不不不!没有困难!我马上派人送去。"
"好。办事就是要这样迅速!"
"局长过奖了!您亲自过问的事,我坚决照办!"

(四)即兴说话训练

老师在卡片上写出一些话题,让学生以抽签方式抽出话题,准备2分钟后,即上台围绕话题进行3分钟的即兴说话。先求说得出,有内容,再求说得好。开始可以磕磕绊绊,逐渐达到条理清楚、自如流畅。参考话题如下:

1. 服装整洁是最好的自我介绍,在与他人会面之前,整理自己的外表有什么意义?
2. 请说说你最喜欢的一句格言,并说出为什么。
3. 普通话是教师的职业用语,对此你有何看法?
4. 有人说:"黄荆棍下出状元",请你对此发表意见。

5. "安乐死"究竟好不好?
6. 从幼儿园、小学到中学,哪一个时期的老师给你留下了最深的印象?为什么?
7. 你心目中的家长应该是什么样的?家长能成为自己的知心朋友吗?
8. 你认为怎样做才算是孝敬老人?
9. "有了钱好办事",你怎么看待这个问题?
10. 当"老好人"究竟好不好?

(五)人物采访训练

在两位同学之间进行(可一组采访完后又换另一组),让全班同学观看。采访对象最好由采访者自己来定。只要你认为哪位同学有特点,你就可以采访哪位同学。采访内容可以是对方的个人经历、兴趣爱好、成绩、特长以及现状、打算、理想、希望、观点等等。可事先拟好采访提纲(被采访者不知道),要问哪些问题应做到心中有数。要求主题明确,语言简洁明了。问话要礼貌得体,并要问到点子上。要问得对方有话说,说得出来,还能让受众喜欢听。最好还能融提问、交谈、议论、抒情为一体,使之成为一次精彩、成功的采访。采访完后,可让全班同学参加评议讨论。

(六)即席评述训练

评述是对读过的书籍、看过的影剧、听到的言论等表明自己见解和感受的一种表达形式。评述能提高我们的分析能力、理解能力和鉴赏能力,也可提高我们思维的灵敏度和条理性。

请阅读下面这篇报道,考虑三五分钟后立刻加以评述。"述"是对内容加以叙述,"评"是谈观点,谈看法。要求:观点鲜明,论据充分,语言准确,条理清楚。最好能有自己的创意和见解。

××次列车"生财有术"

前不久,三位探亲的战士在青州火车站登上了由滨海开往大栗的××次普快列车。随着找座位的人流挤到了7号车厢时,发现站着的人很多,而很多座位却被木箱子等物品占着。两位女列车员正在叫喊:"谁要座,请来买四盒蜂王浆!"那两位女列车员向三位战士喊:"当兵的,掏钱吧,掏了钱马上就有座,还能喝高级补品,多幸福呀!"一个战士说:"买一盒不行吗?"其他两位战士拿出了苹果和橘子,说:"两位大姐,照顾照顾我们吧。"苹果、橘子收下了,却扔给他们一句话:"买一盒?你们还是到门口坐吧,那儿凉快!"于是那两位战士只好花36元"买"了两个座,而另一个战士直站到济南后才以买一盒蜂王浆的代价得到"照顾",准许坐在门口的箱子上。

这些搭配的蜂王浆据服用的旅客反映已经变质。经常乘坐该次列车的乘客反映,这趟车每节车厢都在搞"搭售"。而且,由大栗至滨海的每次列车上都在搞这种"搭售"。

思考与练习

(一)请用儿童化的口语改编和叙说下面这段话。使之更符合儿童化词句的要求。

友 谊

那日,三年级二班9岁的李小明拿着他母亲在北京百货大楼给他买来的十分精致的封面上画有小熊猫写字画图的笔记本送给即将转学走的好朋友赵小刚。赵小刚小心翼翼地接过来,凝神遐思,这岂止是一个普通的笔记本,这上面倾注了好朋友李小明对自己的真挚的友谊啊！于是,他顺手摘下爸爸从上海给自己捎来的心爱的钢笔馈赠给李小明,并紧紧握着李小明的手道:"留下作纪念吧！但愿我们的友谊万古长青！"

(二)连词叙事练习。

请大家分别用下面各组词造句,再将这些句子组成相互关联的一件事。由于这些词之间意义联系不大,故要凑在一起说一段话,难度较大。这需要同学们展开丰富的联想,发挥想象力,并准确地使用关联词,使整段话语的内容清楚,句子连贯,合乎逻辑。

示例:

图钉　战争　鞋子　欧洲　桌子

▲为了把重庆这一名牌鞋子打入欧洲市场,王经理用图钉钉上一支支红色箭头,面对桌子上的营销战略计划苦思冥想,以求打赢这场无烟的贸易战争。

1. 头脑　海洋　和平　风景　伞
2. 整洁　中心　深度　灰尘　感冒
3. 空调　华丽　小姐　水　笑容

(三)请在以下所给栏目的名称中任选一个,按题意所要求的基本内容,自己采访、组稿、编辑、设计一期节目。具体内容和形式不限。先写出主持稿,然后上台主持。要求,内容充实、语言准确、形式新颖、表达流畅。(不少于3分钟)

1.《三分钟新闻》:报告一则校园、班级或街头见闻。

2.《新闻人物》:介绍一位大家感兴趣的人物。

3.《新书架》:介绍我国出版的新书以及外国出版的畅销书,或评介某本新书。

4.《百姓小故事》:介绍平民百姓喜怒哀乐的故事。

5.《生活顾问》:向广大人民群众介绍衣食住行、卫生保健等内容。

6.《生意经》:即当今经济交往中出现的信息、问题、人物及其他内容。

7.《七十二行》:介绍各种行业、职业及人物。

8.《现代家庭》:交流治家心得,介绍模范家庭。

9.《针砭时弊》:分析时局,扶正抑邪,对不符合两个文明建设和四化要求的人和事进行剖析。

10.《广播节目荟萃》:介绍中央台播出的优秀节目。

11.《空中信箱》:回答听众提出的有关社会、人生的问题,回答听众在工作和生活中遇到的具体的疑难的法律问题等。

12.《老人康乐园》:为老人的健康和娱乐提供服务,介绍丰富多彩的退休老人生活。

13.《让世界充满爱》:为残疾人服务的节目。

14.《消费者之声》:投诉伪劣商品,反映消费者的意见、要求和建议,转达厂家意见,为厂商提供经营信息。

15.《农村新天地》:反映农村生活的百花园。

16.《七彩黄昏》:为受众提供各类文艺信息,介绍明星、新星和娱乐圈动向。

17.《星期俱乐部》:介绍假日消遣娱乐的方式和去处,介绍社团活动、奇人奇事以及旅游指导。

18.《小喇叭》:为孩子们组织丰富多彩的教学游戏活动。

(四)元旦节前夕,学校举办迎新年文艺演出会,如果请你担任节目主持人,你将如何排

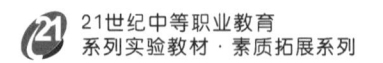

定下面的歌曲、乐曲、朗诵及舞蹈等的演出顺序？请根据所提供的节目,设计编写一段精彩的开场白和生动风趣的串场词及热情并富有余味的终场词。

1. 合唱:《歌唱祖国》
2. 女声独唱:《我爱你,中国》
3. 歌舞组合:《红梅赞》
4. 小提琴独奏:《新春乐》
5. 男声独唱:《我的中国心》
6. 舞蹈:《走向新世纪》
7. 舞蹈:《青藏高原》
8. 配乐诗朗诵:《风流歌》
9. 琵琶独奏:《彝族舞曲》
10. 吉他弹唱:《啊,朋友》
11. 表演:《新疆是个好地方》
12. 舞蹈:《过雪山草地》

(五)主题班会方案设计。

班会主题:谈谈职高生的美

班会目的:通过引导大家对仪表美、心灵美、语言美等问题的探讨,帮助同学们树立起正确的人生观、价值观和道德观,为培养同学们美好的情操和良好的品德素质奠定基础。

会议基调:轻松活泼、健康向上。

班会形式:将朗诵、演讲、歌舞及小品等艺术表演融于讨论之中。

要　　求:写出具体的会议程序及主持人语言提纲,做到主题突出,观点鲜明,语言规范、热情,串联自然得体。

(六)评述训练(看图说话)

这是一幅可述可评的图画。要求紧扣画面,先用准确的语句,有条理地讲述出故事的内容。可从人物的心理、神态和动作、语言等方面入手,对画面进行适当的补充生发。在叙述完整、线索明晰的基础上,再对画面的主题进行评价,表达出自己的观点和体会,准确深刻地揭示出图画的内涵。

> 话要说得能感动人，形容或估计一个人的行为时要朴质一些，使那些听你们说话的人，觉得这些话不是故意颂扬，而是一字一句都经过深思熟虑的。
>
> ——加里宁

第六单元

内容提要

一、普通话水平测试的内容、形式和基本要求；
二、论辩语言的一般常识及训练。

第一部分　普通话水平测试及训练

一、什么是普通话水平测试

为了更好地贯彻新时期推广普通话工作的方针，促进普通话的进一步普及，并在普及的基础上逐步提高全社会普通话水平，提高现代汉语的规范化程度，使推普工作进一步走上制度化、规范化、科学化的轨道，国家语委、国家教委、广播电影电视部于1994年联合发出《关于开展普通话水平测试工作的决定》的通知，对中小学教师、师范院校的教师和学生、广电系统的播音员和节目主持人等行业人员进行普通话水平测试。测试对象经测试达到规定的等级要求时，颁发普通话等级证书。上述人员从1995年起逐步实行持普通话等级证书上岗。普通话水平测试即是对相关行业的上岗人员进行的一种评定应试人普通话口语水平接近标准普通话程度的等级证书考试。

为此，国家语言文字工作委员会组织有关专家编写了《普通话水平测试大纲》（以下行文简称《大纲》），2004年，又由国家语言文字工作委员会普通话培训测试中心编制、中华人民共和国教育部语言文字应用管理司组织审定、商务印书馆出版了《普通话水平测试实施纲要》（以下行文简称《纲要》），为普通话水平测试的进一步规范化和科学化提供了依据。

二、普通话水平测试的等级标准和测试的量化评分

普通话等级分为三级六等，具体等级标准如下：

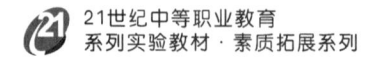

一级

甲等 朗读和自由交谈时,语音标准,词汇、语法正确无误,语调自然,表达流畅。测试总失分率在3%以内。

乙等 朗读和自由交谈时,语音标准,词汇、语法正确无误,语调自然,表达流畅。偶然有字音、字调失误。测试总失分率在8%以内。

二级

甲等 朗读和自由交谈时,声韵调发音基本标准,语调自然,表达流畅。少数难点音(平翘舌音、前后鼻尾音、边鼻音等)有时出现失误。词汇、语法极少有误。测试总失分率在13%以内。

乙等 朗读和自由交谈时,个别调值不准,声韵母发音有不到位现象。难点音较多(平翘舌音、前后鼻尾音、边鼻音、fu—hu、z—zh—j、送气不送气、i—ü不分、保留浊塞音、浊塞擦音、丢介音、复韵母单音化等),失误较多。方言语调不明显。有使用方言词、方言语法的情况。测试总失分率在20%以内。

三级

甲等 朗读和自由交谈时,声韵母发音失误较多。难点音超出常见范围,声调调值多不准。方言语调较明显。词汇、语法有失误。测试总失分率在30%以内。

乙等 朗读和自由交谈时,声韵调发音失误多,方言特征突出。方言语调明显。词汇、语法失误较多。外地人听其谈话有听不懂情况。测试总失分率在40%以内。

普通话测试的内容包括:普通话语音系统(声母、韵母、声调及音变);普通话词汇;普通话语法。形式采用个别面试、口试的方式进行。在口试过程中,要求应试人读单音节字词;读双音节词语;朗读一段文章;使用口语对普通话与方言说法不同的词语、量词与名词搭配、语法差异进行判断;说话3分钟。其量化评分标准如下:

1. 读单音节字词(100个音节,不含轻声、儿化音节),限时3.5分钟,共10分。

目的:测查应试人声母、韵母、声调读音的标准程度。

评分:语音错误,每个音节扣0.1分;语音缺陷,每个音节扣0.05分;超时1分钟以内,扣0.5分,超时1分钟以上(含1分钟),扣1分。

2. 读多音节词语(100个音节),限时2.5分钟,共20分。

目的:测查应试人声母、韵母、声调和变调、轻声、儿化读音的标准程度。

评分:语音错误,每个音节扣0.2分;语音缺陷,每个音节扣0.1分;超时1分钟以内,扣0.5分,超时1分钟以上(含1分钟),扣1分。

3. 选择判断*,限时3分钟,共10分。

(1)词语判断(10组)

目的:测查应试人掌握普通话词语的规范程度。

评分:判断错误,每组扣0.25分。

(2)量词、名词搭配(10组)

目的:测查应试人掌握普通话量词和名词搭配的规范程度。

评分:搭配错误,每组扣0.5分。

(3)语序或表达形式判断(5组)

目的:测查应试人掌握普通话语法的规范程度。

评分:判断错误,每组扣 0.5 分。

选择判断合计超时 1 分钟以内,扣 0.5 分;超时 1 分钟以上(含 1 分钟),扣 1 分。答题时语音错误,每个错误音节扣 0.1 分;如判断错误已经扣分,不重复扣分。

4. 朗读短文(1 篇,400 个音节),限时 4 分钟,共 30 分。

目的:测查应试人使用普通话朗读书面作品的水平。在测查声母、韵母、声调读音标准程度的同时,重点测查连读音变、停连、语调以及流畅程度。

评分:

(1)每错 1 个音节,扣 0.1 分;漏读或增读 1 个音节,扣 0.1 分。

(2)声母或韵母的系统性语音缺陷,视程度扣 0.5 分、1 分。

(3)语调偏误,视程度扣 0.5 分、1 分、2 分。

(4)停连不当,视程度扣 0.5 分、1 分、2 分。

(5)朗读不流畅(包括回读),视程度扣 0.5 分、1 分、2 分。

(6)超时扣 1 分。

5. 命题说话,限时 3 分钟,共 30 分。

目的:测查应试人在无文字凭借的情况下说普通话的水平,重点测查语音标准程度、词汇语法规范程度和自然流畅程度。

评分:

(1)语音标准程度,共 20 分。分六档:

一档:语音标准,或极少有失误。扣 0 分、0.5 分、1 分。

二档:语音错误在 10 次以下,有方音但不明显。扣 1.5 分、2 分。

三档:语音错误在 10 次以下,但方音比较明显;或语音错误在 10—15 次之间,有方音但不明显。扣 3 分、4 分。

四档:语音错误在 10～15 次之间,方音比较明显。扣 5 分、6 分。

五档:语音错误超过 15 次,方音明显。扣 7 分、8 分、9 分。

六档:语音错误多,方音明显。扣 10 分、11 分、12 分。

(2)词汇语法规范程度,共 5 分。分三档:

一档:词汇、语法规范。扣 0 分。

二档:词汇、语法偶有不规范的情况。扣 0.5 分、1 分。

三档:词汇、语法屡有不规范的情况。扣 2 分、3 分。

(3)自然流畅程度,共 5 分。分三档:

一档:语言自然流畅。扣 0 分。

二档:语言基本流畅,口语化较差,有背稿子的表现。扣 0.5 分、1 分。

三档:语言不连贯,语调生硬。扣 2 分、3 分。

说话不足 3 分钟,酌情扣分:缺时 1 分钟以内(含 1 分钟),扣 1 分、2 分、3 分;缺时 1 分钟以上,扣 4 分、5 分、6 分;说话不满 30 秒(含 30 秒),本测试项成绩计为 0 分。

* 说明:各省(自治区、直辖市)语言文字工作部门可以根据测试对象或本地区的实际情况,决定是否测"判断测试"项。如免测此项,"命题说话"测试项的分值由 30 分调整为 40 分。评分档次不变,具体分值调整如下:

(1)语音标准程度的分值,由 20 分调整为 25 分。

一档:扣 0 分、1 分、2 分。
二档:扣 3 分、4 分。
三档:扣 5 分、6 分。
四档:扣 7 分、8 分。
五档:扣 9 分、10 分、11 分。
六档:扣 12 分、13 分、14 分。

(2)自然流畅程度的分值,由 5 分调整为 10 分。
一档:扣 0 分。
一档:扣 1 分、2 分。
一档:扣 3 分、4 分。

(3)自然流畅程度,各档分值不变。

三、参加普通话水平测试要注意的问题

(一)读单音节字词要注意音节读音的完整和准确。字头咬字要清晰,发音部位要准确;字腹要饱满、圆润,元音舌位的高低、前后、嘴唇的圆展要到位,复韵母要注意动程明显;字尾要注意归音。读单音时,还应注意要有适度的音长,以保证声调有一定的时值和滑动感。

(二)读双音节、读文章要注意音变的发音规范。音节与音节组合起来后,就会产生连续音变。比如上声的变调,"一、不"的变调,叠音形容词的变调;轻声、儿化、语气词"啊"的音变等等,在应试时应按照音变规范来处理这些音变现象。

(三)要注意克服"语音缺陷"(或"语音欠缺")。语音缺陷是指一个音素的发音位置不准确或音节不完整、不完美,但还不算"错误",即不是将其发为另一音素或另一音节。如声母zh、ch、sh、r 的发音部位靠前或过于靠后,开口呼韵母的开口度明显不够,听感性质明显不符;声调调值明显偏低或偏高等等。

(四)矫正方言语调。作为普通话规范的对象,方言语调是指依附在语句之上的语音高低、轻重、节奏韵律的变化在语流组合中的方言语势。如词或词组的轻重格式与普通话有差异,方言语调在语句末尾的突出表现等等。应试时应注意声调的准确、音变的规范、轻重格式的习惯性以及强化语流、语感的自然流畅。

(五)朗读文章时要注意适当的语速和规范的停顿。语速快慢要适中。停顿不能造成对一个双音节或多音节词语的肢解,不能造成对一句话、一段话的误解,形成歧义。

(六)应试人在说话测试时,首先要把握话题,围绕话题叙述事情、评说议论、说明特征;其次,要注意说话测试的口语化特点,不要像背书、朗诵、演讲,重在一个"说"字;第三,说话时要内容连贯,语句通顺,语气自然,语流顺畅;第四,说话时要避免词汇和语法中的方言成分。

四、普通话水平测试训练

(一)单音节字词训练

包 bāo	步 bù	频 pín	攀 pān
放 fàng	反 fǎn	民 mín	慢 màn
滴 dī	但 dàn	抬 tái	推 tuī
能 néng	南 nán	落 luò	流 liú

高 gāo	古 gǔ	科 kē	阔 kuò
喝 hē	黄 huáng	接 jiē	求 qiú
巨 jù	去 qù	心 xīn	修 xiū
执 zhí	主 zhǔ	庄 zhuāng	战 zhàn
出 chū	吹 chuī	申 shēn	商 shāng
仍 réng	荣 róng	责 zé	做 zuò
仓 cāng	次 cì	酸 suān	碎 suì
熬 áo	欧 ōu	额 é	闻 wén
冶 yě	玉 yù	龄 líng	耐 nài
郎 láng	年 nián	雷 léi	内 nèi
繁 fán	悔 huǐ	毫 háo	峰 fēng
摘 zhāi	照 zhào	章 zhāng	挣 zhèng
煮 zhǔ	趁 chèn	常 cháng	蝉 chán
呈 chéng	纯 chún	傻 shǎ	湿 shī
升 shēng	尚 shàng	束 shù	杂 zá
早 zǎo	嘴 zuǐ	座 zuò	暂 zàn
草 cǎo	错 cuò	葱 cōng	窜 cuàn
裁 cái	缩 suō	寺 sì	耸 sǒng
搜 sōu	笋 sǔn	拔 bá	逼 bī
毕 bì	拨 bō	搏 bó	北 běi
策 cè	拆 chāi	尺 chǐ	触 chù
辍 chuò	搭 dā	迪 dí	叠 dié
督 dū	咄 duō	笃 dǔ	扼 è
愕 è	发 fā	佛 fó	幅 fú
复 fù	割 gē	郭 guō	核 hé
颔 hé	黑 hēi	鹤 hè	豁 huò
激 jī	即 jí	疾 jí	寂 jì
颊 jiá	甲 jiǎ	诘 jié	鞠 jū
诀 jué	掘 jué	磕 kē	咳 ké
恪 kè	烙 lào	历 lì	列 liè
碌 lù	律 lǜ	掠 lüè	脉 mài
密 mì	灭 miè	陌 mò	墨 mò
沐 mù	幕 mù	纳 nà	捏 niē
孽 niè	匹 pǐ	僻 pì	瞥 piē
魄 pò	瀑 pù	漆 qī	掐 qiā
怯 qiè	惬 qiè	确 què	榷 què
若 ruò	入 rù	涩 sè	煞 shā
勺 sháo	涉 shè	拾 shí	拭 shì
适 shì	淑 shū	蜀 shǔ	刷 shuā

第六单元

硕 shuò	俗 sú	粟 sù	索 suǒ
塔 tǎ	忒 tè	惕 tì	铁 tiě
突 tū	拓 tuò	屋 wū	握 wò
夕 xī	昔 xī	熄 xī	袭 xí
匣 xiá	蝎 xiē	穴 xué	揠 yà
谒 yè	屹 yì	欲 yù	约 yuē
砸 zá	仄 zè	族 zú	作 zuò

(二)双音节词语训练

主宰 zhǔzǎi	著作 zhùzuò	爪子 zhuǎzi
佐证 zuǒzhèng	赞助 zànzhù	诅咒 zǔzhòu
组长 zǔzhǎng	自重 zìzhòng	船舱 chuáncāng
穿刺 chuāncì	操持 cāochí	残喘 cánchuǎn
木材 mùcái	彩车 cǎichē	失散 shīsàn
栓塞 shuānsè	生死 shēngsǐ	唆使 suōshǐ
岁数 suìshù	扫帚 sàozhou	柔软 róuruǎn
荣辱 róngrǔ	烂泥 lànní	内乱 nèiluàn
嫩绿 nènlǜ	鸟类 niǎolèi	丰厚 fēnghòu
返航 fǎnháng	花粉 huāfěn	合法 héfǎ
回访 huífǎng	开发 kāifā	捕捉 bǔzhuō
指导 zhǐdǎo	大概 dàgài	粗犷 cūguǎng
案件 ànjiàn	偶然 ǒurán	诤友 zhèngyǒu
侏儒 zhūrú	尊崇 zūnchóng	姿容 zīróng
彻底 chèdǐ	春耕 chūngēng	齿龈 chǐyín
凑巧 còuqiǎo	才识 cáishí	存心 cúnxīn
事例 shìlì	哨卡 shàoqiǎ	速写 sùxiě
司仪 sīyí	酿造 niàngzào	轮流 lúnliú
明净 míngjìng	定性 dìngxìng	品行 pǐnxíng
人证 rénzhèng	能人 néngrén	灵敏 língmǐn
好感 hǎogǎn	起码 qǐmǎ	苦恼 kǔnǎo
可以 kěyǐ	水土 shuǐtǔ	稿纸 gǎozhǐ
本身 běnshēn	假装 jiǎzhuāng	贬值 biǎnzhí
散文 sǎnwén	宝库 bǎokù	马戏 mǎxì
点心 diǎnxin	打针 dǎzhēn	表白 biǎobái
起床 qǐchuáng	使用 shǐyòng	百货 bǎihuò
抽屉 chōuti	耳朵 ěrduo	编辑 biānji
出息 chūxi	玻璃 bōli	豆腐 dòufu
被卧 bèiwo	凑合 còuhe	打扮 dǎban
苍蝇 cāngying	打量 dǎliang	伺候 cihou
结巴 jiēba	伙计 huǒji	告诉 gàosu

厚道 hòudao	工夫 gōngfu	和尚 héshang
棉花 miánhua	玫瑰 méigui	容易 róngyi
木匠 mùjiang	朋友 péngyou	帮手 bāngshou
锅贴儿 guōtiēr	纳闷儿 nàmènr	大伙儿 dàhuǒr
唱片儿 chàngpiānr	光棍儿 guānggùnr	面条儿 miàntiáor
串门儿 chuànménr	打盹儿 dǎdǔnr	桑葚儿 sāngrènr
豆芽儿 dòuyár	死扣儿 sǐkòur	抓阄儿 zhuājiūr
一块儿 yíkuàir	旦角儿 dànjuér	走神儿 zǒushénr
一溜儿 yíliùr	调门儿 diàoménr	找茬儿 zhǎochár

(三)短文片段朗读训练

(1)

著名教育家班杰明曾经接到一个青年人的求救电话，并与那个向往成功、渴望指点的青年人约好了见面的时间和地点。

待那个青年如约而至时，班杰明的房门敞开着，眼前的景象却令青年人颇感意外——班杰明的房间里乱七八糟、狼藉一片。

没等青年人开口，班杰明就招呼道："你看我这房间，太不整洁了，请你在门外等候一分钟，我收拾一下，你再进来吧。"一边说着，班杰明就轻轻地关上了房门。

不到一分钟的时间，班杰明就又打开了房门并热情地把青年人让进客厅。这时，青年人的眼前展现出另一番景象——房间内的一切已变得井然有序，而且有两杯刚刚倒好的红酒，在淡淡的香水气息里还漾着微波。

可是，没等青年人把满腹的有关人生和事业的疑难问题向班杰明讲出来，班杰明就非常客气地说道："干杯。你可以走了。"

青年人手持酒杯一下子愣住了,既尴尬又非常遗憾地说:"可是,我……我还没向您请教呢……"

"这些……难道还不够吗？班杰明一边微笑着,一边扫视着自己的房间,轻言细语地说,"你进来又有一分钟了。"

"一分钟……一分钟……"青年人若有所思地说:"我懂了,您让我明白了一分钟的时间可以做许//多事情,可以改变许多事情的深刻道理。"

班杰明舒心地笑了。青年人把杯里的红酒一饮而尽,向班杰明连连道谢后,开心地走了。其实,只要把握好生命的每一分钟,也就把握了理想的人生。

节选自纪广洋《一分钟》

(2)

有个塌鼻子的小男孩儿,因为两岁时得过脑炎,智力受损,学习起来很吃力。打个比方,别人写作文能写二三百字,他却只能写三五行。但即便这样的作文,他同样能写得很动人。

那是一次作文课,题目是《愿望》。他极其认真地想了半天,然后极认真地写,那作文极短。只有三句话:我有两个愿望,第一个是,妈妈天天笑眯眯地看着我说:"你真聪明,"第二个是,老师天天笑眯眯地看着我说:"你一点儿也不笨。"

于是,就是这篇作文,深深地打动了他的老师,那位妈妈式的老师不仅给了他最高分,在班上带感情地朗读了这篇作文,还一笔一画地批道：你很聪明，你的作文写得非常感人，请放心，妈妈肯定会格外喜欢你的，老师肯定会格外喜欢你的，大家肯定会格外喜欢你的。

捧着作文本，他笑了，蹦蹦跳跳地回家了，像只喜鹊。但他并没有把作文本拿给妈妈看，他是在等待，等待着一个美好的时刻。

那个时刻终于到了，是妈妈的生日——一个阳光灿烂的星期天：那天，他起得特别早，把作文本装在一个亲手做的美丽的大信封里，等着妈妈醒来。妈妈刚刚睁眼醒来，他就笑眯眯地走到妈妈跟前说："妈妈，今天是您的生日，我要送给您一件礼物。"

果然，看着这篇作文，妈妈甜甜地涌出了两行热泪，一把搂住小男孩儿，搂得很紧很紧。

是的，智力可以受损，但爱永远不会。

节选自张玉庭《一个美丽的故事》

(3)

在繁华的巴黎大街的路旁，站着一个衣衫褴褛、头发斑白、双目失明的老人。他不像其他乞丐那样伸手向过路行人乞讨，而是在身旁立一块木牌，上面写着："我什么也看不见！"街上过往的行人很多，看了木牌上的字都无动于衷，有的还淡淡一笑，便姗姗而去了。

这天中午，法国著名诗人让·彼浩勒也经过这里。他看看

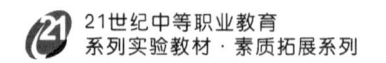

木牌上的字，问盲老人："老人家，今天上午有人给你钱吗？"

盲老人叹息着回答："我，我什么也没有得到。"说着，脸上的神情非常悲伤。

让·彼浩勒听了，拿起笔悄悄地在那行字的前面添上了"春天到了，可是"几个字，就匆匆地离开了。

晚上，让·彼浩勒又经过这里，问那个盲老人下午的情况。盲老人笑着回答说："先生，不知为什么，下午给我钱的人多极了！"让·彼浩勒听了，摸着胡子满意地笑了。

"春天到了，可是我什么也看不见！"这富有诗意的语言，产生这么大的作用，就在于它有非常浓厚的感情色彩。是的，春天是美好的，那蓝天白云，那绿树红花，那莺歌燕舞，那流水人家，怎么不叫人陶醉呢？但这良辰美景，对于一个双目失明的人来说，只是一片漆黑。当人们想到这个盲老人，一生中竟连万紫千红的春天都不曾看到，怎能不对他产生同情之心呢？

节选自小学《语文》第六册中《语言的魅力》

（4）

不管我的梦想能否成为事实，说出来总是好玩儿的：春天，我将要住在杭州。二十年前，旧历的二月初，在西湖我看见了嫩柳与菜花，碧浪与翠竹。由我看到的那点儿春光，已经可以断定，杭州的春天必定会教人整天生活在诗与图画之中。所以，春天我的家应当是在杭州。

夏天，我想青城山应当算作最理想的地方。在那里，我虽然只住过十天，可是它的幽静已拴住了我的心灵。在我所看见过的山水中，只有这里没有使我失望。到处都是绿，目之所及，那片淡而光润的绿色都在轻轻地颤动，仿佛要流入空中与心中似的。这个绿色会像音乐，涤清了心中的万虑。

秋天一定要住北平。天堂是什么样子，我不知道，但是从我的生活经验去判断，北平之秋便是天堂。论天气，不冷不热。论吃的，苹果、梨、柿子、枣儿、葡萄，每样都有若干种。论花草，菊花种类之多，花式之奇，可以甲天下。西山有红叶可见，北海可以划船——虽然荷花已残，荷叶可还有一片清香。衣食住行，在北平的秋天，是没有一项不使人满意的。

冬天，我还没有打好主意，成都或者相当地合适，虽然并不怎样和暖，可是为了水仙，素心腊梅，各色的茶花，仿佛就受一点儿寒//冷，也颇值得去了。昆明的花也多，而且天气比成都好，可是旧书铺与精美而便宜的小吃远不及成都那么多。好吧，就暂这么规定：冬天不住成都便住昆明吧。

在抗战中，我没能发国难财。我想，抗战胜利以后，我必能阔起来。那时候，假若飞机减价，一二百元就能买一架的话，我就自备一架，择黄道吉日慢慢地飞行。

节选自老舍《住的梦》

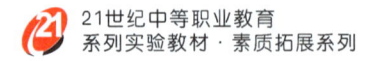

(四) 话题说话训练

《普通话水平测试实施纲要》为水平测试提供了 30 个话题。请根据话题的内容进行归并分类,将 30 个话题大致归并为"关于人"、"关于工作、学习"、"关于业余生活"、"感想议论"等类型,然后分类准备材料,把握说话要点。说话时不仅要注意语音标准,同时要避免方言词语和语法成分的出现。30 个话题如下:

1. 我的愿望(或理想)
2. 我的学习生活
3. 我尊敬的人
4. 我喜爱的动物(或植物)
5. 童年的记忆
6. 我喜爱的职业
7. 难忘的旅行
8. 我的朋友
9. 我喜爱的文学(或其他)艺术形式
10. 谈谈卫生与健康
11. 我的业余生活
12. 我喜欢的季节(或天气)
13. 学习普通话的体会
14. 谈谈服饰
15. 我的假日生活
16. 我的成长之路
17. 谈谈科技发展与社会生活
18. 我知道的风俗
19. 我和体育
20. 我的家乡(或熟悉的地方)
21. 谈谈美食
22. 我喜欢的节日
23. 我所在的集体(学校.机关.公司等)
24. 谈谈社会公德(或职业道德)
25. 谈谈个人修养
26. 我喜欢的明星(或其他知名人士)
27. 我喜爱的书刊
28. 谈谈对环境保护的认识
29. 我向往的地方
30. 购物(消费)的感受

(五) 看图说话训练

根据下图所示发挥想象,说出一段内容具体、语意连贯的话来。要求语音正确,没有方言词语和语法现象的出现。

图1　防范措施

图2　看谁更厉害

思考与练习

（一）什么是普通话水平测试？

（二）普通话水平分为几级几等？标准如何？

（三）给下列单音节字词注音，然后正确地读出它们的发音。

灯　落　迟　班　姓　进　雨　纱　封　多
奴　哀　征　向　作　昌　溶　忍　营　井
桥　顿　泥　春　巨　镇　革　顿　论　驻
习　许　货　听　挫　舟　腾　腊　琴　呼
雪　认　石　梦　软　雷　才　脱　社　侵

（四）读下列双音节词语，注意音变的规范。

恶性　　存放　　猜想　　叮嘱　　病情　　保守
感激　　解决　　垄断　　语法　　海滨　　两极
米饭　　床单　　车辆　　不觉　　多半　　热情
合适　　火车　　过程　　萝卜　　便宜　　庄稼
西瓜　　笑话　　知道　　小孩儿　板擦儿　面条儿

（五）试着朗读下列短文片段，有拿不准的字，查查字典，注上音，再熟读几遍。

在船上，为了看日出，我特地起个大早。那时天还没有亮，周围是很寂静的，只有机器房的声音。

天空变成了浅蓝色，很浅很浅的；转眼间天边出现了一道红霞，慢慢儿扩大了它的范围，加强了它的光亮。我知道太阳要从那天际升起来了，便目不转睛地望着那里。

果然，过了一会儿，在那里就出现了太阳的一小半，红是红得很，却没有光亮。这太阳像负着什么重担似的,慢慢儿,一步一步地,努力向上面升起来,到了最后,终于冲破了云霞,完全跳出了海面。那颜色真红得可爱。一刹那间,这深红的东西,忽然发出夺目的光亮,射得人眼睛发痛,同时附近的云也添了光彩。

(节选自《巴金文集·海上的日出》)

忽然,小鸟张开翅膀,在人们头顶盘旋了几圈,"噗啦"一声落到了船上。许是累了?还是发现了"新大陆"?水手撵它它不走,抓它,它乖乖地落在掌心。可爱的小鸟和善良的水手结成了朋友。瞧,它多美丽,娇巧的小嘴,啄理着绿色的羽毛,鸭子样的扁脚,呈现出春草的鹅黄。水手们把它带到舱里,给它"搭铺",让它在船上安家落户,每天,把分到的一塑料筒淡水匀给它喝,把从祖国带来的鲜美的鱼肉分给它吃,天长日久,小鸟和水手的感情日趋笃厚。清晨,当第一束阳光射进舷窗时,它便敞开美丽的歌喉,唱啊唱,嘤嘤有韵,宛如春水淙淙。人类给它以生命,它毫不悭吝地把自己的艺术青春奉献给了哺育它的人。可能都是这样?艺术家们的青春只会献给尊敬他们的人。

(节选自王文杰《可爱的小鸟》,《散文》1981年7月号)

真好!朋友送我一对珍珠鸟。放在一个简易的竹条编成的笼子里,笼内还有一卷干草,那是小鸟儿舒适又温暖的巢。

有人说,这是一种怕人的鸟。

我把它挂在窗前。那儿还有一大盆异常茂盛的法国吊兰。我便用吊兰长长的、串生着小绿叶的垂蔓蒙盖在鸟笼上,它们就像躲进深幽的丛林一样安全;从中传出笛儿般又细又亮的叫声,就格外轻松自在了。

阳光从窗外射入,透过这里,吊兰那些无数指甲状的小叶,一半成了黑影,一半被照透,如同碧玉;斑斑驳驳;生意葱茏。小鸟的影子就在这中间隐约闪动,看不完整,有时连笼子也看不出,却见它们可爱的鲜红的小嘴儿从绿叶中伸出来。

(节选自冯骥才《珍珠鸟》,《人民日报》1984年2月14日)

盼望着,盼望着,东风来了,春天的脚步近了。

一切都像刚睡醒的样子,欣欣然张开了眼。山朗润起来了,水涨起来了,太阳的脸红起来了。

小草偷偷地从土里钻出来,嫩嫩的,绿绿的。园子里,田野里,瞧去,一大片一大片满是的。坐着,躺着,打两个滚,踢几脚球,赛几趟跑,捉几回迷藏。风轻悄悄的,草软绵绵的。

……

"吹面不寒杨柳风",不错的,像母亲的手抚摸着你。风里带来些新翻的泥土的气息,混着青草味儿,还有各种花的香,都在微微湿润的空气里酝酿。鸟儿将巢安在繁花绿叶当中,高兴起来了,呼朋引伴地卖弄清脆的喉咙,唱出宛转的曲子,跟轻风流水应和着,牛背上牧童的短笛,这时候也成天嘹亮地响着。

(节选自朱自清《春》)

(六)请将下列方言句子或短文换成普通话的说法。

1. 说得撒脱,你来告一下(har)唢!
2. 那个娃儿千翻惨了。
3. 他说话很(hê¹)喜欢踏屑人。

4. 莫扯把子,快做正事。
5. 今天这个天气还有点儿燥辣哈。
6. 张二娃睡瞌睡要扯扑鼾。
7. 清早八早的,在这儿吼啥子?
8. 让开点儿,烫到起不照闲哈。
9. 慢慢说,把话说伸抖。
10. 娃儿生病住院,丈夫又不在家,她急得莫得抓拿。
11. 二娃子,去端一坨豆腐回来。
12. 我今天上街扯了三尺花布。
13. 我说他今天要来嘛,该是哈。
14. 走呗!紧倒挨啥子?
15. 我看这一回他娃儿脱不到爪爪。
16. 兄弟伙,到时候柞起哟!
17. 师傅,在前头煞一脚哈。
18. 那个爆蔫子老头儿身体还多硬走的。
19. 你把哪个码倒起?!
20. 这个车子开得好猫撒哟!
21. 两个人酒喝麻了说酒话,其中一个人拿起一根电筒,打开开关,朝天射起,搁倒桌子上对另一个人说:"你怎个得行,顺倒这根光柱柱爬上去嘛!"另一个说:"我没得怎个傻(ha³),我爬得正展劲,万一你一关电门,我不是从上头趺了下来呀!"
22. 小张耍了一个女朋友。那天,他跟女朋友在公园头转路,突然碰倒两个社会上的渣滓娃儿抢走了女朋友的钱包。小张一下(ha⁴)就木了,没等他回过神来,偷儿跑都跑了。女朋友一下(ha⁴)就毛了:"你傻(ha³)起一砣,木起做啥子嘛!还不去撑!"

过了几天,两个又去转路,小张正在磨皮擦痒到处望,又来了几个二杆子娃儿骚扰。小张二话没说,拿出他学过的武功,走起去就是一阵"叮叮咚",把几个二杆子娃儿脑壳都打冒烟儿了,爬起来就跑。哪晓得他女朋友又不安逸他:"他们不过是几个小娃儿,你就下得去手哇!"

又过了几天,他们又碰到了流氓,这一回小张懂得起了,先问他女朋友:"你说我该哪个整?打他们嘛?还是不打?"女朋友把眉毛一翘起,脸一垮起,朝倒他就吼:"我最泼烦你这起瓜兮兮、傻(ha³)咄咄、绵扯扯的男人了!"

(七)下面是一套普通话水平测试模拟试题,准备10分钟后做一次自测。

1. 读单音节字词。

国 奴 君 姚 奖 翁 孔 换 滚 帅 逢 寺 光 怀 加 涩 雄 朱 日 吹
罪 舔 总 壁 童 训 船 穷 娶 穴 瞟 勤 碾 挎 丢 防 索 跪 瘫 白
挤 痣 窗 领 他 褶 馀 北 厚 诈 额 辆 贰 枕 紫 骗 瞎 播 矿 哨
春 瘌 金 泼 层 吃 浊 排 猜 动 肺 酶 悬 尊 某 聂 肉 定 申 赵
膜 剧 趴 宽 宵 立 瓷 猛 涛 判 尝 滑 纫 乘 缸 揪 谢 握 犬 泖

2. 读多音节词语。

耐用　漂亮　私人　农村　指导　热闹　雄伟　自学　从事　秋天
诚恳　班长　乐观　普通　一下儿　损坏　不断　率领　大型　小孩儿
最近　群众　手绢　密切　概括　云彩　美好　化妆　特地　口语
作案　分别　引诱　权限　讽刺　创新　非常　过滤　他们　过会儿
锐利　挖掘　洽谈　鸦片　高速　偶尔　氧气　年头儿　各行各业

3.朗读(从1号～60号作品中抽签决定朗读材料)。

4.选择判断。

(1)从每组词中选出普通话词语。

①棉袄　棉袋　棉衫　棉衲
②老母　母亲　阿母　妈咪　娘老子
③静静　默默　悄咪咪　一声勿响
④冒火　激气　恼火　光火
⑤男仔　男的　男子　男人家
⑥脑壳　脑袋　头壳　脑子
⑦火船　汽船　电船
⑧肥佬　阿肥　胖子　胖墩儿
⑨盼望　映望　巴望
⑩撞板　碰钉　碰钉子　处一鼻子灰

(2)正确搭配下面的量词和名词。

条　　　橡皮
　　　　花布
把　　　骏马
　　　　黄牛
匹　　　石头
　　　　裤子
　　　　钥匙
头　　　剪刀
　　　　毛巾
块　　　肥猪

(3)指出每组符合普通话的说法。

①他被灌了一瓶酒。/他给灌了一瓶酒。
②这件事我不知道。/这件事我晓不得。
③刚出锅的饺子喷喷香。/刚出锅的饺子香喷喷。
④这花儿好好看啊！/这花儿多好看哪！
⑤给一本书给我。/给我一本书。

5.说话(抽签决定说话题目,时间3分钟)。

第二部分　论辩语言基础及训练

一、论辩的基础知识

(一)什么是论辩

论辩是对立的双方围绕同一问题,阐述己见,批驳对方,力求证明自己的观点正确,说服对方或者战胜对方而相互论争的口语表达活动。

(二)论辩的类型

为了学习和实用的方便,一般将论辩分为日常生活论辩、专题论辩和赛场论辩三种类型。

1. 日常生活论辩

日常生活论辩是指在日常生活中人们因见解、观点、认识水平、思想方法等差异在某些问题上产生了矛盾和冲突,为了解决这些矛盾和冲突,双方用争辩的手段以证明自己正确,对方错误的口语活动。

2. 专题论辩

专题论辩是在某一领域或某一部门在特定的场合对某一特定的议题进行的论辩。比如法庭论辩、外交论辩、会议论辩、竞选论辩和毕业答辩等等。

3. 赛场论辩

赛场论辩是有组织、按照一定规则进行的、围绕某一特定的辩题、参赛双方展开的论争,最后决出胜负的一种口语表达活动。

(三)论辩的一般法则

1. 同一法则

同一法则要求论辩者在论辩时思想要有确定性、一贯性和明确性,使论辩双方的思想在整个论辩过程中始终保持同一。同一法则在具体论辩中的要求是:

第一,概念要同一。概念是对事物特有属性的反映。在人的思维过程中,思想过程是一个一个的判断过程,而判断又由概念构成,要保持思想的同一首先就要保持概念的同一。概念同一的法则要求在同一个辩题之下保持概念内容的不变。论辩双方在某种意义上使用某一概念,就应该一直按照这个意义使用这一概念,不能随便变更某一概念的含义,也不能把不同的概念加以混淆。违反这一要求,就会出现"偷换概念"或"混淆概念"的错误。比如有人说:"人民创造了历史,我是人民,所以我创造了历史。"这里,前后两个"历史"是相同的词语,概念却不同,前者是集合概念,后者是非集合概念,含义不一样。

第二,论题要同一。论题是论争的中心,同一法则要求论辩双方在论辩的全过程中保持论题一致,中途不可以有意或无意地替换原论题。偷换论题往往和偷换概念紧密相连,即偷换论题一般由偷换概念引起,概念一换,论题自然随之更换。偷换论题即人们常说的离题、走题,这在日常生活的争辩中最为常见。

第三,前后思想要同一。论辩的过程是交流思想的过程,而交流思想的过程不是一个个概念的杂乱堆积,也不是只是由众多单个判断的简单横向排列,而是包括由判断构成的推

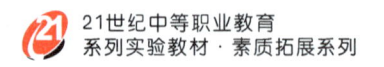

理,由许多推理构成思想链。同一法则要求论辩者表述的思想要前后一贯,能自圆其说,不能含糊其辞,更不能自相矛盾。古代楚国那位卖矛又卖盾的人的故事就是前后思想不统一的典型例子。

2. 充足理由法则

常言道"言之有理,持之有据",这实际上就体现了充足理由法则的要求。充足理由法则要求论辩者在论辩中为自己的观点提供充足理由,其具体要求是:一、理由必须真实。即理由是事实或经实践检验为正确的理论;二、理由应该充足。即由与论点有逻辑联系的理由能够符合逻辑要求地推出所要证明的观点。虚假理由、不现实的理由、以偏概全的理由都不能推出正确的判断。在美国的一次大选中,有位共和党议员发表了攻击民主党的演说。他列举了民主党人执政时期美国经历战争的事实:"在威尔逊领导下,我们走进了第一次世界大战;在罗斯福政权时期,我们卷入了第二次世界大战的漩涡;而杜鲁门呢?朝鲜之战;约翰逊呢?越南之战!"这位议员所举都是事实,因为民主党人威尔逊、罗斯福、杜鲁门以及约翰逊等人当政期间确实使美国经历了战争。但这并不一定能推出"民主党人执政会导致我们走向战争"的结论。因为这些事实是部分的,另外也有民主党人执政时未发生战争的例子,以及共和党人执政而发生战争的事实。这位议员立论的理由虽然真实,但不充足。

3. 平等论理法则

人们在一起论辩,其人格应是平等的,不应有尊卑大小、高低贵贱之分,他们处在同一起点遵循同样的论辩规则,这是构成论辩的基本条件。平等论理的法则还要求论辩双方都拥有辩护和反驳的平等权利。一方全力为自己的观点辩论,以证明其正确;另一方竭力反驳对方的观点,以证明其错误,这就需要双方都有平等的权利。

平等论理的法则还要求论辩者要讲究良好的辩风和辩德。要以理服人,以据服人,不以势压人,以声吓人。要做到这一点,就不能故意歪曲他人原意,不在对手申述观点和理据的过程中拦腰截断、抢话反驳;不恶意挖苦讽刺(但可以幽默风趣);尤其不能粗暴地进行人身攻击。

(四)论辩赛事的组织

1. 论辩比赛的组织方式

一般将参加论辩的人员分为两组,一组为正方,一组为反方。正反方的分配,一般在赛前若干天由参赛双方抽签决定。常见的组队方式有 2∶2 式,3∶3 式,4∶4 式,其中又以 4∶4 式最为流行。4∶4式即每队由 4 名辩手组成,分别担任一辩、二辩、三辩、四辩。

2. 4∶4 式的一般论辩程序

4∶4 式的论辩赛一般分为团体论辩阶段、自由论辩阶段和总结阶段。

在团体论辩阶段,先由正方一辩陈述观点,接着由反方一辩反驳正方观点,这可称之为整场比赛的"启"。他们的任务是全面、准确地向观众和评委陈述本方的观点和理由,为全队下一步论辩作好开启和铺垫。接下来是正、反方的二、三辩轮流发言,既要对本方观点进入深入阐发,又要对对方的议论进行有力的反击。这一阶段称之为"承"和"转"。一般来说,这一阶段每位辩手的发言时间为 3 分钟。

在自由论辩阶段,每位辩手的发言次序和次数均不受限制,但每队的发言时间有一个累加的定数。正方的一位辩手发言之后,反方的任何一位辩手应即刻发言。同一方的辩手不能同时或连续两人起来发言。双方依此程序轮流发言,直到自己一方的时间用完为止。

在总结阶段,先由反方四辩总结陈述本方观点,后由正方四辩总结陈词。双方结辩既要透彻、尖锐地反攻对方,又要利用最后的这一机会强化和补充本方的观点。这一阶段称之为"合",结辩是比赛的高潮,往往关系到论辩的胜负。

3. 论辩比赛的主持和评判标准

(1)论辩比赛的主持

论辩赛需要设置主持人。主持人调度、协调整场比赛,其主要任务是:第一,宣布辩题,介绍双方阵式及评判成员,提出必须注意的事项;第二,调度赛程,指挥赛事;第三,掌握论辩主题,把准论辩方向;第四,串联论辩,为赛事渲染气氛,调动情绪,锦上添花;第五,宣布论辩结果。

(2)论辩赛的评判标准

①内容标准。主要看论据内容是否充实,引述材料是否能说明观点;阐述观点是否旗帜鲜明,是否言之成理,无懈可击。

②表达能力。主要看辩手的语言表达是否口齿清楚、遣词得当,是否具有说服力、逻辑性和犀利的反驳能力,是否科学、优美。

③整体协调和合作。论辩赛是团体对团体的集团行为,最终胜负的判定也主要看整体实力。这就要求辩手之间的紧密配合,协同作战,互补互济,而不能相互矛盾,自起内讧。

④辩风辩德。看参赛辩手是否服饰得体、仪态大方,是否文明礼貌。语言是否准确而不失文雅,犀利而不失幽默。这既是评判胜负的重要依据,也是能否取得评委和观众好感的重要方面。

二、论辩技巧及训练

(一)单项技巧及针对性训练

1. 针锋相对法

这种方法针对论敌的论点和论据,面对面地、直接地予以正面反击。要求抓住对方的要害,予以尖锐、有力的反驳。需要注意的是,针锋相对不等于强词夺理和对骂争吵。要求旗帜鲜明而心平气和,语言有理有节,雄辩说理,目标专一,以硬治硬。战国时,魏国太子魏击在朝歌这个地方遇上了他父亲魏文侯的老师田子方,就下车向老师致意。想不到对方不肯回礼。魏击对此很不高兴,就质问田子方:"请问先生,是富贵人应该傲慢还是贫贱人应该傲慢?"田子方泰然自若地回答:"这两种人在一起,终归是贫贱的人才可以傲慢。如果一国的国君对人态度傲慢,就会失掉江山;士大夫如果傲慢,就会失掉家业;贫贱人若不合上边的心意,言论见解不被采纳,就马上离开,远远地跑到楚国、越国去,好像脱掉鞋子一样方便。在这方面你们富贵人哪能跟我们贫贱人相比呢?"从田子方的答话中,可以看出他用理直气壮的正面回击表现了他的勇气与自信、冷静与理智。

训练:指出下列论辩实例中运用了什么论辩方法或技巧,并加以分析说明。

(1)贵州神飞公司是一个注册资金不多的小公司,前年赊销给福建洋发公司一宗5万元的货物,商定半年内结清货款。但逾期一年多,洋发公司都迟迟不付货款。为此,神飞公司(以下简称"神")经理不得不亲赴福建,与洋发公司经理(以下简称"洋")展开一场论辩。

洋:你们的货款我们并没有说不还嘛。问题是我们现在没有钱,有了一定还。

神:在你们口中,永远不会有"有了"这个词!

洋:那又怎么样?没有就是没有!你要我们去偷?去抢?

神:你偷不偷抢不抢与我们无关。但你却骗了我们!

洋：谁骗你啦？我不是告诉你了吗？没——有——钱！

神：这不还在骗吗？我已经调查得一清二楚：翻翻你们的《资产负债表》，不明明白白记载着"未分利润"就达28万之多吗？你们银行账户上也还存着几十万呢！

洋：你别想！那是别人借我们的账户存的，不是我们公司的！

神：笑话。你们这样不讲信用的公司，别人会拿钱给你存？再说，出让账户本来就违法，你会干吗？

洋：你去告我好了！

神：该告时，我当然要告！

洋：哼，你去告？你不看看你现在站在什么地方？

神：我站的是中华人民共和国的土地，不是你的一统天下！我要告诉你：我来之前，分别在两地司法机关备了案，我相信法律的神圣和尊严，由不得你横行霸道！

洋：呃，说哪里去了。你先息怒，让我再想点办法……

（2）复旦大学队在与剑桥大学队辩论"温饱是谈道德的必要条件"时，剑桥队孙学军说："据最近的资料表明，二战中英国人民的温饱程度是有史以来没有过的，营养价值在当时食物平均分配制度下是最好的，因此你不能通过这个问题来否认它是在温饱程度上讲道德的。"复旦大学队的严嘉立即反驳："《丘吉尔传》告诉我们，那时候好多穷人是怎么填饱肚子的呢？是去排队买鸟食，还买不到啊！"

（3）英国诗人乔治·莫瑞是一位木匠的儿子，很受当时英国上层社会的尊重。他从不隐讳自己的出身，这在当时的英国社会是少见的。一天，一个纨绔子弟与他在一处沙龙相遇，嫉妒异常，欲中伤诗人，便高声问道："对不起，请问阁下的父亲是不是木匠？"诗人回答："是的。"纨绔子弟又说："那你父亲为什么没有把你培养成木匠？"诗人微笑着回答说："对不起，那阁下的父亲想必是绅士？"纨绔子弟傲气十足地回答："是的！"诗人又说："你的父亲怎么没有把你培养成一位绅士呢？"

2．喻比法

喻比法是以比喻论证和类比论证为基础而形成的一种论辩方法。它是指论辩的一方不直接建立论据，从正面针锋相对地反驳对方的议论，而是用比喻或者类比的方法，寻找一个相似或者相关的事物与之进行比拟或比较，从它们的相似或相关中，说明一个共通的道理，证明自己的观点。毛泽东是一位喻证说理的行家里手。比如他用"箭和靶的关系"来喻证"理论必须联系实际"的道理；用"医生割阑尾炎是为了治病救人"来喻证批评与自我批评的重要性。这些比喻贴切巧妙，通俗易懂，给人启迪。

训练：分析下列实例中的论辩技巧，并据此进行模拟训练。

（1）一位老师对一位学生家长说："你应该好好给你的小孩洗个澡，没有一个同学愿意同他坐在一起，没有一个人能忍受得了他身上的臭味。"

家长却说："这关你什么事？我把儿子送到您这儿，是为了让他学习，而不是送他来让您闻的，他又不是玫瑰！"

老师很生气："这怎么不关我的事？我们接收学生，不仅要教他们课本知识，还要培养他们的文明行为，注意社会影响。他是不是玫瑰不重要，重要的是学校不是垃圾堆，不收臭鸡蛋。"

（2）有个脚夫吃了店主的一只烧鸡。过后店主却要脚夫偿还一百只烧鸡的价钱，两人吵到法庭，请求法官主持公道。法官问："一只烧鸡为什么要给一百只烧鸡的钱？"店主说："你算算看，他不吃掉我的鸡，它该生多少蛋？蛋又该孵出多少小鸡？小鸡长大了，又要下多少蛋？……"法官听了觉得有理，便判脚夫如数偿还。脚夫把此事告诉阿凡提。阿凡提说："你再去请法官重审,我当你的辩护人。"重审这天,阿凡提故意姗姗来迟。法官责问:"阿凡提,你为什么来迟了?"阿凡提说"因为明天我要种麦子,今天在家炒麦种。所以来迟了。"法官说:"疯话!炒熟的麦子还能下种吗?"阿凡提说:"你说对了,既然炒熟的麦子不能下种,难道烧熟的鸡还能下蛋吗?"

(3)一个地主要长工去买酒,长工接过酒壶说:"酒钱呢?"地主说:"用钱打酒算什么本事?"长工没再说什么,拿着酒壶就走了。过了一会儿,长工端着酒壶回来了。地主暗自高兴,接过来就往酒杯里斟酒,可倒了半天也没倒出一滴酒,原来酒壶是空的。地主冲长工喊道:"壶里怎么没有酒?"这时,长工不慌不忙地回答道:"壶里有酒能倒酒来算什么本事?"

3. 归谬法

归谬法是为了驳倒对方的论题,先假定并承认对方的论题是正确的,然后在这假定正确的论题的基础上进行推理,导出一个明显荒谬结论的论辩方法。有一个佛教徒,聚众宣传"轮回报应"的佛教理论。他说人们不能"杀生",否则今世杀了什么生物,来世就要变成什么生物。比如你杀了牛,来世也要变牛;杀了猪,来世也要变成猪……正在讲得起劲的时候,有个姓许的先生插言道:"照你的说法,大家都杀人好了!只有杀人,将来才能变成人,这不是号召大家杀生吗?"运用归谬法要注意:一是对方的观点确实荒谬;二是归谬要顺理成章,合乎逻辑。如果延伸的观点与对方的观点没有相似之处,那就失去了辩驳的力量。

训练:从下列论辩实例中印证归谬法的技巧,思考一下,怎样确定对方论点荒谬,怎样引申其荒谬从而证明其荒谬?

(1)1589年,西班牙国王菲力普二世派一位年轻的陆军统帅去罗马,向教皇希格斯特五世祝贺即位。教皇一见来者年轻,十分不满:"难道贵国人才不济?为什么派一个无须之辈充当使臣?"使臣回答:"倘若教皇以为德才如何在于胡子长短,那就可以派一只山羊来恭听高论了。"

(2)俄国著名文学批评家赫尔岑年轻时,有一天,在一次宴会上被轻佻的音乐弄得非常厌烦,便用手使劲捂住自己的耳朵,主人见了忙解释说:"演奏的是流行乐曲。"赫乐岑反问道:"流行的东西就一定高尚吗?"主人听了很吃惊:"不高尚的东西怎么能够流行呢?"赫尔岑笑了:"那么流行性感冒也是高尚的了?"说罢,头也不回地走了。

(3)在1993年国际大专辩论会上,复旦大学队与剑桥大学队就"温饱是谈道德的必要条件"进行的论辩中,剑桥大学队反复强调的是"对饥寒的人,我们最应做的是让他们解除饥寒",反方四辩蒋昌建说:"对方认为,教唆一个贫寒的人追求温饱就是最道德的,我们教唆一个贫寒的人去抢麦当劳来是最道德的喽。"

4. 引君入瓮法

论辩者不正面建立论据揭露对方的谬误,而是迂回进攻,设置圈套,引其入毂,使其在不知不觉中自我否定,言穷语塞。如一个打扮得怪里怪气的青年,去追求一个并不喜欢他的姑娘。姑娘说:"看到你,我就想起了海。"青年高兴起来,赶紧说:"啊,那是因为大海雄伟、壮阔,很吸引人啊!"姑娘答道:"不,因为我晕船,一想到海就要呕吐。"这种方法或者诱使对方自我否定;或者欲抑先扬,似褒实贬;或者设置一定的条件,引导对方就范。

训练:根据前面提供的方法要点,结合下列论辩实例,试着设置几个诱敌深入的条件,看哪一个条件更为适合你案例的要求。

(1)一位大臣去理发,理发师理了一半,突然停了下来。把大臣从上到下,认认真真看个够。大臣不解,问道:"你为什么这样看我?"理发师忙说:"人说宰相肚里好行船,我左看右看,怎么也看不出你的肚子有这么大,怎么能行船呢?"大臣听了哈哈大笑,说"傻瓜,这是说

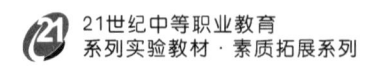

凡大人物都宽宏大量,能容人之过。"理发师听了扑通跪下,一边磕头一边求饶:"大臣,小的该死!我不小心把你的左眉毛剃掉了。"大臣一听火冒三丈,冲着理发师说:"你这……"但一想起刚才说过的话,强忍下即将爆发的呵斥,马上压下一股火气,无可奈何又强作大度地说:"不妨,你拿笔墨来,将剃去的眉毛画上即可。"

(2)20世纪30年代中期,香港有一起诉讼案子:英国商人威尔斯向中方茂隆皮箱行订购三千只皮箱,到取货时,威尔斯却说,皮箱内层有木材,不能算是皮箱,因此向法院起诉,要求赔偿15%的损失。在法官偏袒威尔斯的情况下,律师罗文锦出庭为被告辩护。罗文锦站在律师席上,取出一只金怀表问法官:"法官先生,这是什么表?"法官说:"这是伦敦名牌金表。可是,这与本案没有关系。"罗律师坚持说与本案有关。他继续问:"这是金表,事实上没有人怀疑。但是,请问,内部机件都是金制的么?"法官已经感觉到中了"埋伏"。律师又说:"既然没有人否认金表的内部机件可以不是金做的,那么茂隆行的皮箱案,显然是原告无理取闹、存心敲诈而已。"

(3)甲:原来你是对我半信半疑呀?
　　乙:不不不,你误会了,我绝对不是半信半疑。
　　甲:那你是完全相信我了?
　　乙:不不不,我是完全怀疑。

5. 以退为进法

在论辩中,有时不针锋相对,迎头痛击,而是先承认对方所举的某些论据、某些指控,似作退让,然后另辟蹊径,或指出对方所据不能证明所持论点,或提出足以驳倒对方议论的材料,明修栈道,暗度陈仓。在一次宴会上,作家马克·吐温就刚出版的《镀金时代》接受记者采访,谈话中他说了这样一句话:"美国国会中有些议员是狗娘子养的。"谈话见报后,华盛顿的议员们恼羞成怒,责成马克·吐温在相应的报纸上解释、道歉,否则将绳之以法。不得已,马克·吐温在《纽约时报》声明:"美国国会中有些议员不是狗娘子养的。"这里,马克·吐温看似退让,实际上仍在维护自己的观点。

训练:分析下列论辩实例,然后进行一些模拟练习。

(1)在菲律宾大选中阿基诺夫人同马科斯进行了一系列舌战。马科斯在竞选演说中攻击阿基诺夫人"没有经验"、"不懂政治"、"女人最合适的所在是厨房"。对此,阿基诺夫人以退为进,予以反驳。她说:"我承认的确没有马科斯那种欺骗、说谎、盗窃或暗杀政敌的经验。我不是独裁者,我不会撒谎,不会舞弊,但我有的是从政的诚意。"又说:"对政治,我虽然外行,但作为围着锅台转的家庭主妇,我精通日常经济。"

(2)张乐平的漫画《三毛叫妈》,画的是一个贵妇人牵着哈巴狗,路上遇上了三毛,那妇人调笑三毛说:只要三毛叫她的巴儿狗几声"爸",她就给三毛30块大洋。面对这样的人格侮辱,三毛很快就想出了一条妙计:他如数叫了那狗几声"爸",那妇人在众目睽睽之下也只好把30块大洋给了三毛。三毛接过钱,不无感激地说:"谢谢你,妈!"这一下,那位本来高高在上的贵妇人陷入了比三毛更为难堪的窘境。

(3)萧伯纳的剧本《武器与人》首次公演时,观众纷纷要求萧伯纳上台接受观众的祝贺。可是当萧伯纳走上戏台正准备向观众致意时,其中有一人突然大声叫嚷道:"萧伯纳,你的剧本糟透了,谁要看?收回去,停演吧!"观众们都以为萧伯纳会气得发抖,然而萧伯纳不但不生气,反而笑容满面地对那人鞠了一躬后,彬彬有礼地说:"我的朋友,你说得好,我完全同意你的意见!"接着又指着剧场中的其他观众说:"但很遗憾的是,我们两个人反对这么多观众,有什么用处呢?我们能禁止这剧本演出吗?"

6. 两难法

这是一个两难推理的逻辑方法。在论辩过程中,为了驳倒对方,论辩一方指出一个具有两种可能性的前提,迫使对方在这两种可能性中加以选择。而实际的结果是,无论选择哪一种,都会引申出使对方难于接受的结果。但除此之外,又别无他法,因此迫使对方陷入进退维谷、左右为难的境地。比如,中世纪的神学家宣称:上帝是万能的。对此,当时就有人提出一个问题:上帝能否创造一块连他自己也举不起来的石头?如果上帝造出了,那么,一块石头自己举不起,他就不是万能的;反之,如果他造不出,那同样说明他不是万能的。这里,神学家无论回答"能"或者"不能",都会陷入进退维谷的境地。

训练:熟悉下列论辩实例中的两难推理,增加感性认识。再结合前述要点,试着设计两个日常生活中常见的两难推理。

(1)古希腊有一位专门教人论辩术的智者普罗泰戈拉。青年尤阿斯留斯欲学辩术,求学于普罗泰戈拉,但交不起学费。经协商达成一致:学费在该生学成后接手的第一场官司所得胜诉费中支付。可尤阿斯留斯学成后迟迟不执业出庭,催之也无动于衷。老师将学生告上法庭。法庭上,普罗泰戈拉对法官说:"请法官不必犹豫,径直宣布被告败诉,付钱即可。因为若他打输了,他自应付学费给我。他若打赢了,依我俩原有的合同规定,他也须付学费给我,不管他是输是赢,反正他都得付给我学费。"尤阿斯留斯待老师说完,回驳道:"我的老师说错了,实际情况是:我若赢了,依法庭判决我是不该付学费的;我若输了,依我俩合同规定,也不必付学费。不论我是赢是输,反正都不必付学费。"

(2)在俄国著名作家屠格涅夫的长篇小说《罗亭》里,主人公罗亭与皮卡索夫有一段论辩:

罗亭:妙极了! 那么,照你这么说,就没有什么信念之类的东西了?

皮卡索夫:没有,根本不存在。

罗亭:您就是这样确信的吗?

皮卡索夫:对。

罗亭:那么,你怎么能说没有信念这种东西呢? 您自己首先就有了一个。

(3)老师:有两个人到我家做客,一个很干净,另一个很脏。我想请这两个人洗澡,你想想,他们两人中谁会洗呢?

学生:当然是那个脏人。

老师:不,是干净人。因为他养成了洗澡的习惯,脏人却认为没有什么好洗的。

学生:那么干净人会洗。

老师:不,是脏人。因为他太脏,需要洗涤。如此看来,是谁洗了澡呢?

学生:那么还是脏人。

老师:错了。当然是两人都洗了。干净人有洗澡的良好习惯,脏人则需要洗澡。怎么样,究竟谁洗了澡呢?

学生:看来两个人都洗了。

老师:不对,两个人都没洗。因为脏人没有洗澡的习惯,而干净人不需要洗澡。

7. 借势反击法

这种方法是,借对方的话头或对方承认了的事实回击对方,将话答话地进行反驳,寻找对方的自相矛盾之处或不合情理之处,以子之矛,攻子之盾,最后达到反驳的目的。例如:老板问一个青年职员:"你年轻轻的,为啥这么懒惰?"青年调皮地回答:"我现在懒惰,是为了将来不懒惰。"第二天,老板当众宣布辞退这个青年职员。青年问老板:"你为啥辞退我?"老板不慌不忙地笑着说:"我现在辞退你,是为了将来不辞退你。"青年无言以对,自食其果。

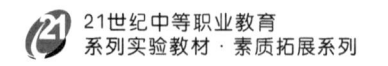

训练:通过以下论辩实例,找出对方可以充分利用的"势",即找出自相矛盾或不合情理之处,然后再作反驳训练。

(1)有个商人宰了一只山羊准备举行宴会。正在煮羊肉的时候,来了一个乞丐,他在离煮羊肉不远且顺风的地方坐下来,这样,他就可以闻到随风飘来的羊肉香味。

次日,那乞丐碰见了商人,就对他说:"老爷你昨天对我太好了,你让我坐在附近,饱尝了你的羊肉香味,当我离开的时候,已经感到自己吃得饱饱的了。"不料,商人听后叫道:"哦!怪不得那羊肉走了味,原来是你坐在那儿把它的香味都给闻掉了。"于是商人要乞丐赔偿12块银元。

哪知乞丐满口答应道:"你的主意,真是太妙了,可是我身上没有带银元,我明天到这里将银元交给你吧。"

第二天,乞丐带着12块银元去见商人。只见乞丐从衣袋里将12块银元一块一块地往地上丢,"叮当,叮当"连响了12下。然后,乞丐将银元捡起来,问商人:"你听到了'叮当'的响声了吗?"商人说:"听到了。"乞丐接着说:"那好。我闻了你煮羊肉的香味,并没有吃你的羊肉,羊肉还是归你吃;现在,你已听到银元的响声了,这些响声归你,但银元仍归我。这是再公平不过的了,你认为呢?"

(2)一个穷人参加一个富商的宴会,席间上了一只烤羊羔。那穷人正津津有味地吃着,不料主人却对他说:"我看你吃这只羊羔像是在报复,好像它妈曾经顶过你。"穷人回答说:"我看你吃得那么斯文,似乎很怜悯这只羊,好像它妈曾奶过你。"

(3)一个逃荒的乡下人碰见了一个法官和一个商人,便恳请他们施舍一些零钱给他。法官和商人见这个乡下人穿着一身破烂衣服,想羞辱他,便对他说:"你不是一个疯子,便是一个骗子。"

那个乡下人听后,便站在法官和商人的中间说:"你们的眼力真好,我既有点像疯子,也有点像骗子,因为我介于两者之间。"

8. 幽默戏谑法

论辩的主要手段是说理。但有时也使用一些幽默、戏谑、风趣甚至轻微而善意的讽刺手法,使论辩既能达到驳斥对方论点的目的,又能产生和谐友好、轻松愉快的气氛。比如北京某公共汽车上,由于司机紧急刹车,后面一位男青年撞了前面一位女青年,女青年出语非礼,骂了一声:"德性!"男青年文质彬彬地答道:"惯性。"运用这种方法要注意分寸和格调,诙谐而不伤大雅,戏谑而无碍和气。

训练:根据下列论辩实例,理出论辩语言中幽默的特点,寻找生活中活的幽默风趣语料,再将其运用到论辩中来进行训练。

(1)世界著名生物学家达尔文一次应邀赴宴,正好和一位年轻貌美的女士坐在一起。这位美人用戏谑的口气向达尔文提出质问:"达尔文先生,听你断言人类是由猴子变来的,那我也是属于你的论断之列吗?"达尔文漫不经心地回答:"那当然!不过你不是由普通猴子变来的,而是由长得非常迷人的猴子变来的。"

(2)前苏联诗人马雅可夫斯基曾与反对苏维埃政府的人进行论辩。反对者问:"马雅可夫斯基,你和混蛋差多少?"马雅可夫斯基怒而不露,不慌不忙地走到反对者跟前说:"我和混蛋只有一步之差!"在场的人都哈哈大笑起来。

(3)某校学生进行《男穿花》辩论赛。当正方一再声称"男穿花是时代潮流""体现了当代人新的审美意识"时,不经意使用了"白马王子"一词,说"现代女青年心目中的白马王子已非从前那副装束了,"反方立即质问:"依对方辩友的观点,现代女青年究竟是爱白马王子还是花马王子?"顿时举座为之喝彩。

(二)综合训练

1. 某大学进行论辩赛,正方的论点是:大学生不宜谈恋爱;反方的观点是:大学生可以谈恋爱。

正方:大学生谈恋爱,会分散精力,影响成才,因而不宜提倡。

反方:对方的观点不免有些片面。我方认为,大学生谈恋爱不仅不影响成才,反而能够促进成才。马克思刚上大学,就爱上了燕妮,并没有影响马克思成才;歌德如果不同夏绿蒂恋爱,就写不出让拿破仑读过七遍的《少年维特之烦恼》,可见,爱情是促进大学生成才的因素之一,不但不应反对,反而应该提倡。

请你为正方设计一个短小精悍又有很强说服力的辩词。要求:恰当地运用论辩技巧,论据真实合理,论证充分严密。

2. 拥挤的农贸市场上,一男青年重重地踩了老王一脚。老王刚说了句:"哎哟,你这小伙子也太莽撞了!"男青年便满口喷起粪来:"老不死的,吵什么吵!你的脚背不也同时踩了我的脚底吗?这叫作用力与反作用力,懂不懂?再嚷嚷我要你赔我的名牌皮鞋。"

请你为老王设计一段反驳辩词。试试前面学过的技巧,哪些可用在这里?

3. 现在,很多家长给孩子请家教,你对这种现象是支持还是反对?(正方:支持;反方:反对。)

正方:对于给孩子请家教,我方持支持态度。大家知道,作为家长,谁不望子成龙、望女成凤?因此,每位家长都希望能为孩子学习成绩的提高助一臂之力。可是,现实的情况是:很多家长由于工作忙无暇照顾孩子的学习,或文化水平低,无力辅导孩子的学习。这就形成了主观愿望与实际能力的矛盾。解决这一矛盾的有效途径就是请家教。

实践证明,请家教的效果是很明显的。学习成绩差的孩子通过家教提高了学习成绩,学习好的孩子通过家教成绩更优秀了,因此,我方认为请家教是正确的,应予以支持。

反方:我不同意对方辩友的意见。我方认为请家教实无必要。对于学习稍差的孩子,可与老师联系,请老师有针对性地设计出提高其学习能力与方法的方案。对孩子艺术技能的开发,如弹钢琴、绘画、书法……可以让他参加社会上举办的学习班,在学习班学习比家教更规范更科学,而且有同学与之切磋激励,更有兴趣,不易有疲劳和乏味之感。而且,请家教还有三大缺点:

①影响孩子独立思考和解决问题的能力。家教在侧,学生一般不愿再经过艰苦的独立思考探索解决问题的途径。故不利于其思考能力、独立解决问题能力的培养。

②加重学生负担,得不偿失。繁重的课堂负担,深重的升学压力,已使中小学生不堪重负。若再加班加码儿,势必更加重学生的实际负担和心理负担。

③冲击课堂教学,有害无益。因有"家教"可恃,在一定程度上减弱了学生在课堂上认真听讲的动因,其后果就是本来可以在课堂上解决的问题要用双倍的时间在课外方能解决。

请你根据以上观点的对峙,再分别为正、反方设计辩词。要求:在论点旗帜鲜明的基础上注意论据的充分、推理的严密。

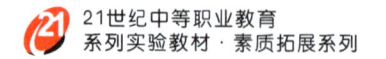

(三)论辩赛论题训练

论辩比赛的任何一方,都应在确定本方立论的前提下,编制出辩词的提纲,即辩词的整体框架。以新加坡赛制而言,应编制出以本方论点为中心的一、二、三、四辩的辩词框架。

1993年第一届国际大专辩论赛决赛时,复旦大学队的论题是反方:"人性本恶"。他们的辩词框架是:

一辩:我方的立场是"人性本恶":
  (1)人性由自然属性与社会属性组成;
  (2)"人性本恶"指人性本来的、先天的就是恶的;
  (3)我们这个世界并未在人欲横流中毁灭,因为人有理性,人性可以通过后天教化加以改造。

二辩:我方认为"人性本恶"基于如下理由:
  (1)"人性本恶"是古往今来人类理性认识的结晶;
  (2)"人性本恶"是日常生活一再向我们显示的道理;
  (3)人有判断是非的理性,能扬善弃恶。

三辩:下面从历史与现实的层面进一步阐述我方观点:
  (1)人类诞生之初,本恶的人性充分显示出来了;
  (2)"人性本恶",所以教化才显得重要,也相当艰巨;
  (3)人类社会的演进过程是虚假的虚荣被剥去的过程。

四辩:"抑恶扬善"是我方确立立场的根本出发点:
  (1)只有认识"人性本恶"才能正视历史和现实;
  (2)只有认识"人性本恶"才能重视道德法律的教化作用;
  (3)只有认识"人性本恶"才能调动一切社会教化手段,扬善避恶。

下面有一组论题,请根据上述框架形式,分别拟出辩词提纲。要求:要有全局观,即从整体出发考虑各辩手的辩词,但又要注意各自的分工。根据"起、承、转、合"的大致环节,一辩提出论点,提纲挈领地概括论证层次;二辩摆事实讲道理,条分缕析,进行实质性的论述;三辩应转换论证角度,似异军突起;四辩有破有立,反驳对方谬误,最后总结本方立论。

训练论题如下:

1. 中学生异性交往弊大于利
2. 机遇是成功的关键
3. 能力是做好工作的根本
4. 在21世纪仍应向愚公学习
5. 学生学业压力大有利成才
6. 现代社会男女竞争是平等的
7. 发展烟草经济利大于弊
8. 打假主要靠消费者还是执法者

我国论辩活动的展开,是自1986年由北京大学组队参加新加坡亚洲大专辩论赛,并在比赛中夺冠凯旋后引发的。并由此形成了新加坡赛制,即"程序发言—自由辩论—总结陈词"。这一赛制很快成为国内论辩比赛的主体模式。此后,又在此基础上形成了"北大赛制"、"上海赛制"。这里,将北大赛制附录于后,供组织论辩比赛时参考。

附:
北京大学质询式辩论赛细则

一、发言次序及时间限制(分钟)
第一阶段:陈述——盘问阶段
1. 正方一辩陈述　3　　　2. 反方一辩陈述　3
　　反方四辩盘问　2　　　　　正方四辩盘问　2
3. 正方二辩陈述　3　　　4. 反方二辩陈述　3
　　反方三辩盘问　2　　　　　正方三辩盘问　2
5. 正方三辩陈述　3　　　6. 反方三辩陈述　3
　　反方二辩盘问　2　　　　　正方二辩盘问　2
第二阶段:自由辩驳阶段
双方交替发言,由正方先开始。累计时间各3分钟,共6分钟。
第三阶段:总结阶段
反方四辩总结　4
正方四辩总结　4
(时间共计44分钟)

二、质询的规则
(一)质询者
1. 不得让回答者一次性回答两个或两个以上的问题。
2. 当答辩方回答过于繁琐或故意偏离问题时,质询者可以打断答辩者,要求更简短更直接的答案,或告知答案已经足够。但是应允许对方表达一个完整的语意,特别是在回答者出现转折句式时更不应轻易打断。
3. 质询者可为其问题铺设相当的范围,答辩者必须回答,即使问题的重要性与相关性并不能明显看出。不准问有含混概念或含混事实的问题,问题应尽量明确、通俗。
4. 除非问题简单、直接而且属事实性,质询者不应要求简单的"是"或"不是"的回答。有关某事"为何为真"的问题,有其必要的复杂性,不应要求答辩者简短回答。质询的问题以事实性问题为最好。质询者可用各种不同方式来询问事实性问题,以增添质询的多样性。
5. 质询者可用"您知道不知道××××"或"您了解不了解××××?"的问题作开始,以提醒听众与答辩者相关的事实。在打断回答者的答辩时,应使用"好的,你的回答已经足够"等规范性语言,不准使用"打住"、"住口"等非规范的或不礼貌的语言。
6. 如果答辩者出现迟疑情况,质询者可以追问对方能否回答该问题,如对方回答"不能"或继续迟疑,则质询者应问下一个问题,不得自行对该问题进行阐释或回答。

(二)答辩方
1. 必须直接而简短地回答任何正当并可以简单回答的问题,不应询问质询者,也不应使用拖延战术。不准使用"难道……"等方式反问质询者或回避问题。
2. 若确认没听清质询者的问题,可以要求质询者重复问题;若出现没听懂的情况,答辩方也可以向质询者询问以澄清问题。
3. 如果问题要求的是有关某一含混事实的知识,不应惧于承认自己并不知道。

4. 答辩者可对质询者问题中的错误或含混之处加以澄清。

5. 答辩者也可以要求质询者停止冗长的评论与发言,继续其询问。

6. 答辩者回答时,不应接受队友的建议或协助。

思考与练习

(一)思考下列问题:

1. 什么是论辩?
2. 论辩有哪些类型?
3. 专题论辩包括哪些内容?
4. 论辩的同一法则有些什么要求?
5. 什么是充足理由法则,有什么要求?
6. 论辩赛事常见的组队方式有哪些?
7. 论辩比赛的评判标准是什么?
8. 常见的论辩技巧有哪些?

(二)练习。

1. 以"友谊与竞争可以共存"为题,策划并组织一场论辩比赛。

2. 下面有一组论题,请选择其中的3个~5个做各种论辩技巧的综合练习。

(1)庞大的人口是发展中国家的深重负担

(2)在当代,阿Q精神是需要的

(3)建设社会主义精神文明关键在从我做起

(4)市场经济的发展和人情的冷漠成正比

(5)勿以成败论英雄

(6)为过世的老人烧纸,无可非议

(7)参加奥运会重在夺金牌

(8)重奖高考状元,利大于弊

(9)在社会主义市场经济条件下,对人才的选用,才比德更重要

(10)大量的社会实践要影响大学生的专业学习

图书在版编目(CIP)数据

普通话与口语表达/高廉平,任崇芬主编.—3版.—重庆:西南师范大学出版社,2009.4(2019.9重印)

ISBN 978-7-5621-2187-9

Ⅰ.普… Ⅱ.①高… ②任… Ⅲ.普通话—口语—表达(语言学)—专业学校—教材 Ⅳ.H193.2

中国版本图书馆CIP数据核字(2009)第060475号

21世纪中等职业教育系列实验教材·素质拓展系列

普通话与口语表达

主　　编：	高廉平　任崇芬
责任编辑：	李　玲
书籍设计：	周娟　谢晓
责任照排：	李　燕
出版发行：	西南师范大学出版社
	（重庆·北碚）　邮编：400715
	市场营销部电话：023-68868624
	68254350（传真）
网　　址：	http://www.xscbs.com
印　　刷：	重庆市正前方彩色印刷有限公司
开　　本：	787mm×1092mm　1/16
印　　张：	12.25
字　　数：	314千字
版　　次：	2009年5月　第3版
印　　次：	2019年9月　第6次
书　　号：	ISNB 978-7-5621-2187-9
定　　价：	35.00元

　　尊敬的读者：感谢您使用西师版教材！如对本教材有任何建议，请直接发送邮件至xszjfs@126.com，我们将竭诚为您服务。